SANZIJIXIAOSHENJI

● 韩明升 / 主编

"三资"绩效审计

中国时代经济出版社

China Modern Economic Publishing House

图书在版编目（CIP）数据

"三资"绩效审计／韩明升．—北京：中国时代经济
出版社，2011. 11（2014. 12 重印）
ISBN 978-7-5119-0980-0

Ⅰ.①三… Ⅱ.①韩… Ⅲ.①效益审计－研究－中国

Ⅳ.①F239. 42

中国版本图书馆 CIP 数据核字（2011）第 225124 号

书　　名："三资"绩效审计
作　　者：韩明升

出版发行：中国时代经济出版社
社　　址：北京市丰台区玉林里 25 号楼
邮政编码：100069
发行热线：（010）63508271　63508273
传　　真：（010）63508274　63508284
网　　址：www. cmepub. com. cn
电子邮箱：zgsdjj@ hotmail. com
经　　销：各地新华书店
印　　刷：北京昌平百善印刷厂
开　　本：787×1092　1/16
字　　数：368 千字
印　　张：22
版　　次：2011 年 11 月第 1 版
印　　次：2014 年 12 月第 4 次印刷
书　　号：ISBN 978-7-5119-0980-0
定　　价：60. 00 元

序

　　《"三资"绩效审计》出版前，韩明升同志将书稿送给我，并嘱我为书写个序。我先是推辞，后来就答应了。

　　不少书都有个序，甚至一本书不止一个序。可是书为什么要有序，序解决什么问题，序包括哪些主要内容，序应当怎么写呢？过去也曾受托为其他书写过序，但很惭愧，这些问题还真没仔细想过。当然，顺便说一下，以前尽管想得不周到，写得不好，那些序还都是基于当时思考认真写出来的。

　　这次要写序，动手前想得稍多点，准备起来也相应复杂了些。认真学习《"三资"绩效审计》书稿是必需的，同时上网查阅了有关序的解释及写序的要求。这一查阅，心里似乎更不踏实，更不知究竟该写些什么和怎么写了。

　　这都是序的序话，读者肯定不耐烦看了。现拉回到正题，下面就正式算是为书写的序吧。

　　绩效审计是我国审计机关的重要职责和任务。根据我国审计法律规定，与真实、合法相并列，对效益或绩效进行审计，是审计机关的基本职责之一。近些年来，审计机关五年发展规划、年度工作计划和实际工作中，绩效审计也都是重要的审计任务。与国外发达国家审计机关情况相类似，我国绩效审计比重呈日益增长之势。青岛审计机关近年来一直积极致力于绩效审计实践探索，在全国审计机关中，起步早，发展快，发展得也比较好。

　　"三资"是审计机关绩效审计的重要对象或内容。开展绩效审计，首先要明确审计对象或内容，即对什么的绩效进行审计。即使限定在一个被审计单位，可以大到几乎无所不包，也可以是其中一个局部、一类资金、一个项目、一项决策、一项活动，或者是相互的不同组合。从国家审计角度讲，绩效审计对象或内容，必须有一个基本约束条件，即都是依法划定为国家的或公共的资金、资产和资源，简称"三资"。务请注意，这一简称似有不足。更为常见的还有另外一个"三资"，即与外商合资、与外商合作和外商独资经营企业。本书的"三资"简称

“三公”也不行,容易与另一“三公”(公费吃喝、公费用车和公费出国)相混淆。反正是简称,“三资”就“三资”吧,明确其含义就行。

思路、规范和案例并举是推动绩效审计深化的重要途径。职责也好任务也罢,属于规定或者要求层面的东西。要履行职责到位,切实完成好任务,首先应当解决思想认识问题,审计人员必须是有很好理论素养。特别是绩效审计,开展时间不长,没有多少经验可资借鉴,许多问题需要研究,认识需要深化,工作需要探索,理清思路尤为重要。这是前提,正所谓思路决定出路。但仅此是不够的,审计讲究依法审计、按规矩办事,而不是按思路或想法审计。还必须把思路、理性认识、研究成果变成规章制度,变成具体行动的规范和指南。在此基础上,才能有所遵循,使绩效审计实践更加规范,并逐步走向深入。再进一步,绩效审计实践的成果如何体现?直接成果当然是以审计报告等审计业务文书为重要载体,另一方面的间接成果也千万不应忽视,即形成审计案例,以回顾工作、再现实践、总结经验。一定意义上讲,后一成果价值更高、作用更大,它可以在更大范围、更深层次上借鉴和分享经验,完善规范,深化理性认识,从而持续推动绩效审计全方位深化发展。将思路、规范和案例有机衔接、良性互动、循环往复,无疑是理论与实践相结合、推动绩效审计深化的重要途径。

理论与实践相结合的成果对理论和实务工作者均有价值。呈现在读者面前的《“三资”绩效审计》,集青岛审计人的辛劳、探索和智慧之大成,汇思路、规范与案例为一体。我相信,这本书是他们今后工作深化发展的新起点。我也希望,其他审计机关审计人员、内部审计人员、单位管理者、法规政策制定者、各类监督检查人员,以及审计科研教学人员、审计相关专业学生和社会大众,都能从中了解情况、学到知识、引发思考、吸取经验和有所借鉴,从而在更大范围持续深入开展绩效审计,关注和督促进一步提高“三资”的绩效。

孙宝厚

二〇一一年九月十六日于北京

目录 CONTENTS

序……………………………………………………………孙宝厚……1

第一部分　思路篇

以"三资"为主要内容的绩效审计探索与实践 ………………………… 3

积极适应审计转型　推动"三资"绩效审计深入开展 ……………… 9

强化措施　突出创新　全力推进"三资"绩效审计加快发展 …………… 13

第二部分　规范篇

青岛市审计局关于积极推进"三资"绩效审计工作的意见 ……………… 19

青岛市审计机关"三资"绩效审计操作办法(试行) ……………… 24

青岛市崂山区环境资源绩效审计评价指标体系(试行) ……………… 35

青岛市开发区审计局政府部门绩效审计操作指南(试行) ……………… 52

青岛市胶南市审计局关于开展村居"三资"绩效审计的指导意见 ……… 74

第三部分 案例篇

（一）部门"三资"绩效审计案例

A 市城乡建设委员会绩效审计 ················ 81

G 区建设工程交易中心"三资"绩效审计 ················ 88

G 区某社区"三资"绩效审计 ················ 99

F 区人民医院绩效审计 ················ 111

（二）行业（系统）"三资"绩效审计案例

A 市法院系统"三资"绩效审计 ················ 118

B 市村（居）"三资"绩效审计 ················ 126

F 区八个街道办事处财政资金及国有资产资源管理绩效审计调查 ···· 134

A 市风景区管理局财政体制运行情况审计调查 ················ 142

E 区基层二级单位管理绩效审计调查 ················ 148

（三）专项资金（基金）"三资"绩效审计案例

A 市四区（市）新型农村社会基本养老保险基金绩效审计 ········ 154

A 市全民健身专项资金绩效审计 ················ 162

A 市城市基础教育经费投入管理使用情况绩效审计 ················ 168

E 区政府采购资金管理使用情况绩效审计调查 ················ 175

A 区计划生育专项资金绩效审计 ················ 186

E 市失业保险基金"三资"绩效审计 ················ 195

B 市城镇居民医疗保险基金绩效审计 ················ 202

G 区海洋渔业专项资金绩效审计 ················ 211

E 区某公司粮食补贴资金绩效审计调查 ················ 221

（四）资源环境"三资"绩效审计案例

A 市土地资源和国有土地使用权出让金绩效审计 ················ 229

A 市固体废物处置运行绩效审计调查 ················ 236

A 市利用××政府贷款生活垃圾生化处理场项目绩效审计 ········ 241

E 区污水处理资金管理使用情况绩效审计 ················ 248

G 区退耕还林资金绩效审计 ·················· 254

D 区城区绿化"三资"绩效审计 ·················· 261

B 市排污费征收、管理和使用绩效审计调查 ·················· 274

C 市污水排放在线监测系统"三资"绩效审计 ·················· 285

F 区水土资源管理及相关规费征收职责履行情况绩效审计 ·················· 291

（五）政府投资建设项目"三资"绩效审计案例

B 市社会治安动态监控系统建设和管理使用绩效审计调查 ·················· 298

B 市阳光大厦建设、租售经营及投资情况绩效审计 ·················· 307

B 区海泊河流域综合整治工程绩效审计 ·················· 315

A 区特色商业街区项目绩效审计 ·················· 322

（六）企业"三资"绩效审计案例

A 市外贸企业集团"三资"绩效审计 ·················· 330

A 市投资公司资产运营及经营绩效审计调查 ·················· 336

后　　记 ·················· 344

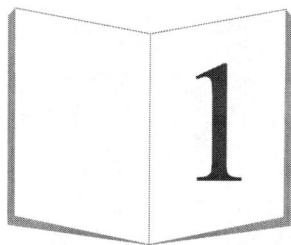

1

思路篇

以"三资"为主要内容的绩效审计探索与实践

青岛市审计局党组书记、局长　韩明升

近年来,各地按照审计署的要求,围绕建立中国特色的绩效审计路子,对绩效审计工作进行了有益的尝试。总体上看,绩效审计尚处在探索阶段,究竟审什么、怎么审、如何评价,还没有统一的模式。在这种情况下,青岛市审计局本着有所为有所不为的精神,提出了以公共资金、公共资产、公共资源(以下简称"三资")为主要内容,以"结合型"与"独立型"为基本方式,以真实性、合法性为基础,以经济性、效率性、效果性为评价目标的绩效审计模式。从实践看,这一模式不仅较好地解决了当前绩效审计中存在的一些弊端,也为我国绩效审计的健康发展提供了一条可行的路子。

一、目前开展绩效审计的现状与困惑

自 2002 年审计署提出开展绩效审计以来,经过近 10 年的探索与实践,政府绩效审计取得了很大的发展。根据有关资料,2009 年全国审计机关涉及绩效审计的工作量已占全部审计工作量的 45%,为促进政府绩效的提高发挥了积极作用。各地在不断提高工作量的同时,也对绩效审计进行了深度探索:在审计范围上,除了审计公共领域经济事务外,有的地方还开展了对集体、个体单位经济事务的审计;在审计内容上,有的地方还对卫生资源配置、规划设计、部门职责履行、行政许可审批效能等问题开展了审计;在审计评价上,除了评价经济性、效率性、效果性外,有的地方还对公平性、合理性进行评价。这些探索都是积极的、有益的。同全国各地审计机关一样,这几年青岛市审计局围绕推进绩效审计的深入开展,从审计范围、审计内容、评价目标等方面也作了许多尝试,有些是成功的,有些却遇到了障碍。主要表现在以下几个方面:

　　一是在审计范围上试图扩大，却受到一定限制。实践中，我们曾对集体、个体单位经济事务进行审计，由于缺少法律依据，被审计单位往往不予配合。如前几年我们试图对住宅小区物业管理情况进行绩效审计，在立项调研时，物业公司就提出，他们的经营活动是市场行为，应由市场手段来调节，政府不能干预，另外物业费是由业主交给物业公司统一管理的资金，不属于政府公共资金，政府审计机关进行审计，于法无据。就这样，这个项目没有进行下去。

　　二是在审计内容上试图拓展，却难以作出权威性结论。我们曾经对一些专业性较强、涉及部门自身职能履行的问题和事项进行审计，但作出的审计结论很难说服被审计单位。究其原因，我们认为这些专业性、部门业务职能性问题属于相关职能部门的业务范畴，人家更专业、研究更深入，对这些问题进行审计，就是拿我们的弱项比人家的强项，最终得出的审计结论也往往缺乏权威性。如2008年，我们对城市快速路项目进行了审计，发现了规划设计方面存有不合理问题。但在征求意见时被审计单位提出，快速路的规划是严格按照法定程序设计，由专家院士论证，最后经市政府研究通过的。专家院士那是在全国知名的，代表了权威。为此，在这些问题上没有对错，就是因为我们的看法和结论缺乏权威的支撑，没有得到被审计单位的认可和接受。

　　三是在审计评价上试图准确，却有时苦于没有标准。在推进绩效审计开展过程中，我们在坚持经济性、效率性、效果性评价的基础上，曾尝试扩大评价目标的内涵，对经济活动的合理性、公平性等进行评价，但没有标准可以参照。在这种情况下，绩效审计评价只能更多地依赖审计人员的职业判断，得出的审计结论参差不齐、很难站得住脚。如前几年我们对科技三项费用进行审计时，对费用投向的合理性进行了审查。审计组根据发现的问题和自己的职业判断，得出了科技费用投向不合理的结论，但怎么样才算投向合理？并没有参考标准。最终被审计单位坚决不予认可，我们只能就此作罢。

　　四是在审计人员的水平上，常常显得力不从心。青岛市审计局现有人员180多名，但专业结构相对单一，仍然不能满足审计工作的需要，特别在医药卫生、市政规划、工程设计等专业方面人员奇缺。在这样一种人才状况下，要想扩大审计范围、拓展审计内容，往往是心有余而力不足。

　　上述这些问题严重制约了绩效审计的健康发展，必须引起高度重视，认真研究解决。

二、我国与西方国家开展绩效审计的环境差异

我国的绩效审计是从西方发达国家借鉴过来的,但是我国目前的情况与西方国家有很大的不同。

一是从审计体制上看,西方国家多是立法型审计模式,审计机关隶属于立法部门,具有较强的权威;而我国审计机关隶属于政府,委托人、审计机关和被审计单位拥有同一隶属关系,审计的独立性、权威性相对较弱,在推进绩效审计这项新生性工作时,常常会遇到较大的阻力。

二是从法律地位看,西方国家绩效审计具有明确的法律授权,而我国绩效审计的法律地位并不明确。《审计法》第二条规定,审计机关对财政财务收支的真实、合法、效益依法进行审计监督;审计的目标包括检查被审计对象的效益性,新《国家审计准则》将该效益性的外延解释为经济效益、社会效益和环境效益,但都没有明确提出绩效审计是什么、如何开展绩效审计。

三是从评价依据上看,西方国家有较为完善的绩效审计法律制度和审计评价体系。如美国,1993 年就通过了《政府绩效与成果法案》,规定了政府各个部门的绩效评价指标体系,可以直接作为审计评价依据。而我国还没有形成统一的绩效审计评价体系。

四是从审计力量上看,西方国家审计机关的工作人员大部分是专家,专业结构比较健全,如美国审计署人员中统计、工程、控制学等方面的专业人才已占到工作人员总数的 75%;而我们的审计人员专业结构比较窄,高层次人才还较少,真正称得上专家的更少。另外,美国、澳大利亚等国家在开展绩效审计时,除全部由国家审计人员实施外,还会采取两种方式:一种是聘请有关方面的技术专家、咨询公司人员参与审计,另一种是将审计项目外包给社会专业机构来实施,可以确保专业性问题能够得到权威性的审计结论。我国则由于各方面原因,无法大幅度聘用社会中介机构实施审计。

正是因为我国和西方国家在审计环境方面存在的种种不同,决定了我们的绩效审计不能简单地照抄照搬西方绩效审计模式,而必须探索适合我国国情的绩效审计路子。

三、以"三资"为主要内容的绩效审计是当前审计机关的现实选择

根据上述分析,我们主张绩效审计应当从我国实际出发,充分考虑审计基础和环境条件等因素,注意扬长避短,坚持有所为有所不为,构建与当前实际和审计职责相适应的绩效审计模式,待条件成熟时再往前推进。从总体上看,当前各地在绩效审计范围和评价上的分歧比较少,而在审计内容上的分歧则比较大。实际上,审计内容过于宽泛,也是其他问题产生的直接原因。如果这个问题解决好了,其他问题也将随之解决。根据青岛这几年的实践,我们认为当前绩效审计应以公共资金、公共资产、公共资源为主要内容。这里所指的公共资金主要是指财政资金和社会公共资金,包括社会保障基金、社会捐赠资金、住房公积金、福彩资金,国际金融组织和外国政府贷(援)款资金,国有企业管理和运用的资金,政府投资项目资金等;公共资产主要是指审计监督对象以投资等各种形式形成的资产,包括房屋建筑物、机器设备、存货等;公共资源主要是指审计监督对象所拥有或管理的各项资源,包括公益设施、水资源、土地资源、矿产资源、海洋资源等。以"三资"为主要内容开展绩效审计是当前审计机关一个客观而又现实的选择。

首先,以"三资"为主要内容开展绩效审计是审计法规的基本要求。目前,独立型绩效审计的主要形式是专项审计调查,对专项审计调查的范围,《国家审计准则》第三十六条明确规定是"预算管理或者国有资产管理使用等与国家财政收支有关的特定事项",这个范围就是"三资"的范围。而结合型绩效审计,根据《审计法》规定,主要对财政财务收支及有关经济活动的真实、合法和效益进行审计监督,也要以财政财务收支为基础,当然离不开"三资"。

其次,以"三资"为主要内容开展绩效审计是评价目标的应有之义。《审计署2008至2012年审计工作发展规划》明确提出,绩效审计应当以经济性、效率性和效果性为评价目标。"经济性"是指在经济活动中是否做到了节约;"效率性"是指经济活动中投入与产出之间的比率关系;"效果性"是指经济活动是否达到了当初确立的目标。这里都涉及一个主体,就是经济活动。公共资金、资产和资源的配置、管理、使用情况,毫无疑问,属于经济活动范畴。非公共资金、资产、资源的配置、管理、使用情况虽然也是经济活动,但不属于审计机关的法

定职责范围。

最后,以"三资"为主要内容开展绩效审计是审计机关的优势所在。围绕"三资"开展绩效审计是审计机关职责范围内的事,是在审计人员熟悉的领域进行审计,可以更好地发挥审计的优势;而职能部门专业领域的问题,则是被审计单位的长项,审计人员不是内行,也不可能大量地聘请专家。如果管得过宽,不仅会有越权越位的嫌疑,而且也管不了、管不好,还会带来一定的审计风险。

四、青岛市绩效审计模式的实践与成效

经过这几年的探索,我们于 2009 年初确定了以"三资"为主要内容,以"结合型"与"独立型"为基本方式,以真实性、合法性为基础,以经济性、效率性、效果性为评价目标的绩效审计模式。实践证明,这一模式是切实可行的。在具体工作中,我们注意做到"三个坚持":

一是在审计内容上,坚持以公共资金、资产、资源为边界。在具体操作中,不论在绩效审计的立项、实施、评价上,还是在绩效审计结果的揭露和反映上,都围绕"三资"来进行。如果脱离了"三资",或者与"三资"搭不上边,原则上不立项、或者不反映、不评价。如在今年审计项目立项时,有的同志提出对全市就业情况进行绩效审计,这是个党委政府关心的问题,也是社会关注的热点问题,应该说很有现实意义,但与"三资"不挂边,开展起来可能有超越职权的嫌疑,也缺乏相应的专业技能,最后我们没有将其纳入年度项目计划。再如还有的同志提出要对出租车管理运行情况进行绩效审计,经过研究,我们认为出租车管理行为属于市场行为,审计机关不能干预,也没有法律依据干预,因此我们将其舍弃,没有立项。

二是在审计方式上,坚持"独立型"与"结合型"相结合。对于那些"三资"管理风险较高、绩效问题比较突出的项目,我们采取"独立型"绩效审计方式;对其他项目,采取"结合型"绩效审计方式,主要是在预算执行、经济责任、政府投资等审计项目中结合开展。绩效审计目前已经融入所有审计项目。其中"独立型"绩效审计每年都不少于 10 项。两年来共开展"独立型"绩效审计 32 个,涉及"三农"问题、医疗卫生、教育文化、社会保障、资源环境等 8 大领域的资金和项目。

三是在审计评价上,坚持以真实性、合法性为基础,突出经济性、效率性、效

果性。我们认为如果脱离了真实性、合法性这个基础,经济性、效率性、效果性评价也就失去了客观依据。在具体操作上,我们将评价内容限定在"三资"范围之内。如在我们去年开展的一个审计项目中,审计组对某些部门的非行政许可项目审批效率进行了审计和评价,认为其效率偏低,由于评价内容不在"三资"之内,起码说关系不直接,最后决定不予反映。

　　2009年以来,青岛市两级审计机关紧紧围绕"三资"开展绩效审计,取得了明显成效:一是较大地提高了审计权威。全市两级审计机关共开展"三资"绩效审计(调查)单位2004个,涉及绩效问题456个。所有问题被审计单位都予以认可,没有出现一例拒签审计报告事件;所有事项被审计单位都认真整改,去年整改率达到98%,是历年来最高的。审计权威进一步树立。二是较大地提高了审计成效。在资金方面,共促进实现增收节支19.3亿元,较前两年增加157.3%;在资产方面,共发现资产闲置、经营效益低下等问题金额12.6亿元,较前两年增加14.3%;在资源方面,共揭示资源开发利用不规范、环保措施落实不到位等9类问题,涉及资金100多亿元,较前两年都有很大增长,审计成效得到较大提高。三是较大地提高了审计影响。根据审计建议,两级政府及有关部门出台了64个制度和办法,较前两年增加15.2%;提出审计建议2622条,被采纳1178条,分别较前两年增加8.7%和11.5%,审计机关在党委政府和社会中的地位和影响得到了较大提升。

积极适应审计转型
推动"三资"绩效审计深入开展

青岛市开发区审计局

积极适应审计工作转型,近年来,开发区审计局按照上级审计机关要求,结合本区实际,大胆探索实践具有青岛特色的"三资"绩效审计模式,即以公共资金、资产、资源为主要内容,以"结合型"与"独立型"相结合为基本方式,以真实性、合法性审计为基础,以经济性、效率性和效果性为主要评价目标,积极推进绩效审计,取得了显著的监督成效。2010 年以来,共开展"三资"绩效审计项目 88 个,占全部项目的 58%,其中独立型项目 14 个,共查处违规及管理不规范问题金额 3.17 亿元,通过审减工程造价为政府节约建设投资 1.98 亿元。

一、加强组织领导,构建"三资"绩效审计工作体系

(一)建立组织领导机制

成立了由局长任组长,分管局长任副组长,各处室负责人为成员的"三资"绩效审计工作领导小组,每季度召开一次工作调度会,局长亲自听取汇报、提出要求、调度工作,带领大家共同研究破解难题措施。安排专门处室作为牵头部门,负责全局"三资"绩效审计项目的组织实施和成果汇总。加强工作督查,每个季度在全局范围通报绩效审计项目实施进度、完成情况和工作成果,促使各处室按照计划进度更好地完成审计任务。

(二)建立分工协作机制

在全局成立了绩效审计课题组,打破处室界限,从各个处室抽调绩效审计骨干,负责"三资"绩效审计制度文件起草、工作措施落实、科研课题攻关、审计

成果利用等。同时,结合处室各自职能,成立了5个"三资"绩效审计课题小组,分别负责行政事业单位、财政专项资金、国有企业、政府投资项目、社区等五大领域,每个领域都做到"有具体项目、有案例总结、有规范指南",各小组既各司其职,承担不同领域的"三资"绩效审计职能,又通力合作,根据项目需要整合审计资源,发挥工作合力,保证重大绩效审计项目投入足够力量。

（三）建立督查落实机制

一是抓好外部考核。将上级机关绩效审计考核要求纳入全局业务考核"一号工程",局长亲自抓、分管副局长靠上抓,不仅确保各项工作任务保质保量完成,而且争取在上级机关绩效审计考核中有更好的表现。2006年至2010年,连续5年被评为全市绩效审计工作先进单位。二是强化内部考核。制定出台了《"三资"绩效审计工作意见》,从以往单纯布置审计项目计划数量,到现在对计划执行、审计质量、成果提升、考核奖惩等提出具体明确要求;从以往工作责任只落实到处室,到现在落实到每个人的考核评优;从以往年底集中考核一次,到现在加强日常考核每月督查一次;通过加强激励和引导,在全局上下形成了层层抓落实、处处争创优的浓厚的"三资"绩效审计工作氛围。

二、落实上级部署,在项目安排上加大"三资"绩效审计力度

（一）切实选好审计项目

围绕开发区经济社会发展实际和区委区政府中心工作,根据上级机关和局党组要求,每年初,由牵头处室联合绩效审计课题组,制定发布年度绩效审计立项要求,引导各业务处室合理提报"三资"绩效审计备选项目;绩效审计工作领导小组对备选项目进行筛选,对项目的可行性进行论证,重点关注"资金、资产、资源"管理使用是否存在薄弱环节或重大漏洞,是否存在较大风险,是否有较大改进空间,审计人员是否有胜任能力等;经过充分论证,提出审计项目计划建议,报局党组（业务会）审核通过后,列入全局年度"三资"绩效审计项目计划。

（二）不断增加项目安排

2010年以来,按照上级机关有关要求,开发区审计局不断增加绩效审计项

目比重,每年在开展一定数量独立型"三资"绩效审计项目的同时,要求所有有"三资"内容的审计项目都要开展结合型绩效审计。2010 年,完成"三资"绩效审计项目 48 个,占全年项目的 60% ,其中独立型项目 7 个、结合型项目 41 个,在党政机关和事业单位审计、财政专项资金审计、政府投资审计、企业审计等 4 大类专业审计中,均开展了独立型"三资"绩效审计项目;并首次将国有企业实施的 3 个重大基建投资项目纳入"三资"绩效审计范畴,扩大了绩效审计覆盖面。2011 年,又对 40 个项目开展了"三资"绩效审计,占全年计划审计项目的 57% ,其中独立型项目 7 个、结合型项目 33 个。

三、强化"人、法、技"建设,提升"三资"绩效审计能力

(一)抓好人才队伍

一是配强审计人员。独立型"三资"绩效审计项目的审计组长,由各处处长或业务骨干担任,并要求近三年来至少担任过 4 个重大项目的审计组长,其中至少担任过 1 个独立型绩效审计项目的审计组长,至少编写过 1 篇绩效审计案例;审计组的每个成员,要求至少参与过 1 个独立型绩效审计项目,发表过 1 篇绩效审计论文或参与过绩效审计案例、总结和经验方法的编写。同时强化对审计人员的业务培训,通过案例互学、优先安排外出学习等形式,提高审计人员开展"三资"绩效审计的能力和水平。二是加强考核激励。在年初制订"三资"绩效审计项目计划时,就明确提出"三个一"和"两个如果",激发了审计人员开展"三资"绩效审计的积极性。"三个一",即每个独立型绩效审计项目必须完成一个案例、一篇专报、一篇信息,对不能完成的,实行一票否决,取消审计组长年度考核评优资格。"两个如果",即如果获得区主要领导批示,如果在上级机关优秀审计项目或优秀案例评选中获奖,给予审计组成员一定物质奖励,审计组长或主审直接评为年度绩效审计先进个人,并作为年度考核评优的重要加分因素。

(二)出台《操作指南》

注重"三资"绩效审计规范化建设,立足开发区实际,在青岛市 12 个区市审计机关中率先出台了《政府部门绩效审计操作指南》,规范了部门"三资"绩效

审计中关于"三资"的定义和分类、审计方式方法、审计评价和审计报告模板,解决了一线审计人员对"三资"定义不清、审计思路模糊等问题。《操作指南》在三个方面作出了明确规定:一是在审计对象上,实现了分类管理,将58个区直部门按照不同职能划分为10大类,不同类别的审计对象,绩效审计关注的重点不同,如经济发展部门重点关注履行职责产生的经济效益,社会事务管理部门重点关注履行职责实现的社会效益。二是在审计内容上,把资金、资产、资源作为审计主线,不脱离"三资"搞单纯的业务绩效检查,并将资金放在"三资"首位,重点关注专项资金管理使用绩效。三是在审计重点上,把开发区6个街道办事处作为绩效审计的重点对象,围绕街道主要职责和"资金、资产、资源"活动,检查经济、社会、生态建设职能履行情况,以及在组织财源、保障支出过程中"三资"活动的合规性、经济性、效率性和效果性;明确了审计应重点关注的党政办、财政所、街村建设中心等8个所属部门,健全了社会保障、生态建设和环境保护等11类定性和定量评价指标,解释了10类"三资"绩效审计方法的具体应用。

(三)丰富审计方法

一是内控测试。从管理"三资"活动的各项规章制度入手,检查制定和执行情况,将职权界定是否清晰、不相容职务是否分离、内部控制是否有效作为重点,严格进行测试。二是抽样检查。根据"资金、资产、资源"的规模和管理的规范程度,采取抽样调查的方式,抽取部分"三资"使用单位开展审计,既保证了审计质量,又提高了审计效率。三是现场调查。对"三资"使用效果的审查,重点采用实地查看、小型座谈会、入户走访、问卷调查等形式,获取第一手资料,直观反映"三资"活动的经济效益、社会效益和环境效益。四是多重分析评价。综合运用因素分析法、比较分析法、回归分析法、事前事后分析法、目标评价法、工作标准评价法、调查评价法、标杆评价法等绩效审计分析和评价方法,提高绩效评价的客观性、充分性、针对性和科学性。

通过开展"三资"绩效审计,取得了显著成效。2010年以来,完成"三资"绩效审计项目88个,查处违规及管理不规范问题金额3.17亿元,审减政府投资建设项目工程价款1.98亿元。针对绩效审计中发现的问题,区政府多次召开区长办公会议专题研究整改措施,区政府和有关部门出台了5项政策制度,促进了对"资金、资产、资源"的监督和管理。

强化措施　突出创新
全力推进"三资"绩效审计加快发展

胶南市审计局

近年来,在上级审计机关的正确领导下,胶南市审计局把绩效审计作为审计工作转型发展的着力点和突破点,以"公共资金、资产、资源"为主要内容,以促进提高其经济性、效率性和效果性为主要目标,创新开展"三资"绩效审计,取得了显著成效。2010 年以来,共开展绩效审计项目 51 个,占全部审计项目的 90% ,查处违规金额 1.1 亿元,审计政府投资 6.4 亿元,审减 7800 多万元,审减率达 12% ,为政府捂住了"钱袋子",促进提高了政府投资绩效。根据绩效审计项目撰写的 18 篇审计专报,被区以上领导批示,或被党委政府转发;我局突出"五个创新"扎实推进绩效审计的有关做法被《中国审计》刊载;制定出台的《胶南市村居"三资"绩效审计指导意见》被青岛市审计局全文转发。2010 年我局被评为青岛市绩效审计工作先进单位。我们的主要做法是:

一、强化三项措施,为开展"三资"绩效审计提供保障

一是强化组织领导。局主要领导定期督查和指导绩效审计工作,指定分管业务的副局长亲自靠上抓,每季度召开一次绩效审计调度会,安排专门科室作为牵头部门,负责制定项目、计划管理、组织实施、总结经验和提升成果。成立了绩效审计研讨委员会,帮助和指导各科室提高绩效审计质量,挖掘提升优秀成果。不断增加绩效审计项目数量,目前每年开展的绩效审计项目占全部项目的 70% 以上。

二是强化制度建设。2010 年以来,先后制定出台了《关于大力推进绩效审计的实施意见》、《关于进一步深化绩效审计工作的意见》、《胶南市审计局关于开展村居"三资"绩效审计的指导意见》等制度措施,完善了绩效审计制度体系,

规范了"三资"绩效审计操作实施,增强了审计人员围绕"公共资金、资产、资源"开展绩效审计的自觉性和积极性,把绩效审计工作不断引向深入。

三是强化考核激励。为更好地适应绩效审计新的发展形势,2010年以来,每年都修订完善《绩效审计工作考核办法》,不仅细化了考核内容,还引入了大量考核指标,对各科室年度绩效审计工作进行量化考核评估,进一步激励和引导全局上下深入开展"三资"绩效审计,推动了这项工作快速发展。

二、突出四个创新,推动"三资"绩效审计深入开展

(一)创新"三资"绩效审计理念

确立了以"公共资金、资产、资源"为审计内容,以被审计单位内部管理和业务流程为检查重点,以绩效评估为落脚点的"三资"绩效审计模式。在揭露违法违规问题的基础上,重点围绕审计监督对象配置、管理和使用公共资金、资产、资源的经济性、效率性、效果性来展开,努力实现"两大转变":从重点关注财政财务收支向围绕"三资"评价部门绩效转变,从单纯查处违纪违规问题向促进体制机制和制度完善转变。把是否有利于促进科学发展、提高行政效能作为审计查找问题、分析问题和处理问题的重要标准,充分发挥绩效审计的建设性作用。

(二)创新立项管理

以经济社会发展需求为导向,坚持重要性、时效性、可行性和增值性原则,抓住深化改革的难点、经济发展的热点和群众关注的焦点选定绩效审计项目。2010年以来确定了13个独立型"三资"绩效审计项目,主要包括排污费征收管理情况、居民医疗保险基金征缴使用情况、公共卫生服务体系建设和管理情况、汽车家电下乡补贴资金、小型农田水利建设资金、计划生育资金、中小学公用经费、保障性住房建设及租售情况、经贸大厦建设和销售情况绩效审计等,涉及环境、医疗、社保、"三农"、教育、住房等多个方面。同时,坚持"独立型"与"结合型"绩效审计并重,在开展独立型绩效审计项目的基础上,逐步实现在所有审计项目中都要关注绩效问题。

(三)创新审计方法

突出抓好"三化"。一是方法多样化。灵活采用各种审计方法,既坚持核

对、查询、内控测评、分析性复核等传统审计方法，又大胆运用统计分析、系统分析、数量分析、证据分析、回归分析等绩效审计方法。二是方法实用化。根据绩效审计目标和内容，综合运用专家论证、资金流向追踪、调查问卷、现场勘察、面询会谈等针对性强、效率高的实用审计方法。三是方法信息化。充分利用信息技术和数据查询比对、因素分析、图表分析等计算机审计方法，提高了审计效率，增强了审计结果的准确性。

（四）创新成果提升

一是围绕三个重点抓成果。围绕经济绩效抓成果，真实反映损失浪费、国有资产流失等问题，降低经济损失，促进提高经济效益；围绕服务决策抓成果，反映体制机制制度层面的问题，为政府决策提供依据；围绕改善民生抓成果，围绕"三农"、社保、医疗、住房、教育、环保等方面，重点检查资金和项目的绩效情况，促进社会公平正义，切实维护群众利益。二是瞄准四个方面出成果。把审计结果纳入政府决策、促使政府部门出台政策、经验做法被上级机关推广、工作情况被新闻媒体宣传作为四个主要方面，推出了一批高质量的"三资"绩效审计成果。2010 年以来，胶南市主要领导批示绩效审计专报 14 篇，直接促进出台政策和制度 8 项；根据绩效审计项目撰写的 14 篇审计方法，有 5 篇入选了审计署方法库，有 3 篇获山东省审计厅优秀奖；撰写的 8 篇绩效审计 AO 应用实例，有 6 篇获审计署应用奖，有 8 篇获山东省审计厅优秀奖，获奖比例居青岛各区市审计机关之首；"三资"绩效审计的经验做法被市级以上新闻媒体报道 30 多次，其中《中国审计》、《中国审计报》报道 7 次。三是适时公开审计结果。在一定范围内公开"三资"绩效审计情况，扩大了绩效审计影响力，促进被审计单位抓好整改落实。

三、做好三个结合，扩大"三资"绩效审计成效

在 2010 年以来开展的 51 个"三资"绩效审计项目中，结合型项目 38 个，占 74.5%。

（一）绩效审计与经济责任审计相结合

2010 年以来，按照市委组织部要求，对 7 个镇（街道）、22 个市直部门、5 个

村(居)的主要负责人进行了经济责任审计。审计中在重点关注领导干部任期经济责任履行情况的同时,还在每个项目中都关注了"资金、资产、资源"的绩效情况,揭示了管理不规范和使用效益低下等问题,促进领导干部更好地履行职责。如在隐珠街道办事处书记、主任经济责任同步审计中,把农民经济房建设决策和执行情况作为绩效审计的重点,查出该单位在农民经济适用房开发建设过程中,存在漏缴税费600多万元、售房收入管理不规范、制定销售价格高于利润率3%等问题,为客观评价领导干部履行职责情况提供了准确依据。

(二)绩效审计与政府投资项目相结合

2010年以来,共完成政府投资审计项目40个。在这些审计项目中,既关注工程价款的高估冒算,又关注项目的立项评估、建设管理、资金使用、项目运营的绩效情况,从规范项目招投标管理、合同管理、施工管理等方面提出审计建议56条,被采纳53条,采纳率达95%。

(三)绩效审计与专项审计调查相结合

对各级政府安排用于本级支出的专项资金,主要以审计调查的方式,重点审查是否按批准的预算安排资金,预算总额是否执行完成,资金是否用于批准的项目,有无擅自改变资金用途等问题,确保专款专用和使用效益。如在城市居民医疗保险基金绩效审计中,扩大审计调查范围,不但采集了被审计单位的业务数据,还采集了新农合及劳动保险单位的业务数据,运用计算机手段对各方数据进行关联、比对和分析,快速查找基金在管理使用上的问题和漏洞;同时从经济性、效率性、效果性三个方面设定绩效审计评价指标,并逐一细化分解,加强量化分析评价,根据调查评价结果撰写的两篇专报,市领导高度重视,召开专题会议就审计调查发现的问题如何规范进行了研究,并出台了关于农村合作医疗征缴方面的制度,促进了城市居民医疗保险基金的健康发展。

2

规范篇

青岛市审计局关于积极推进"三资"绩效审计工作的意见

青审派二字〔2009〕78 号

各区、市审计局,市局各处、室,投资局,计算机中心:

根据审计署、省审计厅有关文件精神,现就推进我市"三资"绩效审计工作提出以下指导意见:

一、指导思想

以邓小平理论和"三个代表"重要思想为指导,深入贯彻落实科学发展观,紧紧围绕党委政府中心工作,以公共资金、资产、资源为主要内容,以"结合型"与"独立型"相结合为基本方式,以真实性、合法性审计为基础,以经济性、效率性和效果性为主要评价目标,积极推进绩效审计,更好地发挥审计监督作用。

二、总体目标

在项目安排上,从 2010 年开始,市局所有审计项目都要开展绩效审计,其中独立型的绩效审计项目每年不少于 10 项。区、市审计机关可根据情况,安排一定数量的绩效审计项目,其中独立型绩效审计项目每个区、市每年不少于 3 项。在规范化建设上,2009 年出台绩效审计操作指南,2010 年探索建立专项资金绩效审计评价体系,2011 年完成常用绩效审计方法体系建设,2012 年基本建立起具有青岛特色的绩效审计规范体系。

三、主要内容

在揭露违法违规问题的基础上,重点围绕审计监督对象管理和使用公共资金、资产、资源的经济性、效率性、效果性来展开。

(一)资金

主要指财政资金和社会公共资金,包括社会保障基金、社会捐赠资金、住房公积金、福彩资金,国际金融组织和外国政府贷(援)款资金,国有企业管理和运用的资金,政府投资项目资金等。着重分析和评价资金投入、管理和使用的经济性、效率性、效果性,揭露贪污、截留、挪用、侵占以及严重的滞留闲置、损失浪费或效益低下等问题,促进资金管理和使用效益的提高。

(二)资产

主要指审计监督对象以投资等各种形式形成的资产,包括房屋建筑物、机器设备、存货等。着重分析和评价各项资产管理和使用的经济性、效率性、效果性,揭露擅自占有、使用、处置以及严重的损失浪费、效益低下和国有资产流失、闲置等问题,促进各项资产管理和使用效益的提高。

(三)资源

主要指审计监督对象所拥有或管理的各项资源,包括公益设施、水资源、土地资源、矿产资源、海洋资源等。着重分析和评价公共资源配置、管理、使用的经济性、效率性和效果性,揭露破坏浪费资源、国有资源收益流失、危害资源安全、资源闲置浪费等问题,促进公共资源配置管理和利用效益的提高。

四、实施程序

(一)项目立项

独立型绩效审计项目应选择那些党委政府重视、人民群众关注,管理风险较高、绩效问题严重,有较大改进空间,且便于审计评价的项目。在充分论证的基础上,通过一定程序,报经本级政府批准后,列入年度计划。

(二)审前调查

根据被审计单位或事项的具体情况,多方面、多途径了解情况,不仅要关注被审计项目的财务资料,也要关注有关业务资料,摸清审计项目的基本情况。独立型绩效审计项目的审前调查应到被审计单位或事项现场进行。

(三)编制方案

无论独立型还是结合型的绩效审计项目,都要编制审计方案,明确绩效审计的目标、范围、重点、评价标准、具体实施程序与方法,力求具有较强的针对性、实用性和可操作性。

(四)确定目标

审查、评价被审计项目是否达到了经济性、效率性、效果性是绩效审计的主要目标,对有些涉及环境保护或社会影响的项目还应关注其环境效益或社会效益。根据审计项目的具体情况,审查、评价的重点应有所侧重。经济性是指在管理、使用、配置资金、资产、资源等经济活动中是否做到了节约;效率性是指在管理、使用、配置资金、资产、资源等经济活动中投入与产出之间的比率关系;效果性是指在管理、使用、配置资金、资产、资源等经济活动中是否达到了确立的目标。

(五)审计评价

重点围绕审计目标,确定科学合理的评价标准并据此作出评价。要坚持客观公正、实事求是的原则进行绩效评价。对审计发现的管理体制机制和履行职能上存在的问题,要在深入分析原因的基础上,进行准确评价,从体制、机制方面提出可行性建议。对于超越审计职责范围的事项、证据不足、评价依据或标准不明确的事项、审计过程中未涉及的事项一般不予评价。

(六)撰写报告

结合型绩效审计项目原则上只出具一个审计报告,遵循传统审计报告格式,把发现的绩效问题归类反映在审计报告中。独立型绩效审计项目应单独出具审计报告,一般包括如下内容:前言;被审计单位(事项)基本情况;审计评价结果及评价意见;审计发现的主要问题及处理处罚意见;审计建议。

(七)征求意见

在审计过程中,特别是在确定绩效评价标准、进行绩效评价、提出审计建议等环节,应加强与被审计单位及有关方面的沟通,形成合理性意见。对于有主管部门的审计项目,应征求被审计单位主管部门的意见,力求问题定性准确、评价科学合理、建议切实可行。

五、方式方法

(一)在审计方式上,既可以采取以审查评价被审计对象的绩效情况为主要目标,单独立项并单独出具审计报告的"独立型"方式,也可以采取审计目标兼顾真实合法与效益,与传统财政财务收支、经济责任等审计项目相结合的"结合型"方式。

(二)在审计方法上,应根据审计目标和内容的不同,灵活采用各种审计技术和方法。既要合理使用传统审计中的核对、盘点、查询、分析性复核等方法,又要运用绩效审计中常用的文件查阅、访谈、问卷调查、统计分析、证据分析、利用外部专家等方法,也要注意运用内控测评、抽样审计、计算机审计等技术和手段。

(三)在审计成果使用形式上,可采取绩效审计综合报告、绩效审计分析或研究报告、审计信息专报、绩效审计建议函等方式。同时,绩效审计结果应当按照有关规定适时公开,扩大绩效审计的影响力,促进被审计单位抓好整改落实。

六、保障措施

(一)加强组织领导

市和各区(市)审计机关都要成立绩效审计工作领导小组,由主要领导任组长,分管领导和相关处(科)室同志为成员,加强对绩效审计工作的领导。把绩效审计工作列入局长办公会议的重要议事日程,定期研究工作情况,及时解决工作中遇到的困难和问题。要明确一个内设机构统一指导协调绩效审计工作。进一步建立和完善绩效审计计划管理、检查考核、统计反映、成果运用等工作制度,保证绩效审计工作有序有效进行。

(二)抓好人才队伍建设

要把绩效审计理论、知识和方法技能纳入干部培训计划之中,帮助审计人员不断提高绩效审计水平和能力。要加强理论研究和创新,以最新的理论研究成果指导绩效审计实践。要树立向专家咨询的意识,注意引进和聘用相关领域的专家,还要建立符合本地实际的绩效审计专家库,为搞好绩效审计提供人才和智力支持。

(三)强化工作指导和考核

要注意总结推广绩效审计工作经验,加强对绩效审计工作的检查指导,发挥典型引导作用。对绩效审计成果要作为年度目标考核的一个重要内容,充分调动审计干部开展绩效审计的积极性,推动绩效审计工作全面深入发展。

青岛市审计机关
"三资"绩效审计操作办法(试行)

青审企二字〔2011〕47 号

第一章 总 则

第一条 为规范以公共资金、资产、资源(以下简称"三资")为主要内容的绩效审计操作,指导青岛市审计机关开展绩效审计工作,根据《中华人民共和国审计法》及其实施条例、《中华人民共和国国家审计准则》、《青岛市审计监督条例》和《青岛市审计局关于积极推进"三资"绩效审计工作的意见》等有关规定,制定本办法。

第二条 本办法所称公共资金主要是指财政资金和社会公共资金,包括预算资金、转移支付资金等财政资金,社会保障基金,社会捐赠资金,住房公积金,福彩资金,国际金融组织和外国政府贷(援)款资金,国有企业管理和运用的资金,政府投资项目资金等;公共资产主要是指审计监督对象以投资等各种形式形成的资产,包括房屋建筑物、机器设备、存货等有形资产,在条件具备的情况下,可以探索对商誉、品牌、土地使用权等无形资产进行审计;公共资源主要是指审计监督对象所拥有或管理的各项资源,包括水资源、土地资源、矿产资源、海洋资源等自然资源。

第三条 本办法所称"三资"绩效审计是指审计机关在绩效审计操作中,以公共资金、资产、资源为主要审计内容,以"结合型"与"独立型"为基本方式,以真实性、合法性审计为基础,以经济性、效率性、效果性为评价目标,综合评价公共资金、资产、资源及有关经济活动所实现的经济效益、社会效益和环境效益的绩效审计工作模式。

(一)经济性指在保证质量的前提下,以最低的投入达到目标,简单地说就是投入是否节约。

(二)效率性是指产出与投入之间的关系,即是否以最小的投入取得一定的产出,或者以一定的投入取得最大的产出。

(三)效果性是指目标的实现程度,以及一项活动的实际效果与预期效果的关系。

经济性、效率性和效果性三要素是一个有机的整体。经济性是前提,效率性是过程,效果性是目的,经济性、效率性都应与效果性相一致。

第二章 审计计划

第四条 审计机关应确定年度绩效审计工作目标,制订年度绩效审计计划。

第五条 绩效审计项目选项应在遵循重要性、实效性、可行性等原则的基础上,重点关注涉及"三资"的项目。"三资"绩效审计应重点关注政策性强,对经济、社会发展影响大,政府关心和社会关注,关系民生,且易操作易评价的公共资金、资产、资源。以下范围可供参考:

(一)公共资金:

1. 每年财政预算安排的专项资金;

2. 市政府每年公布的实事中涉及的专项资金;

3. 政府贷款项目资金;

4. 政府重大投资项目资金;

5. 其他需关注的公共资金。

(二)公共资产:

1. 行政事业单位和国有企业所拥有的重要资产;

2. 行政事业单位和国有企业管理的教育、文化、卫生等涉及民生、社会关注度高的资产;

3. 政府重大投资形成的资产;

4. 其他需要关注的公共资产。

(三)公共资源:

1. 人均占有量低、储备紧缺的资源;

2. 受污染、遭破坏程度严重的资源;

3. 与政府投资工程、环保等专项资金相关的资源;

4. 与国家战略发展相关,为社会所广泛关注的资源;

5. 结合本地实际,有区域性特色的资源;

6. 其他需要关注的公共资源。

第六条 审计机关对所有安排的审计项目,都要关注"三资"绩效审计内容。根据审计项目情况,在一个审计项目中可以兼顾全部"三资"绩效审计内容,也可以重点关注"三资"中某一项或两项的绩效内容。

第七条 在审计方式上,绩效审计项目既可以采取以审查评价被审计对象的绩效情况为主要目标,单独立项并单独出具审计报告的"独立型"方式,也可以采取审计目标兼顾真实合法与效益,与传统财政财务收支、经济责任等审计项目相结合的"结合型"方式。

第三章　审计内容

第八条 审计人员应调查了解被审计对象及其涉及"三资"的相关情况,在履行相关程序并进行内控测评后,确定审计范围和审计重点,明确要审计的"三资"内容。

第九条 审计人员应根据公共资金、资产、资源不同特性,在真实、合法性审计的基础上,把握重点环节,开展绩效审计。

第十条 公共资金绩效审计重点关注资金的筹集、分配、使用、管理四个环节,揭露贪污、截留、挪用、侵占以及严重的滞留闲置、损失浪费或效益低下等问题,促进资金管理和使用效益的提高。

(一)资金筹集方面

审查立项的可行性,即申报立项是否进行了可行性研究,可行性研究内容是否完整,经济、技术论证是否切实可行;有无虚假、重复申报立项的问题,有无随意、盲目申报立项的问题,是否存在项目半途而废、损失浪费的问题;项目概预算的经济性,即是否体现科学、可行和节约的原则;资金筹集依据是否合规合法,征收主体、客体是否合规合法;资金征收单位是否按筹集目的、目标要求做到及时足额筹集,是否应收尽收,有无欠收多收的问题;配套资金是否及时配套到位,有无影响项目执行的进度的问题。

(二)资金分配方面

审查上级安排的资金在下拨过程中,是否按照年度预算、用款计划和项目进度将资金及时拨付到用款单位,资金是否全部实际到位,有无滞留、抵扣和占用问题,是否影响到项目进度;主管部门在分配拨付环节有无截留、占压资金以及擅自计提或擅自提高标准收取项目前期费、咨询费和管理费等各项费用问题。

（三）资金使用方面

审查资金使用是否按政策规定执行,有无擅自改变用途,随意扩大或缩小规模,违反规定擅自将无偿资金转为有偿使用,违反规定收取或提高标准收取资金占用费等问题;审查使用过程是否体现合理、节约原则;审查项目支出总额和构成是否符合管理机构的使用计划,资金使用是否有损失浪费、截留挪用或体外循环的行为;审查真正用于项目资金比率,比例和结构是否合理,项目支出是否有节余等;审查项目是否按照项目进度使用,有无因付款不及时而影响项目实施的情况,是否按计划要求时间完成,是否达到了设计标准,有无因项目进度迟缓、实施质量差等造成项目未完成就成为废弃项目的问题。

（四）资金管理方面

审查资金管理工作机制是否健全,内部机构设置是否科学合理,是否系统化,规范化,分工是否合理,信息传递是否及时,工作运转是否畅通、高效,管理人员岗位职责、职权界定是否科学明确;涉及资金的各项内控制度是否建立健全和有效实施,对资金的管理是否规范,监督是否及时有效,有无因制度不完善、管理不规范造成资金的损失浪费,或因管理办法或规章制度落后导致项目资金使用效益低下;资金投入是否达到了预期的经济和社会效果,实际效果与预期效果差异多大;从项目立项、运行的各个环节审查,有无决策失误、项目质量隐患,是否存在进度缓慢、项目闲置、难以运营等不合理问题;项目是否经过了验收,项目的实际投资与预算之间的差额,有无擅自扩大或缩小项目规模,造成项目投产后效益低下等问题。

第十一条 公共资产绩效审计重点关注资产购置、使用、管理三个环节,揭露擅自占有、使用、处置以及严重的损失浪费、效益低下和国有资产流失、闲置等问题,促进各项资产管理和使用效益的提高。

（一）资产购置方面

资产购置是否履行了相关政府采购或招标等手续,所购资产是否必需,质量、价格是否合理,有无办理必要的验收、保管、领用手续,是否存在盲目购建,闲置浪费现象。

（二）资产使用方面

从合理、有效、厉行节约的角度,对资产占用、使用情况进行了解,是否以最少的资产完成最大限度的任务量;检查有无未经审批、擅自审批处置各类资产或长期将资产借给其他单位和个人使用,造成资产损失和浪费问题;通过对资产的配置量、完好量、利用量、利用成效等进行分析,了解资产利用率、完好率和利用效益情况;通过与设计能力比较,与实际需要比较,判断有无闲置、未达到设计目标运行、超负荷运行的情况,有无资产效率低下、造成浪费和服务质量差的现象。

(三)资产管理方面

审查资产管理单位是否建立了相关的资产管理制度,从资产购置、管理、处置等各个环节加强管理;管理制度是否健全,运行是否有效,管理、使用、责任是否落实到位;资产是否经过了验收,其实际投资与预算之间的差额,有无擅自扩大或缩小资产规模,造成资产投入使用后使用效能低、创造的经济效益差等问题;是否存在购置资产、变卖资产、接受捐赠资产不入账现象;审查资产结构是否合理,是否存在不良资产,是否存在不良资产背后的损失浪费、潜在亏损等方面的问题;有无库存积压存货、长期闲置、毁损报废或盘亏待处理的资产;有无经济担保、未决诉讼等经济纠纷导致的潜在损失;资产配置是否合理,有无不同单位之间因占有资产数量不同而造成的苦乐不均,进而影响行政成本和行政效能的现象。

第十二条 公共资源绩效审计重点关注资源的配置、利用、保护三个环节,揭露破坏浪费资源、国有资源收益流失、危害资源安全、资源闲置浪费等问题,促进公共资源配置管理和利用效益的提高。

(一)资源配置方面

审查资源配置是否依照法定程序和权限,审批后需变更的是否经法定程序报批,是否存在擅自变更情况;资源配置是否体现科学、可行和节约的原则,是否有利于可持续发展;是否符合国家相关总体规划,是否与其他相关规划相协调,是否兼顾当前与长远、国家与地方利益;是否建立在对其科学考察、调查分析的基础上,是否兼顾了资源的保护和开发利用。

(二)资源利用方面

审查资源利用是否经过可行性研究,可行性研究是否充分,是否综合考虑了经济效益、社会效益和环境效益;资源管理经营单位是否按照国家有关法律规章,建立健全利用的各项制度,并严格贯彻落实,有无因管理不善,造成资源破坏、利用效益低下、国有资源流失的现象;利用过程是否体现科学、合理,是否有利于可持续发展;是否严格按照利用计划,有无随意扩大规模,加快开发速度,提高标准,造成损失浪费现象,有无盲目占用,资源闲置、低效利用等现象,是否存在开发速度太慢造成资源利用效率低,影响利用效果问题;是否选择合理的开发利用方法,推广先进的技术,提高资源利用水平;是否根据不同需求,采取相应的措施,提高资源利用率,是否达到预期的实施效果;资源的利用是否形成了对生态环境的破坏,是否符合环保的要求,资源利用的实际效果是否达到了预定目标。

(三)资源保护方面

资源管理经营单位是否按照国家有关法规规章,建立健全资源保护的各项制度,减少自然事件对资源造成的破坏程度,防止资源遭到人为破坏,是否存在因制度不完善、管理办法落后造成的资源损失浪费现象;制度是否有效实施,工作运转是否高效,有无因工作机制不健全、监督不到位导致的资源损失浪费;审查与资源保护相关的项目完成情况,成本是否超过了预算,是否使用最少的成本取得最大的项目效益,社会、经济、环境效益如何。

第四章 审计评价

第十三条 审计人员应根据项目情况,并与被审计对象进行充分沟通后,确定"三资"绩效审计评价标准。

第十四条 "三资"绩效审计评价标准可参考以下几方面内容(具体指标可参考附件):

(一)国家法律法规和相关领域或行业的方针政策;

(二)具体管理规定或办法;

(三)国家、地方或行业的正式标准;

(四)公认的或良好的实务标准;

(五)被评价组织或单位自行制定的标准;

(六)管理绩效目标;

(七)其他得到认可的评价标准。

第十五条 审计人员应根据绩效审计目标,以审计认定的事实为基础,在防范审计风险的情况下,综合评价公共资金、资产、资源及有关经济活动所实现的经济效益、社会效益和环境效益,从经济性、效率性、效果性等方面提出绩效审计评价意见。

(一)经济效益。主要评价相关财务、经济、技术能力指标,如投资回收期、获利能力、偿债能力、财务净现值等指标,以及是否增加产业化程度、提高生产能力、增加产品科技含量和附加值等。

（二）社会效益。主要评价在增加税收、解决就业、改善民生、拉动周边相关产业的成长、促进区域规模经济的形成、提升抵御自然灾害能力、提高重大疫情防控能力等方面的效益情况。

（三）环境效益。主要评价对资源的消耗与利用情况；环保法规、政策和标准执行情况；噪声和污染物排放是否控制在规定标准之内，治理措施是否有效，改造生态能力如何等。

第十六条 绩效审计评价意见应根据审计目标，以适当、充分的审计证据为基础。对于绩效方面的问题，取证时应根据既定的依据、标准，将客观存在和发生的事实情况与之对照，得出事实与标准之间的差异即审计发现的问题，并进一步分析差异产生的原因。

第十七条 绩效审计评价应只对所审计的"三资"相关事项发表审计评价意见。对审计过程中未涉及"三资"、审计证据不适当或者不充分、评价依据或者标准不明确以及超越审计职责范围的事项，不得发表绩效审计评价意见。

第十八条 绩效审计评价应听取多方面、多层次的意见。不仅充分听取被审计对象的意见，还要听取评价所涉及的主管部门以及相关专家、群众的意见，力求评价科学合理。

第五章　审计报告

第十九条 绩效审计报告分为独立型与结合型审计报告。独立型的绩效审计应单独出具审计报告，可以就"三资"中某一项的绩效审计出具单独的独立型绩效审计报告，也可以就涉及"三资"的某一项目出具全面的独立型绩效审计报告。结合型的绩效审计原则上应出具一个审计报告，审计报告封面上的被审计对象和审计项目以所结合的审计项目为主，只是在审计报告中增加绩效审计的内容，绩效审计方面的内容可以包括"三资"中的部分或全部。

第二十条 撰写绩效审计报告时，内容应围绕"三资"，如果审计发现的问题脱离了"三资"，超出了"三资"的范围，则报告中原则上不予反映。

第二十一条 对绩效审计发现的违反国家规定的财政收支、财务收支方面问题，应下达审计决定书或者审计移送处理书，按有关规定处理处罚；对发现的虽不违法违规但不经济、低效率、无效果等绩效问题，应提出审计建议，并督促被审计对象整改,促进其改善管理。对审计发现的属体制机制的问题,要从宏观的角度,采取恰当的方式向有关部门提出改进建议,发挥绩效审计建设性作用。

第二十二条　根据不同的审计事项和审计目标的要求以及不同审计成果使用者的需求,可以采取多种载体形式反映绩效审计的成果,包括绩效审计综合报告、绩效审计调研报告、绩效审计信息专报、绩效审计建议函等方式。同时,绩效审计结果应当按照有关规定适时公开,扩大绩效审计的影响力,促进被审计对象抓好整改落实。

第六章　附　　则

第二十三条　本办法未涉及的审计实施程序、审计方案、审计证据、审计记录、审计通知书及审计报告等审计文书格式、审计质量控制及责任等要求,均遵照《中华人民共和国国家审计准则》及青岛市审计局相关规定执行。

第二十四条　本办法由青岛市审计局负责解释。

第二十五条　本办法自发布之日起施行。

附件:"三资"绩效审计评价参考指标

附件:

"三资"绩效审计评价参考指标

一、公共资金绩效审计评价指标

1. 资金到位率。资金出资未按期到位,会影响项目及时有效地发挥作用。用该指标来检查分析各级部门的资金到位情况。资金到位率是实际到位的资金总额与项目计划投入额的比率。计算公式为:

资金到位率 = 实际到位的资金总额/项目计划投入额

2. 资金节约率。投入计划资金数与实际资金数不可能相等,项目资金的节约应上交。项目资金节余率是资金节约额与项目计划投入额的比率。计算公式为:

资金节约率 = 资金节约额/项目计划投入额

3. 资金实际利用率。资金使用中,存在着损失浪费、截留挪用等跑冒滴漏行为。这项指标为实际用于项目的资金与中央、地方、部门配套资金总额的比率。计算公式为:

资金实际利用率 = 实际用于项目的资金/配套资金总额

4. 成本降低率。成本降低率是反映投资经济性的指标。成本降低率为负表示节约,说明投资具有经济性。计算公式为:

成本降低率 = (某项投资的实际成本 - 该项投资的目标成本)/该项投资的目标成本

5. 项目投资回收期。项目投资回收期是反映投资经济性和效率性的指标,回收期越短,说明投资的经济性越好,投资的效率越高。计算公式为:

投资回收期 = 某项目的全部投资额/该项目预计的年现金净流入量

6. 宏观经济效益增长率。宏观经济效益增长率在使用时需根据具体的项目的宏观经济效益指标来确定。计算公式为:

宏观经济效益增长率 = 实施后的增加额或者增加比率/实施前的实际额或者实际比率

7. 社会效益增长率。社会效益增长率在使用时同样需根据具体的资金项目的社会效益指标来确定。计算公式为：

社会效益增长率＝实施后的增加值/实施前的实际值

8. 宏观环境变化率。宏观环境变化率在使用时同样需根据具体的资金项目的宏观环境指标来确定。计算公式为：

宏观环境变化率＝建成后的变化值/建成前的实际值

二、公共资产绩效审计评价指标

1. 资产闲置率。计算公式为：

资产闲置率＝闲置资产数/所拥有（管理）的资产总数

2. 不良资产比率。计算公式为：

不良资产比率＝（资产减值准备余额＋应提未提和应摊未摊的潜亏挂账＋未处理资产损失）/（资产总额＋资产减值准备余额）×100%

3. 资产利用率。计算公式为：

原材料利用率＝实际利用的资产数/所拥有的资产总数

4. 资产节约率。资产节约率是指达到某一目标而少消耗的资产数量，是一种经济性指标。计算公式为：

资产节约率＝（计划消耗数－实际消耗数）/资产总数

5. 资产损失率。资产损失是资产的所有（管理）单位由于管理不善而造成的资产损失。它反映了单位对资产的管理水平。计算公式为：

资产损失率＝损失资产数/资产总数

6. 资产保值增值率。它反映了资产管理单位对资产的经营能力。计算公式为：

资产保值增值率＝（当期资产价值－上一期资产价值）/上一期资产价值

三、公共资源绩效审计评价指标

1. 公共设施增长率。它是反映社会效益效率性和效果性的指标，公共设施增长率越快，说明社会的服务性功能越强，社会效益越好。公共设施增长率反映为一些具体指标，如城市标准道路增长率、城市公交营运线路增长率、人均绿地拥有量增长率、适龄群体就业率等。

2. 不良资源治理率。计算公式为：

不良资源治理率＝得到治理的不良资源量/不良资源总量

3. 人均资源占有率。计算公式为：

人均资源占有率＝某区域内的资源总量/该区域内的总人口

4. 资源开发利用效率。计算公式为：

资源开发利用效率＝实际开发利用的资源/可开发利用的资源

5. 资源开发利用效果。计算公式为：

资源开发利用效果＝资源开发利用后的变化值/资源开发利用前的原值

6. 资源增长变化率。资源保护措施的实施可以给资源的增长率（增长量）带来变化，从而反映出资源保护采取措施所取得的成效。计算公式为：

资源增长变化率＝实施后的资源增长率（增长量）/实施前的资源增值率（增长量）

青岛市崂山区环境资源绩效审计
评价指标体系（试行）

青崂审〔2010〕50 号

为规范环境资源绩效审计操作，指导崂山区开展环境资源绩效审计工作，保证我区环境资源绩效审计工作健康有序发展，根据《中华人民共和国审计法》、新的《国家审计准则》、审计署《关于加强资源环境审计工作的意见》、山东省审计厅《关于加强资源环境审计促进科学发展的意见》以及《青岛市审计局关于积极推进"三资"绩效审计工作的意见》，制定《青岛市崂山区环境资源绩效审计评价指标体系（试行）》。

第一章　总　则

第一条　制订环境资源评价指标体系总体目标

以维护环境资源利益、防范环境资源风险、保障环境资源安全，促进转变经济发展方式，提高财政资金和公共资源配置、使用的经济效益、社会效益和环境效益，推动建立、健全政府绩效管理制度，维护国家资源环境利益，防范资源环境风险，保障国家资源环境安全，充分发挥审计在促进资源开发利用管理和生态环境保护中的"免疫系统"功能，最终促进建设资源节约型和环境友好型社会。

第二条　制订环境资源评价指标体系具体目标

通过指标体系验证、评价审计对象与环境资源有关活动的经济性、效率性、效果性、公平性和环境性（又称5E），在此基础上解决环境资源政府资金投入使用后5E实现情况的评价和具体量化所存在的瓶颈问题，更好地发挥审计监督的建设性作用。

（一）经济性指在保证环境资源既定目标的前提下，以最低的投入达到预期目标,简单地说就是投入是否节约。

(二)效率性是指环境资源的产出与其相应财政资金的投入之间的关系。

(三)效果性是指环境资源既定目标的实现程度,以及实际效果与预期效果的关系。

(四)公平性指财政资金在环境资源使用中是否符合社会公平的要求。社会公平主要是指合理地分配社会资源,减少不平等和绝对贫困,维护社会公正。

(五)环境性指对生态环境和资源的保护,主要是指是否形成了对生态环境和资源的破坏,是否符合环保的要求,财政资金的使用是否合规有效。

鉴于环境资源绩效审计评价体系的特殊性,我们将公平性和环境性视为效果性的重要组成部分。

经济性、效率性和效果性三要素是一个有机的整体。经济性主要侧重于投入方面,注意节约支出;效率性主要指投入与产出的关系,即是否以最小的投入取得一定的产出,或者以一定的投入取得最大的产出;效果性是对各项活动的产出结果与预期目标的比较。经济性是前提,效率性是过程,效果性是目的,经济性、效率性都应与效果性相一致。

第三条 制订环境资源评价指标的基本特征

(一)可靠性。指在相同的环境和条件下,不同的评价人应用同样标准能够得出同样的结论。

(二)客观性。指评价标准本身应该是客观的、现实的,而不是凭空想象的或假设的,评价标准的确定不受任何单位和个人的偏见或分歧的影响。

(三)相关性。指评价标准应该能够反映信息使用者的需要,评价结论与使用者的需求密切相关。

(四)代表性。指评价标准能够涵盖被审计对象或项目的整体特征、目的和宗旨,尤其是在特定的环境和条件下绩效的所有重要事项和方面。

(五)明确性。指评价标准应该具体明确。审计评价标准的表述必须明确,不能引起歧义,甚至模棱两可和抽象。

(六)可比性。指类似的被评价事项之间和不同的审计年度之间应用的标准应该是一致的。

（七）可接受性。指评价标准应该具有权威性,能够被审计对象及其他有关各方广为接受。

（八）可获得性。指评价标准是以可接受的成本获得。

（九）可持续性。指审计标准应经得起历史的、社会发展的检验。

第二章 框架结构和参考分值

第四条 环境资源评价指标体系总体框架结构

指标体系由总目标、子目标、子系统和明细指标四个层次组成,呈金字塔型结构。总目标层由执行环境资源法规子系统、投入产出效益子系统、管理效率子系统评价三大部分组成,在结构上与环境资源绩效审计的主要内容,即被审计对象在审计期内环境资源管理职责履行情况、国家地方环境资源法律法规执行情况和环境资源资金投入绩效情况,具有一一对应关系,体系相对完整。

第五条 环境资源评价指标体系具体框架结构和参考分值

具体分为资源评价指标和环境评价指标两大部分:

(一)资源类评价指标

资源类评价指标主要涉及的领域有土地、森林、水资源。

1. 法规政策执行指标。主要是国家、省市出台的土地、森林绿化、水资源方面的法规政策掌握学习情况,相关法规政策的执行到位情况,区域资源保护政策配套和健全性,行业指标和规程的建立健全情况,行业标准的遵守情况等方面的内容。

2. 投入产出指标。主要是资源保护开发财政资金投入总量及增长情况,资金筹集到位情况,资金投入使用节约率情况,资金投入回报情况,资源开发保护项目前期可行性论证情况等方面的内容。

3. 管理效率指标。主要是职能部门内部控制制度的健全性,资源案件及纠纷的办结情况,职能分管的资源总量增长率、资源优质构成增长率,资源开发使用率等方面的内容。

具体参考分值如下表:

总目标层	子目标层	子系统	参考分值
资源绩效总体评价	政策法规子系统评价	政策执行绩效评价	15
		符合性达标情况评价	10
		管理绩效评价	5
	投入产出效益子系统评价	投入指标评价	5
		资源状态评价	15
		资源利用绩效评价	10
		财务绩效评价	5
		稀缺资源控制绩效评价	15
	管理效率子系统评价		20

（二）环境类评价指标

环境类评价指标主要涉及的领域有垃圾处理、污水处理、生态工程。

1. 法规政策执行指标。主要是各级政府和部门出台的环境保护方面法规政策执行到位情况，区域环境保护政策配套和健全性，环境执法部门考核、执法指标的建立和健全性等内容。

2. 投入产出指标。主要涉及环保资金筹集到位情况，环保资金投入情况，环保资金投入和使用方向以及环保项目前期可行性论证情况等方面的内容。

3. 管理效率指标。主要涉及的内容有职能部门内控制度健全性，环境案件办结情况，环保资金管理等方面的内容。

具体参考分值如下表：

总目标层	子目标层	子系统	参考分值
环境绩效总体评价	政策法规子系统评价	政策执行绩效评价	15
		符合性达标情况评价	10
		管理绩效评价	5
	投入产出效益子系统评价	投入指标评价	5
		环境状态评价	15
		资源利用绩效评价	10
		财务绩效评价	5
		污染控制绩效评价	15
	管理效率子系统评价		20

第三章　评价参考比率

第六条　指标评价参考比率

根据审计结果和确定的绩效评价标准,对被审计事项的绩效情况进行定量或定性评价(优先使用定量评价)。在分项评价基础上可按照好、较好、一般、差、很差五个等次进行总体评价,具体见下表:

项目	好	较好	一般	差	很差
比率	100%~90%	89%~75%	74%~60%	59%~40%	39%~0

第四章　具体指标

第一部分　资源类评价指标

(一)森林资源评价指标

森林资源评价指标可以从森林覆盖情况、森林质量、森林管护情况方面来综合考虑。

森林覆盖情况的指标主要是森林覆盖率,亦称森林覆被率,是森林面积占土地面积的百分比,计算公式为:森林覆盖率 = 森林面积 ÷ 土地总面积 × 100%,是反映一个区域森林面积占有情况或森林资源丰富程度及实现绿化程度的指标,又是确定森林经营和开发利用方针的重要依据之一。影响森林覆盖率的因素主要是森林的面积和土地的总面积,森林的总面积大,森林覆盖率的减少就不太明显,因此要综合考量。

森林质量方面的指标主要有森林生物数量种类,森林的土壤肥力,可适度利用的经济动植物及微生物的品种与数量等。要考虑森林生物多样性是否健全,森林生态防护效益是否最大化,森林的土壤肥力及生物生产力,森林中除国家重点保护的濒危、珍贵物种之外,可适度利用的经济植物、经济动物及微生物(即林副产品)的品种与数量。

森林管护方面的指标主要是人员补助情况、人员到位率、森林火灾受害率、森林植被补种、抚育情况、道路维护情况、奖惩考核机制等。

另外,还要考虑涵盖森林景观的多样性。要考虑林中和林区的河流、瀑布等地质地貌及其在科学研究、教育、旅游等方面的价值与作用。

总目标层	子目标层	子系统	指标名称	参考权重
资源绩效总体评价	执行法规子系统评价	政策执行绩效评价	执行国家法律法规情况	40%
			执行地方法律法规情况	25%
			执行部门规章情况	25%
			执行行业标准情况	10%
		符合性达标情况评价	项目建设与国家大政方针符合率	60%
			项目建设与地方发展政策方针符合率	40%
		管理绩效评价	森林生态防护效益	15%
			森林火灾受害率	25%
			森林植被补种、抚育情况	20%
			可适度利用的经济动植物及微生物的品种与数量	15%
			森林道路维护	10%
			森林景观	15%

续表

总目标层	子目标层	子系统	指标名称	参考权重
资源绩效总体评价	投入产出效益子系统评价	投入指标评价	资金投入总额	50%
			资金到位率	50%
		资源状态评价	森林生物多样性	35%
			生物生产力	25%
			乱砍滥伐情况	40%
		资源利用绩效评价	生态环境标准	50%
			人均森林覆盖变化率	50%
		财务绩效评价	成本收益率	30%
			社会贡献情况	40%
			生态效益	30%
		环境控制绩效评价	森林覆盖率	50%
			绿色植物数量	50%
	管理效率子系统评价		森林管理体制的完善程度	50%
			森林管理制度的完善程度	50%

（二）土地资源评价指标

土地资源评价指标可以从土地开发情况和土地利用情况来综合考虑。

土地开发情况的指标主要有农用地转用计划指标、土地开发整理计划指标、耕地保有量计划指标等。农用地转用计划指标,分为城镇村建设占用农用地指标和能源、交通、水利等独立选址的重点建设项目占用农用地指标;土地开发整理计划指标,分为土地开发补充耕地指标和土地整理复垦补充耕地指标;耕地保有量计划指标,要严格依据土地利用总体规划,控制建设用地总量,保护耕地。

土地利用情况的指标主要有:土地生产稳定性、资源保护性、经济可行性。要优先保证国家重点建设项目和基础设施项目用地,保护和改善生态环境,保障土地的可持续利用。

与此同时,还要考虑土地的结构,土地总面积中各类用地所占的比例是否合理,是否执行国家宏观调控政策,有无闲置土地等情况。

总目标层	子目标层	子系统	指标名称	参考权重
资源绩效总体评价	执行法规子系统评价	政策执行绩效评价	执行国家法律法规情况	40%
			执行地方法律法规情况	25%
			执行部门规章情况	25%
			执行行业标准情况	10%
		符合性达标情况评价	项目建设与国家大政方针符合率	60%
			项目建设与地方发展政策方针符合率	40%
		管理绩效评价	土地利用总体规划	25%
			控制建设用地总量	30%
			耕地保有量	25%
			土地结构	20%
	投入产出效益子系统评价	投入指标评价	资金投入总额	50%
			资金到位率	50%
		资源状态评价	土地的可持续利用	45%
			土地生产稳定性	25%
			土地整理复垦补充耕地	30%
		资源利用绩效评价	土地资源利用率	50%
			生态环境标准	50%
		财务绩效评价	成本收益率	30%
			社会贡献情况	40%
			生态效益	30%
		污染控制绩效评价	污染综合指数	35%
			水土流失面积	35%
			污染处理措施	30%
	管理效率子系统评价	土地管理体制的完善程度		50%
		土地管理制度的完善程度		50%

（三）水资源评价指标

水资源环境的审计评价指标可分为水源保护、污水处理、智力支持水平三个方面。

水源保护方面主要是水土保持、水源地管理活动，侧重于揭示投资项目管理状况的好坏。此阶段分法律法规建设与执行、资金投入、项目建设三个方面，其中法律法规建设与执行又可分为地方性规章制度的配套制定、相关法规的实施条例执行等环节；资金投入分资金筹集、管理、资金使用等环节；项目建设分投资立项、决策、建设管理等环节。每个环节应选择若干个决定项目管理水平的关键点，设计评价指标。地表水综合指标可视为项目产出效果，主要揭示项目目标的实现程度及影响。此阶段应围绕其效果来构建评价指标，即按经济效益、社会效益和生态环境效益分别设计若干评价指标。

污水处理方面与水源保护类似，也是主要在污水处理资金筹集、管理、使用等方面设定指标，污水处理厂建设、污水处理的排放可视为项目产出效果，与水源保护等类似，亦可将实施彻底截污、污/雨分流等按经济效益、社会效益和生态环境效益分别设计若干评价指标来评价污水排放对水环境的影响。

智力支持水平主要指人民群众素质和节约用水意识的提高，是提高水资源综合利用的内在因素，包括科技投入、管理制度、道德法制等方面的束缚和引导作用。侧重于社会整体对水资源保护的认知度，应围绕公众参与措施、公众监督力度、公众参与度的实现等方面设计若干不同的指标，揭示社会整体对水资源保护的重视度。

总目标层	子目标层	子系统	指标名称	参考权重
资源绩效总体评价	执行法规子系统评价	政策执行绩效评价	执行国家法律法规情况	40%
			执行地方法律法规情况	25%
			执行部门规章情况	25%
			执行行业标准情况	10%
		符合性达标情况评价	项目建设与国家大政方针符合率	60%
			项目建设与地方发展政策方针符合率	40%

续表

总目标层	子目标层	子系统	指标名称	参考权重
资源绩效总体评价	执行法规子系统评价	管理绩效评价	项目管理内控制度健全有效率	10%
			损失浪费率	30%
			水资源单位利用率	15%
			污水处理能力	20%
			资源消耗衰减率与当地经济发展增速的比数	15%
			资源利用占当地 GDP 增长的比重	10%
	投入产出效益子系统评价	投入指标评价	资金投入金额	30%
			资金投入方向	40%
			资金筹集到位率	30%
		资源状态评价	水环境质量标准	50%
			生态环境标准	20%
			水土流失治理率	30%
		资源利用绩效评价	人均资源储量	10%
			资源回收利用率	30%
			资源综合利用率	40%
			资源储采比	20%
		财务绩效评价	投入产出比	40%
			技术投入比率	30%
			社会贡献	30%
		污染控制绩效评价	制定污染应急专项预案	30%
			污染处理措施	20%
			排放标准	50%
	管理效率子系统评价	资金使用合规、内控措施得力、制度较好执行		50%
		环境保护与社会、经济发展相协调		50%

第二部分　环境类评价指标

（一）污水处理评价指标

污水处理评价指标可以从污水收集能力、污水处理能力、环境评价三个方面来综合考虑。

1. 污水收集能力

指标主要有污水收集率，污水收集率是指污水收集量与污水排放量的比率，计算公式为：污水收集率 = 污水收集量 ÷ 污水排放量 × 100%。影响污水收集率的因素主要有管网覆盖率、管线收集能力等。管网覆盖率是指现有的管线范围与规划的管线服务范围之比，管线覆盖的范围小，收集的污水必然少于排放的污水，管线收集能力是指管线实际收集量与管线设计的收集量之比，通过这些指标可以衡量某个区域的污水收集能力，看其是否符合区域发展的要求。

2. 污水处理能力

指标主要有污水处理率，污水处理率是指污水处理量与污水排放量的比率，计算公式为：污水处理率 = 污水处理量 ÷ 污水排放量 × 100%。影响污水处理率的因素主要有污水处理厂的设计能力、相关的配套设施情况等。污水处理厂设计能力主要考虑污水处理厂运行负荷率是否符合国家要求，是否存在闲置现象，还要充分考虑泵站与污水处理厂的配套设施是否符合要求。

3. 环境评价

主要有评价水质的 COD、无机氮、磷酸盐和粪大肠菌群四个污染指标，用环境检测站实际检测的数据与《海水水质标准》（GA3097 – 1997）的国家二类水质标准值进行对照，从而评价效果性。这些污染物可以通过常规或强化的污水处理工艺去除。工业废水则成分复杂，除了含有常规污染物以外，还含有重金属和大量有毒有害化学物质和微量污染物，这些工业污染物在污水处理厂常规处理工艺中往往难于去除，必须在源头控制，也就是在排入城市下水道之前，在工厂内进行预处理，达到规定的排放标准后才允许排入城市污水处理厂，以保证城市污水处理厂出水符合排放标准的要求。

另外，还应考虑居民对污水处理情况的评价意见，可以通过问卷调查、走访了解污水处理的现状，看其是否存在乱倒污水、管网覆盖不全、排污不畅等问题。

总目标层	子目标层	子系统	指标名称	参考权重
环境绩效总体评价	执行法规子系统评价	政策执行绩效评价	执行国家法律法规情况	40%
			执行地方法律法规情况	25%
			执行部门规章情况	25%
			执行行业标准情况	10%
		符合性达标情况评价	项目建设与国家大政方针符合率	60%
			项目建设与地方发展政策方针符合率	40%
		管理绩效评价	运营成本年增长率	25%
			污水排污费年增长率	20%
			城市污水管网建设	15%
			建设投资增减额	20%
			内控制度健全有效率	10%
			污水处理设施实施效果	10%
	投入产出效益子系统评价	投入指标评价	资金投入总额	50%
			资金到位率	50%
		环境状态评价	水污染信访数量	30%
			环境监测强度	40%
			环境监察力量的投入情况	30%
		资源利用绩效评价	污泥处理量	30%
			用水重复利用率	40%
			管网的投资比例	30%
		财务绩效评价	成本收益率	50%
			社会贡献情况	50%
		污染控制绩效评价	污水处理率	40%
			污水收集率	30%
			污水排放标准	30%
	管理效率子系统评价		排水管理体制的完善程度	50%
			污水处理费管理制度的完善程度	50%

（二）垃圾处理评价指标

垃圾处理评价指标可以从垃圾运输收集、垃圾处理两个方面来综合考虑。

1. 垃圾运输收集

垃圾运输收集方面的指标主要有垃圾车的种类（所采用的垃圾车种类是采用自卸垃圾车，密封垃圾车，摆臂式垃圾车，多功能垃圾车，压缩式垃圾车还是车厢可卸式垃圾车，考虑线路运输距离是否符合实际情况，运输设备数量、运量是否达到垃圾清运的要求，目前拥有的设备是否可以满足发展的需要）；线路运输距离；垃圾运输设备的数量及运量（处理量）；运输价格和处置价格；垃圾收集达到"六不、六净"的标准。六净：路牙子净、人行道净、树坑净、雨水斗净、果皮箱净、路面净。六不：不见积水，不见杂物，不见人畜粪，不漏收堆，不往雨水斗、明沟、绿化带扫倒垃圾杂物，不焚烧杂草和树叶。

2. 垃圾处理

垃圾处理能力方面的指标主要有垃圾处置方式（采用填埋处理、焚烧处理、堆肥处理还是其他方式，综合考量现行方式是否符合规定，对环境是否造成危害，考虑垃圾填埋场的使用情况是否满足现有状况）；无害化处理率；人均垃圾产量等。

垃圾处理厂方面的指标主要是概算投资、资金来源、资金到位、建筑面积、日处理能力。垃圾场的环境评价可以选择污水、废气和扬尘、恶臭以及噪声几项指标与该行业的质量标准进行了对比。

另外，还要考虑对地方经济发展的影响，了解垃圾填埋场的选址对附近居民的健康和生存环境是否构成威胁，垃圾处理是否做到每日一清理，垃圾运输是否存在私倒乱堆情况等问题，确保垃圾处理方面做到无害化、减量化和再资源化。

总目标层	子目标层	子系统	指标名称	参考权重
环境绩效总体评价	执行法规子系统评价	政策执行绩效评价	执行国家法律法规情况	40%
			执行地方法律法规情况	25%
			执行部门规章情况	25%
			执行行业标准情况	10%
		符合性达标情况评价	项目建设与国家大政方针符合率	60%
			项目建设与地方发展政策方针符合率	40%
		管理绩效评价	运营成本年增长率	20%
			建设投资增减额	20%
			内控制度健全有效率	15%
			垃圾处置方式	15%
			垃圾填埋场的选址	10%
			垃圾车的种类	10%
			垃圾运输设备的数量及运量(处理量)	10%
	投入产出效益子系统评价	投入指标评价	资金投入总额	50%
			资金到位率	50%
		环境状态评价	垃圾运输是否存在私倒乱堆	40%
			生态环境标准	30%
			垃圾污染信访数量	30%
		资源利用绩效评价	污水、废气和扬尘、恶臭以及噪声几项指标	30%
			垃圾日处理量	35%
			人均垃圾产量	35%
		财务绩效评价	成本收益率	50%
			社会贡献情况	50%
		污染控制绩效评价	垃圾处理无害化处理率	40%
			垃圾处理减量化	30%
			垃圾处理再资源化	30%
	管理效率子系统评价		垃圾处理体制的完善程度	50%
			垃圾处理管理制度的完善程度	50%

3. 生态工程建设项目评价指标体系

生态工程建设项目的审计评价可分为交付使用前和交付使用后两个阶段。交付使用前阶段主要是生态投资项目管理活动,对生态投资项目审计属事前、事中控制,侧重于揭示投资项目管理状况的好坏。此阶段分资金投入、项目建设两个方面,其中资金投入分资金筹集、资金使用两个环节;项目建设分投资决策、建设管理两个环节。每个环节应选择若干个决定项目管理水平的关键点,设计评价指标。交付使用后阶段为项目产出效果阶段,对生态投资项目审计属事后检查和追踪审计,主要揭示项目目标的实现程度及影响。此阶段应围绕其效果来构建评价指标,即按经济效益、社会效益和生态环境效益分别设计若干评价指标。在绩效审计评价指标体系建立后,为了使指标体系更科学合理,还需对评价指标体系进行检查和修正。可以通过计算指标体系的效度来检测指标体系的完备性、科学性和可行性。评价指标效度是指反映评价对象客观要素的准确性程度。如果确立的指标不能反映或不能完全反映项目效益,则该指标体系不具有较高的效度。一般来说,评价指标效度的评定是聘请一些熟悉该测量内容的专家通过经验进行判断,并确定指标与测量内容之间关系的密切程度。

总目标层	子目标层	子系统	指标名称	参考权重
环境绩效总体评价	执行法规子系统评价	政策执行绩效评价	执行国家法律法规情况	40%
			执行地方法律法规情况	25%
			执行部门规章情况	25%
			执行行业标准情况	10%
		符合性达标情况评价	项目建设与国家大政方针符合率	60%
			项目建设与地方发展政策方针符合率	40%
		管理绩效评价	征地拆迁合规合法率	20%
			项目管理内控制度健全有效率	20%
			工程提前(延期)完成时间	10%
			未按计划完工工程数量	10%
			工程质量合格率	10%
			工程质量优良率	10%
			建设投资增减额	10%
			损失浪费率	10%

续表

总目标层	子目标层	子系统	指标名称	参考权重
环境绩效总体评价	投入产出效益子系统评价	投入指标评价	资金筹集合规率	40%
			资金到位率	30%
			资金筹集及时率	30%
		环境状态评价	水土流失治理率	40%
			扰动土地治理率	30%
			环保投资增长率	30%
		资源利用绩效评价	单位 GDP 能耗	30%
			水资源利用率	25%
			土地资源利用率	25%
			人均森林覆盖变化率	20%
		财务绩效评价	财务净现值	40%
			经济收益	30%
			成本—收益率	30%
		污染控制绩效评价	水质污染综合指数	40%
			空气净化率	30%
			水土流失面积	30%
	管理效率子系统评价		内控制度健全有效率	50%
			资金使用合规率	50%

第五章 评价实施

第七条 评价实施的基本原则

坚持定量为主,定量和定性相结合的原则。审计评价应坚持客观公正、实事求是、及时沟通的原则,对于超越审计职责范围的事项、证据不足、评价依据或标准不明确的事项、审计过程中未涉及的事项不作评价。

第八条 具体评价实施

第一步:根据第三章制订的评价参考比率,结合审计实际情况,确定出审计中涉及的每个明细指标所适用的评价比率。

第二步：根据确定的评价比率和每个明细指标的参考权重相乘，确定出每个明细指标计算分值所需要的最终比率。

第三步：根据第二章制订的三大子系统参考分值和每个明细指标的最终比率相乘，确定出每个明细指标的最终得分。

第四步：根据每个明细指标的最终得分，计算汇总出每类子系统最终分值和整个环境资源项目的最终分值。

第九条　注意事项

在遇有审计力量不足、相关专业知识受到限制等情形时，审计组可以聘用外部专家。在利用外部专家工作时，审计人员应确认其具有审计项目所要求的能力，告知环境资源绩效审计遵循的职业道德，并对其形成的审计结论负责。

第六章　附　则

第十条　本指标评价体系由崂山区审计局负责解释。

第十一条　本指标体系为开放式，今后将根据审计成果的不断积累，不断对体系中的明细指标和参考权重进行动态完善和补充。

第十二条　本指标评价体系自发布之日起施行。

青岛市开发区审计局政府部门
绩效审计操作指南(试行)

青开审〔2011〕8 号

第一章 总 则

第一条 制定目的及法规依据。为进一步规范我局政府部门绩效审计工作,提高审计人员实际操作能力,结合新颁布的《中华人民共和国国家审计准则》对"绩效"定义的诠释,根据《青岛市审计局关于积极推进"三资"绩效审计工作的意见》,立足我区实际,进一步充实、细化相关内容,制定本指南。

第二条 "政府部门"分类。主要包括我局审计管辖范畴的 52 个区直单位、6 个街道办事处。

第三条 "政府部门绩效"主要内容。包括两部分:一是部门职责履行情况和效果;二是在履行职责过程中管理和使用"三资"(即资金、资产、资源)所产生的经济效益、社会效益和环境效益。

第四条 "政府部门绩效审计"主要内容。包括"一条主线"、"两个重点"。一条主线:"三资"的配置、管理、使用为主线,所有审计内容及审计评价都围绕"三资"展开,不脱离"三资"活动单独对被审计单位的业务活动进行分析和评价。"两个重点":一是部门职责(特别是重点职责)履行情况和效果;二是履职过程中,"三资"管理使用的经济效益、社会效益和环境效益。

第五条 "政府部门绩效审计"目标。通过审计,揭露部门职责履行中存在的违法违规、成本过高、效率低下、损失浪费等影响"三资"使用效益和行政效果的突出问题,深入分析原因,提出完善制度和改进管理的建议,推动建立、健全我区政府绩效管理制度,促进各部门提高政府绩效管理水平和建立健全政府部门责任追究制。

第六条 指南主要构成。本指南旨在为审计业务人员提供政府部门绩效审计思路和方法,指导编制审计实施方案,细化审计内容和方法,重点介绍四项内容:一是审计计划;二是审计内容;三是审计实施,包括审计调查、审计评价标准、审计方法;四是审计结果,包括审计报告、审计整改和成果运用。

本指南未涉及的审计通知书、审计实施方案、审计证明材料、审计工作底稿等其他法定程序内容,均遵照《中华人民共和国国家审计准则》的规定执行。

第七条 使用指南应遵循的原则。

(一)指导性。自本指南试行之日起,我局全部政府部门绩效审计均应以指南确定的思路、内容、方法为指导,依据指南的要求编制审计实施方案,明确审计内容和方法,充分运用审计成果。

(二)选择性。本指南是对我局政府部门绩效审计的基础性、普遍性概括,因被审计单位实际情况不同,资金、资产、资源构成存在差异,实际操作中应结合街道办事处、区直部门各自实际,选择性使用相关内容,重点抓好对运用资金、资产情况的绩效审计,资源部分适当关注,如果不具备审计条件,可以不涉及。

(三)探索性。本指南是在总结以往审计实践经验的基础上,对如何规范我局政府部门绩效审计工作的积极探索。试行阶段,审计人员在以指南为操作指导的同时,应不断创新审计内容、审计方法等,并及时总结成熟的做法,以便今后对指南进一步加以完善。

第二章 审计计划

第八条 审计项目计划制定程序。在执行《国家审计准则》、《青岛市审计机关审计项目计划管理暂行办法》等规定程序的同时,重点做好以下工作:

(一)绩效审计牵头(考核)业务处应充分履行职能,根据局党组要求,及时制定政府部门绩效审计战略规划、确定政府部门绩效审计工作目标,结合上级审计机关要求以及我局近年政府部门绩效审计开展实际,引导各业务处合理提报部门绩效审计备选项目。

(二)在初步筛选项目的基础上,应组织人员进一步实施可行性调查论证,重点关注部门履职是否存在重大不足,是否存在较大管理风险,是否有较大改进空间,是否有审计胜任能力等。

（三）在可行性调查论证后,经再次筛选提出审计项目计划建议,报局党组（业务会）讨论、审核通过后列入我局年度政府部门绩效审计项目计划。

第九条 审计项目类型。主要包括以下两类:

（一）独立型政府部门绩效审计项目。即对部门绩效的全面审计项目,要求全面审查分析某部门职责履行情况和效果,"三资"活动的经济效益、社会效益和环境效益。

（二）结合型政府部门绩效审计项目。即结合经济责任审计、预算执行审计等其他审计类型实施的项目,主要根据部门实际,在被审计领导任期范围内或某审计预算年度内,有针对性选取部分内容开展绩效审计,审计结果纳入对领导干部经济责任或部门预算执行情况的总体审计评价。

1. 在与经济责任审计结合项目中,重点挑选被审计领导干部任期内部门重点职责履行效果作为绩效审计内容,审查分析其任期内各项既定目标实现情况。

2. 在与预算执行审计结合项目中,重点挑选当年预算资金特别是专项资金作为绩效审计内容,审查分析其配置、管理、使用产生的便于审计评价的某种效益（或是经济效益、或是社会效益、或是环境效益）。

第十条 审计选项的重点。政府部门绩效审计选项应在遵循重要性、实效性、可行性原则的基础上,重点关注履职结果对我区经济、社会和环境有重要影响的部门。结合我区实际主要包括:

（一）与我区经济工作中心紧密相连的相关部门,如经济协调和发展部门、专业招商部门、城建部门。

（二）职责履行与民生关系密切的部门,如社会事务管理部门。

（三）被人大政协、群众、媒体关注的社会热点、难点所涉及的部门,如与依法行政相关的政法部门、行业监督服务部门,广泛接触基层群众、直接从事基层事务管理的街道办事处等部门。

第三章　审计内容

第十一条 【街道办事处】的审计内容。

（一）"三资"的主要内容。

1. 资金。包括街道办事处预算、经费及所属部门账套内核算的所有货币资金及有价证券(如下表),不含纳入街道办事处经管审计中心以及其他部门集中核算代管的社区资金、幼儿教育机构资金等。

资金类别	具体内容
收入类资金	办事处具有支配权的全部预算内、预算外收入资金,如:区财政拨入的调度资金、补贴资金和转移支付资金,国有资产出售、出租收入资金,接受捐赠资金等。
往来类资金	代收代付资金和暂存资金,如:各类补偿款、应缴上级款、应拨下级款、零星补贴、押金等。
举债类资金	向上级财政部门、金融机构、集体、企业、个人的各类借款等。
其他类资金	通过办事处账套核算的其他资金。

2. 资产(如下表)。

资产属性	资产类别	具体内容
办事处机关及所属业务部门拥有的资产	固定资产	重点包括自用和经营性房产、在建工程、专用及办公设备、交通车辆等。
	往来类资产	应收或垫付、预付款项。
	债权类资产	对外借款。
	股权类资产	对外投资。
	无形资产	土地使用权等。
	其他资产	虽已列支,但属于大宗采购,具有较大价值的办公用品等消耗类物资;其他未在账内核算,但街道办事处具有产权或实际支配权的固定资产,具备实际债权人身份的账外债权等。
已停产倒闭、由办事处接管并负担人员工资或承担偿债责任的原下属企业拥有的资产	固定资产、无形资产	重点关注厂房及其他建筑物、有使用价值的工具设备、土地等。
办事处财力兴建的有支配权的其他资产	固定资产	文化娱乐等公益设施,农林水利设施,道路、桥梁等基础设施,工业园厂房等经营设施。

3. 资源。指除上述资金、资产外,街道办事处拥有的其他公共资源(如下表)。

资源属性	具体内容
自然资源	除已纳入资产类的土地资源外,办事处集体所有或具有实际管辖权、支配权的山地、林地、滩涂、水库等自然资源。
人力资源	办事处机关及所属部门的编制内、编制外(合同、临时)人员,以及办事处财政供养的乡镇和社区卫生机构人员、学前和小学教育机构人员等。
其他资源	与办事处财力投入相关的行政审批、公共服务平台资源,工业园区、创业中心等招商平台资源,其他政策资源等。

(二)"职责履行情况和效果"的主要内容。

1. 职责履行情况。指街道办事处在相关经济活动中,运用"三资",履行区编办"三定"方案确定的主要职能情况,实施区党代会、人代会、区政府确定的与办事处相关的年度经济和社会发展目标、重点项目、要办实事情况,组织实施年度目标绩效考核重点业务情况。结合"三资"走向和办事处主要职责,重点关注与经济效益、社会效益、环境效益密切相关的以下职责履行情况:

职责属性	主要指标	具体内容
经济建设	财源建设	辖内一般预算收入总量、增幅,税源建设责任目标完成比例。
	招商引资	合同外资、实际吸收到账外资,内资大项目、市外内资到位资金。
	服务业发展	服务业定向招商、总部经济招商、年度发展任务完成比例。
	工业经济发展	工业定向招商、年度计划目标完成比例、规模以上工业产值利税率。
	固定资产投资	固定资产投资量、投资计划完成进度。
	富民兴居	集体经济纯收入总量、增幅,农民人均纯收入总量、增幅。
社会建设	社会保障	城乡就业、社会保险、社会救助。
	社会事业发展	教育、卫生、计划生育、残疾人事业。
生态建设	循环经济	引入项目总量,对经济贡献度。
	节能降耗	引入项目总量,单位产值耗能量、降幅。
	环境管护	创城、环卫等。
	生态街道建设	退耕还林、护林防护、病虫害防治等。

2. 职责履行效果。主要是指上述经济建设、社会建设、生态建设等主要职能完成效果,与"三资"管理使用的经济效益、社会效益和环境效益相融合。具体内容见"(三)~(五)"。

(三)"经济效益"的主要内容。

不是追求货币利润的最大化,而是争取更多的财力保障街道办事处辖内各项经济社会事业的发展,以及在组织财源、保障支出过程中"三资"活动的合规性、经济性、效率性、效果性(侧重于经济效果)。如下表:

属性	定义	主要内容	
合规性	"三资"的取得、配置、管理和使用是否符合法律、法规、规章、制度的规定	资金	银行账户管理、资金核算与使用是否符合法律法规规定。
		资产	资产购置、建设、管理、使用、处置是否符合法律法规规定。
		资源	自然资源的管理和开发使用是否符合法律法规规定。
			招商引资、吸收创业等政策是否与法律法规相抵触。
			人员配置是否严重超编制,超出国家和地方政策规定。
经济性	在保证质量和效果的前提下,是否用较少的"三资"投入完成了预期任务,或达到了既定的目标,即投入是否节约	资金	办事处预算是否编制年度支出预算,办事处机关经费是否编制年度部门支出预算,支出预算是否超出实际需求,执行结果是否符合预算。
			行政管理费支出是否得到控制,特别是出国出境、车辆购置及运行、公务招待等"三公"支出以及其他招商经费、差旅费支出是否超出区财政年度批复的数额,是否存在向非预算单位拨款的问题。
			司法、教育、文化、社保、医疗、环卫、农林水、城管、基建等公用支出,以及其他捐赠、补助等非经常性支出,是否兼顾"需要与可能",结合办事处财力量力而行。
			举债资金占用费是否高于同期金融机构利率,是否在自有资金充足的情况下及时还款,减少不必要的利息支出。

续表

属性	定义		主要内容
经济性	在保证质量和效果的前提下,是否用较少的"三资"投入完成了预期任务,或达到了既定的目标,即投入是否节约	资产	固定资产、财产物资的购置是否履行政府采购程序,是否在充分询价的基础上择优择廉。
			基建项目、大额修缮工程是否履行招投标程序,是否严格控制预算和决算。
		资源	自然资源的管护、维护成本是否严格控制预算
			人员与业务是否匹配,编外人员的使用是否合理;人员支出是否符合国家规定,是否存在滥发奖金、补贴和超额负担个人费用的现象。
			招商政策是否经济,是否存在以高额返税吸引投资,损害办事处利益的问题;招商成本是否必须,是否存在铺张浪费的现象。
效率性	"三资"投入与产出之间的比率关系	资金	是否采取有效措施组织各项预算内、预算外收入。
			与办事处资金活动有关(财政收入征管、财政支出控制、重大建设项目科学决策制度等)的重要管理制度是否得到有效遵守。
			上级要求的各类配套资金是否及时配套。
			办事处自有资金是否长期被暂付或对外借款占用;自有资金对外投资回报率情况。
			办事处代收款项是否及时拨付相关单位,是否存在滞留、占用。
		资产	与办事处资产配置、管理、使用有关的重要管理制度是否得到有效遵守。
			应收款项周转率情况,经营性资产投资回报情况。
			办事处机关资产是否存在闲置、浪费情况,代管的破产企业资产是否采取措施对外租赁,公益性基础设施资产是否存在闲置、利用不充分、毁损等现象。
		资源	人力资源:是否存在机构臃肿、人浮于事,部门间协调不畅的现象。
			水库、山林等自然资源是否采取措施积极对外承包、租赁,提高经济效益。
			招商投入与引入项目的比率情况。
效果性	"三资"投入是否达到既定目标和预期效果(侧重于经济指标、财务指标完成情况和效果)		涉及经济建设的相关指标完成情况。如:财源建设、招商引资、服务业发展、工业经济发展、固定资产投资、兴区富民指标完成情况。
			财务指标完成情况。如:国有资产保值增值情况、债务规模减少情况等。

（四）"社会效益"的主要内容。主要指与街道"三资"活动有关的事项对辖内民生和社会事业发展产生的影响程度和效果，侧重于对效果性的审计和评价。结合我区街道实际，充分考虑我局现有审计手段和能力水平，坚持"抓重点"、"抓资金走向"，"抓重点目标绩效考核指标"，集中关注街道财力负担或财力配套的社会保障专项资金、社会事业发展专项资金（含基础设施投入）配置、管理、使用过程中产生的社会效益。如下表：

资金投向		关注社会效益的具体内容
社会保障投入（城乡就业、社会保险、社会救助等）		财力投入对辖内居民就业、解决养老和医疗保障问题、弱势群体扶助带来的影响程度和效果。
社会事业投入	教育投入	财力投入对辖内学前教育和小学教育的影响程度和效果。如师资配备情况特别是与学生比例是否合理，街属幼教、小学学校硬件水平是否达标等。
	卫生投入	财力投入对辖内卫生院和社区医疗卫生机构的影响程度和效果。如医护人员和床位是否能满足百姓看病一般需求，硬件是否达标；新型农村合作医疗配套资金投入对促进百姓解决看病难、看病贵产生的积极影响等。
	扶贫投入	财力投入对相关社区和居民带来的影响程度和效果，如解决就业、提高收入等。
基础设施投入		公益性基础设施投入对辖内居民生活带来的影响；经营性基础设施投入对吸收就业，提高居民收入带来的影响。

（五）"环境效益"的主要内容。主要指与街道"三资"活动有关的事项对辖内环境和生态产生的影响程度和效果，侧重于对效果性的审计和评价。结合我区街道实际，充分考虑我局审计手段和能力水平，集中关注街道财力负担或财力配套的环境管护和生态保护专项资金（含基础设施投入）配置、管理、使用过程中产生的环境效益。如下表：

资金投向	关注环境效益的具体内容
招商引资投入	招商引入项目（特别是大项目）、利用自有厂房等经营性资产引入的项目是否符合国家产业政策，充分考虑环境承载能力和对生态的影响，充分履行环评手续，是否有适当的准入门槛；同时，是否加大对节能环保、低碳循环经济项目的引进力度。
经营性基础设施项目投入	

续表

生态建设资金投入	退耕还林、护林防火、病虫害防治等生态建设资金的投入对当地生态保护的影响程度。
环境管护资金投入	创城、环卫等管护资金投入是否对改善街道辖内面貌产生积极影响。
自然资源的开发、利用	是否充分考虑对生态环境的影响,是否有破坏环境和生态的行为。

第十二条 【区直单位】的审计内容。

(一)"三资"的主要内容。

1. 资金。是指部门监督、管理、使用的全部货币资金和有价证券等,主要包括部门日常经费、财政专项资金和社会公共资金等。

资金类别	具体内容
部门日常经费	部门为开展日常业务活动依法取得的非偿还性资金,包括部门具有支配权的全部预算内、预算外收入资金。
财政专项资金	部门为完成特定任务取得的具有管理、分配、使用权的资金,如:农业开发资金、科技专项资金、城市建设和维护资金、教育专项资金、政府投资项目资金等。
社会公共资金	部门监督管理的具有社会公益性质的相关资金,如社会保障基金、社会捐助资金、住房公积金等。
其他类资金	通过部门账套核算的其他资金,如各种代收代付资金、暂存资金、举借的相关债务等。

2. 资产。主要指各部门以投资等各种形式形成的资产,包括房屋建筑物、机器设备、存货等。

资产类别	具体内容
固定资产	重点包括自用和经营性房产、在建工程、专用及办公设备、交通车辆等。
往来类资产	应收或垫付、预付款项。
债权类资产	对外借款。
股权类资产	对外投资。
无形资产	土地使用权等。

续表

资产类别	具体内容
其他资产	虽已列支,但属于大宗采购,具有较大价值的办公用品等消耗类物资;其他未在账内核算,但部门具有产权或实际支配权的固定资产,具备实际债权人身份的账外债权等。

3. 资源。主要指各部门所拥有或管理的各项资源,包括公益设施、水资源、土地资源、海洋资源等。

资源属性	具体内容
自然资源	除已列入资产的土地资源外,部门所有或具有实际管辖权、支配权的山地、林地、滩涂、水库等自然资源。
人力资源	部门的编制内、编制外(合同、临时)人员。
其他资源	部门掌握或拥有的行政审批、公共服务平台资源,具有管理分配权限的社会公益设施等。

(二)"职责履行情况和效果"的主要内容。指部门对经济社会事务的管理、对重大事项的决策及对上级指令的执行情况及效果。审计内容主要是围绕区党代会、人代会、区政府确定的与部门相关的年度经济和社会发展目标、重点工作项目、要办实事情况展开,审查部门是否全面履行法定职责,在一定期限内完成既定任务,实现预期目标以及实现目标的程度。

(三)"经济效益"的主要内容。重点涉及全区经济发展、政府性专项资金、公共投资项目管理的部门,如发展和改革局等 10 个经济协调发展部门和城市建设局等 7 个城市建设部门,集中关注部门履责过程中公共资源管理使用的合规性、经济性、效率性和效果性。如下表:

属性	定义	主要内容	
合规性	"三资"的取得、配置、管理和使用是否符合法律、法规、规章、制度的规定	资金	银行账户管理、资金收支管理是否符合法律法规规定,专项资金和社会公共资金是否专款专用,有无挤占挪用现象。
		资产	资产购置、建设、管理、使用、处置是否符合法律法规规定。
		资源	自然资源的管理和开发使用是否符合法律法规规定。
			招商引资、吸收创业等政策是否与法律法规相抵触。
			人员配置是否严重超编制,超出国家和地方政策规定。

续表

属性	定义	主要内容	
经济性	在保证质量和效果的前提下,是否用较少的"三资"投入完成了预期任务,或达到了既定的目标,即投入是否节约	资金	部门预算是否编制年度支出预算,支出预算是否超出实际需求,执行结果是否符合预算。
			日常经费支出是否得到控制,特别是会务费、招待费、招商经费、差旅费、车辆等公务费支出是否超出区财政年度批复的数额,设备购置是否与业务匹配,是否发挥政府集中采购优势。
			专项资金支出是否符合成本效益原则,社会公共资金的管理是否实现保值增值,重大支出事项是否选择了最佳方式(如是采购还是租赁)等。
			举债资金占用费是否高于同期金融机构利率,是否在自有资金充足的情况下及时还款,减少不必要的利息支出。
		资产	固定资产、财产物资的购置是否履行政府采购程序,是否在充分询价的基础上择优择廉。
			基建项目、大额修缮工程是否履行招投标程序,是否严格控制预算和决算。
		资源	自然资源的管护、维护成本是否严格控制预算。
			人员与业务是否匹配,编外人员的使用是否合理;人员支出是否符合国家规定,是否存在滥发奖金、补贴和超额负担个人费用的现象。
			各项惠民政策落实是否遵循经济高效原则,是否存在铺张浪费的现象。
效率性	"三资"投入与产出之间的比率关系	资金	是否采取有效措施组织各项预算内、预算外收入。
			与资金活动有关的重要业务、财务管理制度等内部控制制度是否得到有效遵守。
			上级要求的各类配套资金是否及时配套。
			专项资金是否及时足额拨付相关单位,是否延压、滞留、占用。
		资产	与部门资产配置、管理、使用有关的重要管理制度是否得到有效遵守。
			应收款项周转率情况,经营性资产投资回报情况。
			资产是否存在闲置、浪费情况,公益性基础设施资产是否存在闲置、利用不充分、毁损等现象。

续表

属性	定义	主要内容	
效率性	"三资"投入与产出之间的比率关系	资源	人力资源：是否存在机构臃肿、人浮于事,部门内部协调不畅的现象。
			水库、山林等自然资源是否采取措施积极对外承包、租赁,提高经济效益。
效果性	"三资"投入是否达到既定目标和预期效果		涉及经济建设的相关指标完成情况。如:财源建设、招商引资、服务业发展、工业经济发展、固定资产投资、兴区富民指标完成情况。
			财务指标完成情况。如:国有资产保值增值情况、债务规模减少情况等。
			专项资金使用效果。

（四）"社会效益"的主要内容。重点涉及与民生、百姓利益相关的劳动和社会保障局等8个社会事务管理部门和安监局等7个行业监督服务部门。集中关注部门履行职责或项目实施对社会发展的影响。如下表：

资金投向	关注社会效益的具体内容
社会保障投入	社会基本保险、住房保障、社会救助和福利等社会保障体系的建立和完善程度。
医疗卫生投入	医药卫生体制改革、公共卫生服务体系、医疗服务体系、医疗保障等医疗卫生工作执行效果。
科教、文化、基础设施投入	科技创新、新技术产业化、基础教育投入、人力资源开发和储备等科技教育发展措施制定落实情况。
扩大就业、居民增收投入	扩大就业、建立工资正常增长机制和支付保障机制等富民增收措施制定落实情况。

（五）"环境效益"的主要内容。重点涉及全区环境保护和协调发展的有关部门,如发改局、财政局、环保局、国土局、安监局、招商局、农村经济发展局、海洋与渔业局等部门。关注部门对生态环境保护的影响,主要包括在治理环境、污染控制、恢复生态平衡和保持人类生存环境等方面的影响,主要内容有：

1. 资源环境政策贯彻执行情况。各项资源环境政策、法规的遵守情况,配套性管理办法制定执行情况,资源环境内部控制制度的完善程度及执行情况。

2. 资源环保资金管理使用情况。资源环境保护资金预算是否合理,资金筹集和分配是否合规,资金使用是否节约,是否达到预期效果。

3. 资源环境项目建设运营情况。项目建设是否编制可行性方案,是否经过相应审批程序,项目运营是否切实起到预期环境保护和综合治理效果。

4. 水资源、土地资源、海洋资源等公共资源配置管理使用情况。是否制定相应区域性资源保护、利用和发展规划,资源权属管理是否清晰,有无管理使用不当造成资源浪费和环境破坏的现象。

第四章　审计实施

第一节　审计调查

第十三条 【街道办事处】的审计调查对象和内容。见下表(部分审计调查事项,可以根据实际情况,与审计实施一并进行):

审计调查对象	审计调查内容
党政办	区编办"三定"文件,内部组织机构和职能划分,职工花名册,年度目标绩效考核文件,工作计划,工作总结,党政联席会议纪要,辖内基本情况(面积、人口、村居、卫生教育机构、其他公用事业、公益性基础设施、自然资源分布等概况),制定的政策文件,内部管理制度等,领导重要批示、决策文件等。
财政所	会计资料,预决算资料,经济合同,资产、债权债务、对外担保清单,与财经工作有关的内控制度文件,与"三资"活动有关的请示、批复、审批文件,接受的各类审计资料。
经贸办	街道所属企业的相关资料。
招商办	招商计划、完成、考核资料,引进大项目清单,税收完成资料,工作制度流程,招商引资政策文件。
街村建设服务中心	年度固定资产投资(或大型修缮项目)计划及实施情况。
社会事务办	与社会保障有关的政策文件,工作流程,数据资料等。
农业服务中心	与生态保护投入、扶贫有关的情况。
城管中队(环卫办、物业办)	与创城、环卫有关的事项。

第十四条 【区直单位】的审计调查对象和内容。见下表：

审计调查对象	审计调查内容
综合部门、财务部门、重点业务执行部门相关人员，必要时可延伸至上级主管单位以及监督服务对象	（1）区编办确定的部门职责方案； （2）部门组织结构说明、内部管理控制制度、工作手册或内部工作指南等； （3）与该部门相关的法律法规、政策、方针、决定、办法等； （4）部门年度重点工作目标及完成情况、工作总结，预算、决算报告，项目可行性研究报告，有关的会议纪要等； （5）舆论和新闻媒体的报道，一些研究报告，包括学术机构、宏观调控部门、上级主管部门、行业、职业或其他利害关系组织进行的有关被审计事项的研究报告和研究结果； （6）部门以往接受检查、评估、质询和审计的情况记录和结果报告； （7）其他区市相同部门或同行业类似机构的管理经验和做法，以及其他有关各方对被审计部门的评价等。

第十五条 审计调查手段。主要包括口头询问、检查、实地观察、追踪业务、分析数据等。

（一）书面或者口头询问被审计单位内部或外部相关人员。

（二）检查有关文件、报告、内部管理手册、信息系统的技术文档和操作手册。

（三）观察有关业务活动及其场所、设施和有关内部控制的执行情况。

（四）追踪有关业务的处理过程。

（五）分析相关数据。

第二节 审计评价标准

第十六条 总括。审计调查结束后，审计人员应针对不同部门的实际情况，设定具有较强操作性的部门绩效审计评价标准。部门绩效审计常用的评价标准主要有法律法规和国家方针政策、被审计部门预算和绩效计划、行业标准、专家意见和公众评价等。在找不到明确的评价标准时，审计人员应采用罗列事实，运用一些普遍适用的公理或原则进行分析，使审计结论更具客观性。

第十七条 审计评价标准分类。主要包括以下两类：

（一）定量评价标准。即可以通过数量计算、分析、比较评价审计对象，科学反映审计结果的指标，如财经法规、行业标准、指标考核体系等。

（二）定性评价标准。即无法通过数量计算分析评价内容，而采取对评价对象进行客观描述和分析来反映评价结果的指标，如国家及地方政策、内控制度、专家意见、服务对象评价等。

第十八条 【街道办事处】的审计评价标准。街道办事处部门绩效审计的主要定量、定性审计评价标准,在实际操作中可以根据街道不同特点,进一步补充完善,或者挑选易于评价定性的部分标准进行运用。

(一)定量评价标准。如下表:

效益属性	指标类别	具体内容
经济效益	合规性指标	财经、项目建设、土地、人事管理法规政策等可量化部分。
	经济性指标	预算法规、预算指标、区《关于进一步加强街道办事处财政收支管理的意见》中关于公务费、会务招待费、车辆费用支出定额标准,人员支出标准,三定方案编制文件,政府采购法规,政府投资项目管理法规,市场询价等。
	效率性指标	配套资金到位率(完成比例)、滞留(挪用、占用)资金比率、应收款项周转率、资产闲置率(利用率)、投资回报预算指标(市场回报率)、招商项目税收、财源贡献率等指标。
	效果性指标	资产负债率、资产保值增值率、债务净减少率等财务指标;年度目标绩效考核中关于经济建设的定量考核指标(发改、统计、外经贸、招商、服务业局、财政等部门认定的数据);历史(往年)数据;与其他办事处同期比较数据。
社会效益	社会事业指标	教育、卫生、扶贫等资金配套率、投入增长率、投入量、占财力比例与其他办事处同期比较数据、受益人数及比例、计划生育、残疾人事业量化指标,其他绩效考核定量指标(由于医疗、教育等部门垂直管理,办事处财力集中上解,运管不在办事处层面,主要分析财务数据,重点看资金配套的及时性,看增长情况,从投入情况分析相关影响)。
	社会保障指标	辖内各类人群就业率、再就业增长率(数量),社保覆盖率(受惠人口数量)、抚恤、救助覆盖面,社保资金配套率、投入增长率(量),其他绩效考核定量指标。
	基础设施投入指标	公用设施人均拥有设施率,惠及人口,吸收再就业等,以及其他目标绩效考核定量指标。
环境效益	招商引资指标	涉及循环经济、节能环保企业数量等指标,以及其他目标绩效考核定量指标。
	生态建设指标	退耕还林等生态投入量,森林覆盖率,病虫害防治指标,护林防火定量指标,以及其他考核指标。
	环境管护指标	投入量,创城、环卫设施等定量指标,上级考核排名、责任状要求等。
	自然资源指标	有效利用自然资源方面:惠及人口数量、增收金额等;破坏自然资源方面:涉及人口数量、损失金额等。

（二）定性评价标准。如下表：

效益属性	指标类别	具体内容
经济效益	合规性指标	财经、项目建设、土地、人事管理法规政策中不可量化部分。
	经济性指标	预算法规、区《关于进一步加强街道办事处财政收支管理的意见》、政府采购法规、政府投资项目管理法规中不可量化的有关规定。
	效率性指标	主要与重要经济事项有关的内控制度规定；审计人员对资产、资源管理使用状况实地查看后的专业判断。
	效果性指标	侧重于定量指标分析，尽量不涉及定性分析。
社会效益		审计人员对服务对象的调查问卷满意度、公众投诉率、认可度，或专业部门已经出具的相关满意度调查结果，审计人员对现状实地查看、座谈、走访等形式获得的一些定性评价数据，审计人员的专业判断。
环境效益		

第十九条　【区直单位】的审计评价标准。

（一）定量评价标准。如下表：

效益属性	指标类别	具体内容
经济效益	合规性指标	财经等法律法规中可量化部分。如违规收支金额及占总收支规模的比重、滞留专项资金总额及比例、被挪用的专项资金金额及比例等。
	经济性指标	本部门年人均行政成本（与区直部门平均人均行政成本比较）；本部门招待费、会议费超过标准或限额的金额；本部门人均固定资产（与区直部门平均比较）；本部门违反政府统一采购规定自行采购的物资金额及比例；资金等资源浪费率（比总量）；本部门行政经费节约额、资金节约率（比预算）等。
	效率性指标	公共产品和服务的单位成本；某公共项目或服务的成本收益分析等；资金到位及时性；资金（资产）闲置率；预算完成率等。
	效果性指标	公共产品的质量、服务设施的利用率；某项政策及服务的受益人数及比例；专项资金的使用效果，如专项资金目标成果完成程度或阶段性使用效果。

续表

效益属性	指标类别	具体内容
社会效益	社会保障类指标	享受基本养老、医疗、失业、工伤、生育五大保险人数及参保率;伤残、退伍、复员军人补助及义务兵优待金发放到位率;残疾人康复支出及残疾人享受职业培训、扶贫及就业保障金人数;城乡居民最低生活保障覆盖面;新型农村合作医疗参合率;城镇保障性住房建设套数。
	医疗卫生类指标	万人拥有医疗床位数;药品收入占业务收入比重;药品加成率;每住院床日费用增长幅度;每门诊人次费用增长幅度;医疗赔款额占业务收入比重。
	科技教育类指标	研究与试验发展经费支出占 GDP 比重;高新技术产业产值占规模以上工业总产值比重;科技三项费投入产出比;财政性教育经费支出占财政支出比重;全区人才资源总量增长率;学生人均经费及其增长速度。
	富民增收类指标	城镇新增就业人数;再就业培训就业率;享受小额担保贷款人数和贴息人数;就业人员年工资收入增长幅度;贫困人口减少率。
	招商类指标	合同外资、实际到账外资金额及其增长速度;项目开工和投产规模及数量;固定资产投资总量及增长率;服务业招商数量及规模增长率;总部经济招商数量及规模增长率;工业定向招商数量及规模增长率。
环境效益	资源环境政策贯彻执行类指标	环境保护合格率;环境影响报告制度执行率;烟尘控制区平均覆盖率;汽车尾气达标率;城市环境噪音达标覆盖率。
	资源环保资金管理使用类指标	排污费征收率;工业"三废"综合利用率;自然资源相关经费增长率。
	资源环境项目建设运营类指标	城市污水处理率;生活垃圾的无害化处理率;城市绿化平均覆盖率;环保产业占 GDP 比重;环境与生态建设投资比率。
	水资源、土地资源、海洋资源等公共资源配置管理使用类指标	单位 GDP 能耗下降率;单位 GDP 二氧化碳排放累计降率;城市空气污染指数平均值;饮用水资源水质达标率;地面水高锰酸盐指数平均值;工业废水排放达标率;渔业水域富营养化治理率。

（二）定性评价标准。如下表：

效益属性	具体内容
经济效益	遵守国家财经法规及相关会计制度的程度；预算编制的科学性、合理性；人、财、物资源配置的合理性。
社会效益	社保、医保、新农合等相关制度的建立和执行情况；相关资金专户管理的完善程度；相关基金扩面、征缴工作开展情况；公众满意程度。
环境效益	环评政策执行情况；环保项目是否进行可行性论证；对污染企业整改措施的到位程度；公众对环境保护的满意程度。

第二十条 政府部门绩效审计评价标准的确定,应与被审计单位进行充分沟通。

第三节 审计方法

第二十一条 总括。收集审计证据的方法包括审阅、盘点、核对、查询、观察、分析性复核、内控测评、计算机辅助等;部门绩效审计评价方法包括访谈、抽样调查、目标评价法、因素分析法、比较分析法、工作标准评价法、调查评价法、标杆评价法、事前事后分析法、利用外部专家工作等方法。

第二十二条 【街道办事处】的审计方法。

（一）对"经济效益"的审计方法。如下表：

审查内容	具体方法运用
合规性审查	盘点、审阅、分析、观察等传统财务收支审计方法。
经济性审查	重点用好比较分析法,通过实际投入额度与预算、法规上限、历史数据、其他办事处(同行业)数据、市场数据的比较分析,定量判断是否经济。
效率性审查	重点用好计算、内控测评、实地观察三类方法。计算各项投入产出比,分析效率性;再造业务流程,实地观察重要内控制度执行情况,分析效率性;实地观察资产、资源管理使用状态,分析效率性。
效果性审查	重点用好目标评价法、工作标准评价法、标杆分析法三类审计方法。目标评价法指通过办事处经济建设实际成果与绩效目标考核指标的对比,分析预期目标或要求的实现程度;工作标准评价法指办事处最终财务状况与通用的财务评价标准之间的差异,分析资产保值增值实现程度等;标杆分析法指与辖内最好的街道办事处比较各项指标。

（二）对"社会效益"的审计方法。如下表：

定量指标方面	重点用好计算、对比分析、目标分析三类方法。计算各项专项资金投入量、所占比例等；将实际数据与上级要求配套数据、历史数据、其他办事处数据对比，分析完成情况，有目标绩效考核指标的与目标进行目标评价。
定性指标方面	重点用好抽样调查法（调查问卷、电话调查、网站调查等），以及座谈、走访、实地查看等直接面对服务对象的"实地调研"方法，对与教育卫生、社会保障、扶贫有关的影响群体进行抽查，取得定性分析材料；用事前事后分析法将项目或措施实施前后的状况进行对照。

（三）对"环境效益"的审计方法。如下表：

定量指标方面	重点用好计算、对比分析、目标分析三类方法。计算各项专项资金投入量、所占比例等；将实际数据与要求配套数据、历史数据、其他办事处数据、行业指标对比，分析完成情况，有目标绩效考核指标的与目标进行目标评价。
定性指标方面	重点用好抽样调查法（调查问卷、电话调查、网站调查等），以及座谈、走访、实地查看等直接面对服务对象的"实地调研"方法，对与环境管护、生态投入影响的群体进行抽查，可以走访专家、企业、个人、农户等，运用调查评价法取得定性分析材料，运用事前事后分析法将项目或措施实施前后的状况进行对照。

第二十三条 【区直单位】的审计方法。

（一）对"经济效益"的审计方法。如下表：

审查内容	具体方法运用
合规性审查	通过检查部门财政财务收支活动及相关财务会计资料，分析判断是否遵守国家财经法规及有关财经管理制度。
经济性审查	(1)通过分析预算支出项目的实际需求与预算额对比等审查预算编制的合理性。(2)通过审阅职工花名册，与人员编制对比，判断有无超编，有无冒领人员经费，工资补贴是否符合人事部门的有关规定审查人员支出的经济性。(3)通过审查人均公用支出与财政批复人均公用经费的一致性，以及有无铺张浪费，不合理支出等审查公用支出的经济性。(4)通过审查设备购置有无可行性论证，观察实际使用情况，判断是否与实际业务配比，并对照政府采购目录，审查设备购置是否按规定实行了政府集中采购等审查设备购置的经济性。(5)通过资金到位率、资金节约率、资金实际利用率等指标的计算审查专项支出的经济性。

续表

审查内容	具体方法运用
效率性审查	(1)运用比较分析法将被审计部门的组织管理模式或开展某专业活动的组织管理模式与科学的组织管理结构对比,结合实际观察到的人财物的使用状况(有无闲置浪费等),来分析判断单位组织管理的合理性。(2)审阅内部控制制度,检查其执行情况,观察业务活动能否得到有效管理、约束、组织和执行,分析判断内部管理控制制度保证资源使用效率的有效性。(3)通过实地观察、审阅有关账簿来分析判断有无资源闲置浪费(如固定资产长期闲置不用)、运用效率低下(如资金拨付不及时、滞留时间较长)等情况,分析判断人力、财力和其他资源是否得到有效应用。(4)通过比较分析和标杆分析的方法将部门某专项业务资金投入产出比与本单位历史最好水平或同类单位同类事项投入产出比相对照,来分析其效率性。
效果性审查	(1)采用目标成果分析法将职责履行结果与事先确定的目标或需求对比,检查职责履行情况,分析目标的实现程度。(2)通过抽样调查收集公众对政府部门提供的公共产品和服务的看法,判断公众满意度。(3)用比较分析法将不同分析期同一职责履行中资源投入和履责结果的数据进行比较,分析职责履行效果。(4)用事前事后分析法将项目或措施实施前后的状况进行对照,以考察项目或措施实施后的结果和影响,进而评价其效果性。(5)用标杆分析法将被审计单位提供的公共产品和服务以及管理等方面与同类事项中一直领先或做得最好的同类单位或部门相对照,进行效果性审计。

（二）对"社会效益"的审计方法。如下表：

定量指标方面	通过目标成果分析方法检查社会保障、医疗卫生、科技教育等部门涉及改善民生、兴区惠民相关责任目标是否实现。
定性指标方面	(1)通过查阅相关法律法规,分析判断是否按照规定建立健全社保、医保、新农合等相关内部控制制度,决策、管理、资金运转等方面是否存在薄弱环节。(2)通过问卷调查方式调查了解各项惠民政策的公众满意程度。(3)必要时借鉴专家考评结果。

（三）对"环境效益"的审计方法。如下表：

定量指标方面	充分借助专家工作经验对重要环境技术性指标进行抽样检查,采用对比分析方法检查部门环境资源保护相关责任目标是否实现。
定性指标方面	(1)通过查阅相关法律法规,分析判断是否按照规定建立环境监控和保护的内部控制制度,通过抽查和实地查看等方法检查相关制度执行的有效性。(2)采用问卷调查方法调查了解部门涉及环境资源保护职能履行的公众满意程度。

第二十四条 对于审计人员专业能力无法完成的事项,可以有条件邀请相关专业人员参与。另外,审计中对发现的问题,特别是绩效方面的问题,应重点使用因素分析法,对目标实现产生影响的各种因素进行分析。

第五章 审计结果

第一节 审计报告

第二十五条 审计报告类型。政府部门绩效审计报告分为独立型政府部门绩效审计报告和结合型政府部门绩效审计报告。独立型的政府部门绩效审计应单独出具审计报告,结合型的政府部门绩效审计只出具一个综合审计报告,审计报告封面标题体现"部门绩效审计"字眼,审计报告内容增加部门绩效审计内容。

第二十六条 审计报告主要格式。根据审计署《关于印发主要审计文书种类和参考格式的通知》(审法发〔2011〕24号)要求,结合我区实际,分别制定了独立型政府部门绩效审计报告、结合型政府部门绩效审计报告模板(见附件)。审计报告应积极使用图片、表格等形式,增强报告的可看性;重点反映部门绩效存在的主要问题,并增加后果(影响)、原因分析等内容,丰富绩效审计报告内容。

第二十七条 审计评价要求。审计评价作为政府部门绩效审计报告的核心内容之一,应注意以下几点:

(一)审计评价应建立在认定事实与审计评价指标的对比分析上形成,应坚持定量分析与定性评价相结合。

(二)审计评价应围绕部门绩效情况展开,对于超出审计职责范围的事项、证据不足、审计未涉及的事项不评价。

第二十八条 政府部门绩效审计报告应广泛征求被审计单位、相关专家等意见,加强沟通,提高报告的客观性和准确度。

第二节 审计整改和成果运用

第二十九条 审计整改。在法定时限内,审计组应及时跟踪审计决定的落实、整改情况和审计建议的采纳情况。重点关注部门绩效方面的意见、建议是否被积极采纳,是否取得增收节支、建章立制等效果,全面评估绩效审计建议的可行性,以及绩效审计中存在的不足等,为以后开展部门绩效审计提供经验。

第三十条　审计成果运用。政府部门绩效审计应在"查错纠弊、寻绩问效"的基础上,跳出个体看整体,微观入手宏观着眼,从体制、机制、制度层面剖析问题,在被审计单位、行业系统、管委(区政府)等多层面总结提炼,形成专报、信息、论文等,充分挖掘可能实现的部门绩效审计成果。优秀部门绩效审计案例应及时提炼形成教学案例,在全局业务处学习交流,实现全局部门绩效审计能力的共同提高。

第六章　附　则

第三十一条　对其他区直部门下属的独立核算的正局级、副局级事业单位(如医院、学校等)的部门绩效审计,参照本指南执行。

第三十二条　本指南自发布之日起试行。

青岛市胶南市审计局
关于开展村居"三资"绩效审计的指导意见

南审字〔2010〕2 号

根据《青岛市审计局关于积极推进"三资"绩效审计工作的意见》(青审派二字〔2009〕78 号)精神,结合我局开展村居干部任期经济责任审计的实践,现就进一步推进我市村居"三资"绩效审计工作提出如下指导意见:

一、指导思想

以深入贯彻落实科学发展观、发挥审计的"免疫系统"功能为目标,牢固树立科学审计理念,在扎实开展真实性、合法性审计的基础上,紧紧围绕党委政府中心工作,以公共资金、资产、资源为主要内容,以经济性、效率性和效果性为主要目标,以独立型为样板、以结合型为基本方式,拓宽广度,挖掘深度,加大力度,找准角度,规范操作,务求实效,进一步推进我市村居"三资"的绩效审计工作深入开展。

二、总体目标

全面审计村居的生产经营、财务收支、资产管理、重大决策、廉政勤政等情况,重点揭露村居财务收支不真实、不合法、资金使用效益差的问题,重点关注因村干部决策失误、管理不善造成的严重损失浪费和集体资产流失的问题。通过审计,增强村干部及有关人员遵纪守法和廉洁自律意识;保障集体经济组织成员对资金、资产、资源占有、使用、收益和分配的知情权、决策权、管理权、监督权;在维护集体利益、群众权益、健全内控制度、保障集体资产保值增值等方面提出改进意见和建议,促进农村基层党风廉政建设和社会稳定。

三、主要内容

（一）资金

主要是指村原有积累、取得发包及上交收入、经营收入、租赁收入、投资收入、征用土地补偿收入、集体资产变卖收入、上级拨入资金收入、借入资金收入、其他收入等所形成的货币资金及有价证券。着重分析和评价资金投入、管理和使用的经济性、效率性、效果性，揭露贪污、截留、挪用、侵占以及严重的滞留闲置、损失浪费或效益低下等问题，促进资金管理和使用效益的提高。主要有：

1. 审查各项财务收支的真实性、合法性和完整性，重点查明各项收入是否及时、足额入账，有无坐收坐支现象，有无侵占、挪用、私分集体资金和私设"账外账"或"小金库"等问题；非生产性支出是否严格控制，是否挥霍浪费；资金和财务是否按规定实行"双代管"。

2. 审查村级组织举债是否履行民主决策程序，按规定审批程序办理；有无擅自为企业贷款提供担保、抵押，导致新增债务等情况。审查债权、债务形成的依据、原因、用途及其形成过程，重大经济事项筹资借贷是否经过集体研究、上级有关部门是否批准。有无利用债权、债务以权谋私的问题；有无超越负债偿还能力盲目举债进行基本建设或购置办公设施问题；有无借债乱发钱物，随意改变借款用途的问题。

3. 审查上级划拨、接受社会捐赠的资金和物资的管理、使用情况；扶贫资金、救灾款、土地补偿费管理、使用情况；农村合作医疗资金的管理、使用情况；粮食直补、良种补贴、农机补贴资金的发放及社会主义新农村建设配套专项资金的管理使用效益情况等。

4. 重点关注被审计村居参加农村养老保险情况，新型农村合作医疗参保情况，五保户、低保户供养支出情况等。

5. 审查村居干部遵守财经法规和廉政规定情况，是否存在超标准发放村干部工资、奖金和补贴，不按规定标准缴纳养老保险费，超标准开支接待费，随意开支租车费、资助费等；是否存在任职干部将本人或其亲属个人开支混入集体支出中报销；有无滥用职权侵占、挪用和长期占用集体资金的问题。

（二）资产

主要是指村集体所有或以投资、经营和劳动积累所形成的各类固定资产、财产物资、债权股权及无形资产等，包括建筑物、农业机械、机电设备、电力设施、交通通讯工具、农田水利设施、道路、教育、文化、卫生、体育设施、集体牲畜、各类应收款、长短期投资、专利权、商标权、著作权等。着重分析和评价各项资产管理和使用的经济性、效率性、效果性，揭露擅自占有、使用、处置以及严重的损失浪费、效益低下和国有资产流失、闲置等问题，促进各项资产管理和使用效益的提高。主要有：

1. 审查村居集体资产增减变动和保值、增值情况，重点审计调查固定资产的购置、建设、调入、报废、清理、盘亏、盘盈的手续是否完备、价格是否合理，数量是否真实。

2. 关注固定资产的账实是否相符，村级固定资产台账登记制度是否建立，有无账外资产；集体资产产权界定是否清晰。

3. 审查村集体建设项目是否经"四权"决策，是否执行了公开招投标制度，程序是否合法，资金来源是否合法，项目竣工后是否及时进行了结算审计，投资效益如何，是否存在因投资决策失误或管理不善导致投资损失等情况。

（三）资源

主要是指依法属于村集体所有的土地（含宅基地）、森林（林地）、山岭、滩涂、水面和荒地等自然资源。着重分析和评价公共资源配置、管理、使用的经济性、效率性和效果性，揭露破坏浪费资源、国有资源收益流失、危害资源安全、资源闲置浪费等问题，促进公共资源配置管理和利用效益的提高。

1. 审查村居集体的租金、承包费的收缴管理情况，重点是土地征用补偿费、土地发包租赁费和厂房租赁费三项资金管理及建设项目投资的管理、效益情况。

2. 重点调查经济合同的签订及履行情况，摸清合同规定应收、实收及欠缴情况，核实有无租赁收入未入账情况。

3. 审查涉及村居集体利益的有关事项决策、经济合同签订程序、办理程序合规、合法性及其执行情况；对土地征占用、出租、发包等重大事项是否按"四权"决策程序办理并实行了公开招标；对沙场、矿山、"四荒"、山林、水面、滩涂、建筑物、机械设备、农田水利基础设施等公共资源的发包、拍卖、租赁等方式是否经过民主程序并采取公开招标。

四、实施程序

（一）项目立项。在进行村居干部任期经济责任审计的同时，开展村居"三资"绩效审计。根据组织部门委托，我局每年直接开展5～7项村居绩效审计。

（二）审前调查。根据被审计村居或事项的具体情况，多方面、多途径了解情况，不仅要关注被审计项目的财务资料，也要关注有关相关的会议记录、经济合同等，摸清所审计事项的基本情况。

（三）编制方案。以本意见中确定的审计主要内容为依托，明确绩效审计的目标、范围、重点、评价标准、具体实施程序与方法，力求具有较强的针对性、实用性和可操作性。

（四）确定目标。审查、评价村居"三资"是否达到了经济性、效率性、效果性，对有些涉及到环境保护或社会影响的项目还应关注其环境效益或社会效益。

（五）审计评价。重点围绕审计目标，确定科学合理的评价标准并据此作出评价。要坚持客观公正、实事求是的原则进行绩效评价。对审计发现的管理体制机制和履行职能上存在的问题，要在深入分析原因的基础上，进行准确评价，从体制、机制方面提出可行性建议。对于超越审计职责范围的事项、证据不足、评价依据或标准不明确的事项、审计过程中未涉及的事项一般不予评价。

（六）撰写报告。结合型绩效审计项目原则上只出具一个审计报告，遵循传统审计报告格式，把发现的绩效问题归类反映在审计报告中。

（七）征求意见。在审计过程中，特别是在确定绩效评价标准、进行绩效评价、提出审计建议等环节，应加强与被审村居及有关方面的沟通，形成合理性意见；同时应征求所属乡镇（街道办事处）的意见，力求问题定性准确、评价科学合理、建议切实可行。

为了扎实推进村居"三资"绩效审计工作，我局安排由财金科牵头，进一步建立和完善绩效审计计划管理、检查考核、统计反映、成果运用等工作制度，保证绩效审计工作有序有效进行。

3

案例篇

A 市城乡建设委员会绩效审计

案例简介：为强化审计力度、优化审计资源、实现审计成果的最大化,2008年 A 市审计局尝试"一托 N"的结合型审计模式,在对 A 市城乡建设委员会负责人开展经济责任审计的同时,对部门管理使用的公共"资金、资产、资源"效益情况进行了审计。审计结果被列入市长办公会研究议题。项目被评为审计署地方表彰审计项目、省市优秀审计项目及审计署 AO 实例应用奖。围绕"三资"开展结合型绩效审计的做法多次在审计署地县级审计局长培训班上进行了介绍。

一、审计项目概述

A 市城乡建设委员会(以下简称市建委)是市政府主管全市建设工作,综合协调全市城乡规划、城市建设和城市管理的工作部门,所属有关单位分别负责城市基础设施配套费、新型墙体材料专项基金、散装水泥专项资金、建设事业科技发展基金(以下分别简称配套费、墙改基金、水泥基金、科技基金)的征收、管理和使用。

按照市委组织部的委托和年度审计工作计划要求,2008 年 1 月,A 市审计局派出审计组,将市建委主任任期经济责任审计、2007 年度预算执行及其他财政财务收支情况审计、2007 年市建委部门绩效审计有机结合,通过"一托 N"的审计模式,对部门管理和使用的公共"资金、资产、资源"的合法性、合规性、效益性进行了审计和综合评价,取得良好成效。

二、审计目标与评价标准

(一)项目选择理由

1. 围绕市委市政府关于构建和谐社会、建设资源节约型社会等重大决策和战略部署,积极探索"一托 N"的审计模式,促进建立规范的管理体制,推动经济社会的健康发展。

2. 市建委属于综合性协调部门,职能性较强、社会关注度较高,本级与所属二三级单位资金往来频繁、涉及面广、情况复杂,所属部门较多且多数具有审批、资金收缴等行政管理职能,是开展"一托 N"审计比较理想的单位。

3. 配套费、墙改基金等收费作为政府性专项资金,涉及百姓的切身利益,评价其经济效益和社会效益对促进经济社会发展与和谐社会建设具有重要意义。

4. 市建委对所属单位征收、管理和使用的基金及有关收费项目建立了后台电子数据库集中管理,便于开展计算机辅助审计,其经验方法适合在行业内或同类收费项目中推广。

(二)审计目标

探索在对一个部门的审计项目中,采用"一托 N"模式,不仅可以实现对领导干部履行经济责任情况的监督和评价,还可以实现对政府部门管理使用的公共"资金、资产、资源"效益和预算编制与执行结果的完整性、真实性、合规性进行审计评价,揭露专项资金征收管理使用和预算编制与执行各环节存在的突出问题,促其规范管理、合理使用、提高效益。

(三)审计评价标准

财政批复的预算;市建委重点工作目标;专项资金管理的规章、制度等相关文件;其他有关文件等。

三、审计程序与方法

(一)确定审计重点

根据审计调查结果,确定本次审计关注的重点:一是 2007 年度预算管理与财政财务收支情况。主要包括:预算的编制、分配、拨付和使用情况,专项资金管理使用情况,资金结余情况,行政事业性收费及执行"收支两条线"政策情况,资产管理情况,所属二三级单位财政财务收支管理情况等。二是经济责任履行情况。主要包括:各项财政性资金收支情况,国有资产管理、使用情况,内控制度情况及贯彻执行国家法律、法规和经济政策情况,被审计领导干部本人重大经济决策以及遵纪守法和廉洁自律情况等。三是部门绩效情况。主要包括:部门履行职责情况和效果,财政资金管理和使用的真实性、合规性、经济性、效率性、效果性,政府项目绩效情况等。

（二）明确审计思路

按照审前调查的结果,编写了审计实施方案,明确了以"三资"为主要内容,将预算执行、经济责任和部门绩效相结合的审计思路,其框架如下图所示:

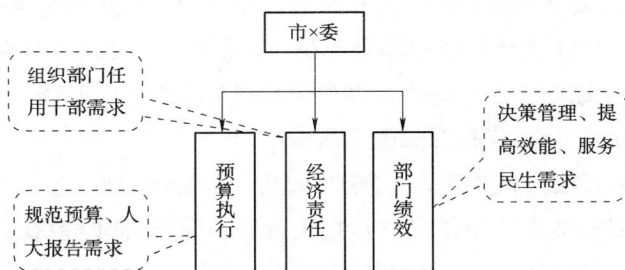

图1　"一托N"审计模式

（三）抓好审计实施

按照审计方案确定的审计思路组织现场审计,针对不同的审计任务确定审计关注点及审计目标,总体框架如下图:

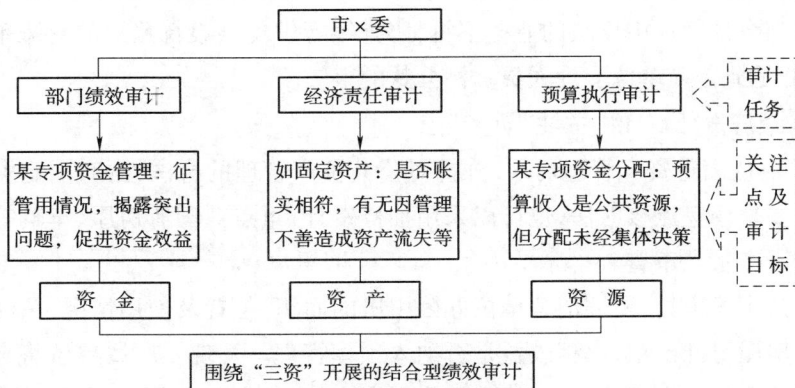

图2　围绕"三资"开展结合型绩效审计模式

1. 在部门绩效审计中关注"资金"点

例1：从配套费的征管用切入，分析对公共资金管理的经济性。

方法一：实地调查法。在对资金拨付管理等进行财务审计的基础上，抽取部分由代建单位建设的配套补助项目进行实地踏勘，审查项目的建设进度、建设管理情况，并向有关单位发放调查表，发现了财政资金拨付、项目建设管理情况等方面的问题线索，在此基础上对有关单位进行延伸调查。

方法二：计算机辅助审计法。利用功能强大的 AO 软件，获取并采集配套费相关数据，巧用 SQL 语句进行筛选、分类，使用 SQL 查询器、分组表格分析工具、自由表分析工具对业务数据进行复核审查。根据审计需要检索相关记录，再针对疑点凭证查阅纸质资料，延伸部分单位，逐项落实。发现了被审计单位未将收取的配套费上缴财政专户及违规办理配套费免缓手续的问题。

计算机辅助审计的流程图如图 3 所示。

例2：从银行账户核查切入，分析对公共资金管理的真实性。

方法一：要求被审计单位自查自报银行开户情况，同时检查有关资金往来的原始凭证，看有无隐匿银行开户情况。

方法二：核对银行存款日记账与银行对账单的发生情况，重点核对银行对账单上有一收一付而银行存款日记账上却没有反映的记录。审计发现被审计单位提供的银行对账单上有多笔对冲收支业务未入账。经进一步调查，实为会计与出纳联手，将收取的专项保证金转入亲属单位账户使用。

方法三：通过核对支票存根，审查银行对账单的真实性，必要时可向开户银行进行协查。审计发现，部分银行对账单中所记载的支票存根号、业务发生日期明显与会计凭证中反映的业务不符，协查银行发现某银行账户的对账单系伪造，目的是掩盖该单位会计人员贪污公款的事实。

2. 经济责任审计中关注"资产"点

例1：从固定资产管理切入，分析对公共资产管理的合法性：对固定资产的审查主要采用盘点核对法，也可以采用抽样审计，重点对国有房屋、车辆等价值较大的资产重点审查。

办公用房审查：要搞清楚单位办公用房的面积、位置及使用情况，关注有无将国有房屋对外出租，出租收益是否纳入预算管理。发现一所属单位将自有房屋作为营业网点出租给个人，将房租收入作为"小金库"，以奖金、补贴等形式私分给单位职工。

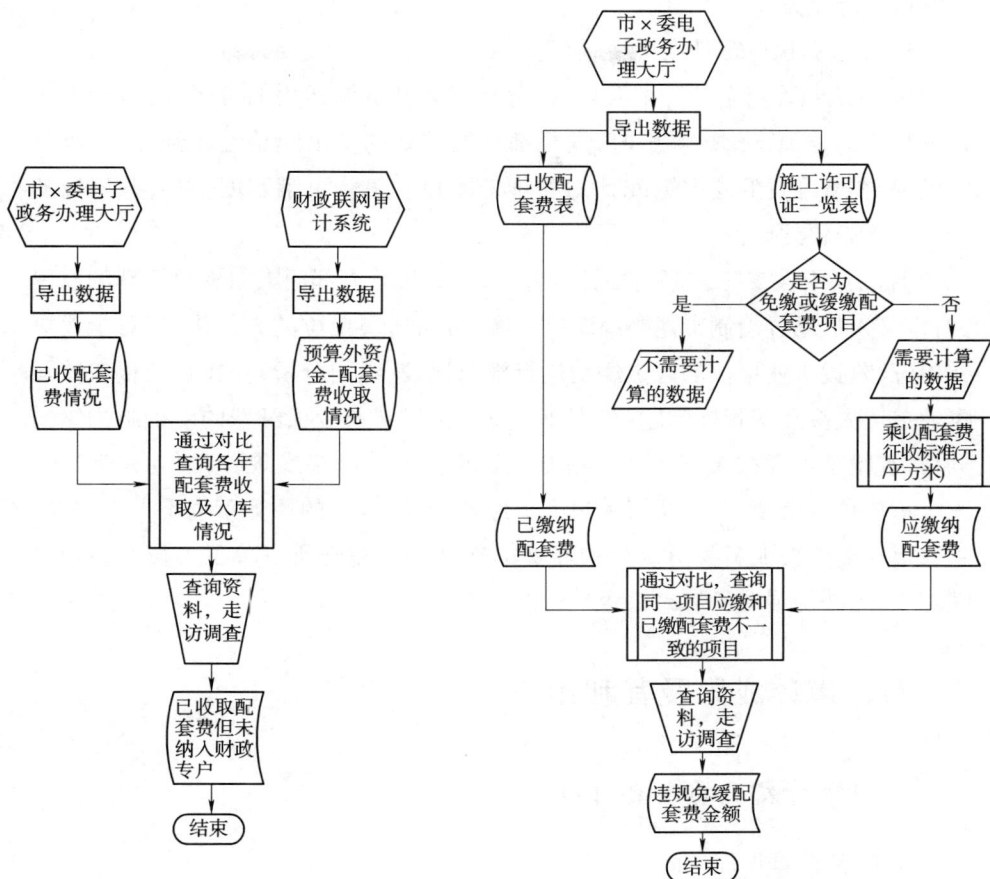

图3 运用 AO 发现配套费应征未征和违规办理免缓手续问题流程图

车辆审查:严格核查非办公用车辆使用情况,通过审查劳务经营合同和测算车辆服务年限、里程,关注经营收入的去向。发现所属某事业单位通过政府采购购买特殊用车两部,并入了账,第二年将车辆委托给一没有隶属关系的企业使用,但未约定收益分配。在对该企业延伸审计后发现,其账面有这两部车的经营收入,并没有分配返还该事业单位,使国有资产收益流失。

例2:从对外投资效益切入,分析对公共资产管理的效益性:从"对外投资"和长期挂账的"其他应收款"入手,对股权和债权形成的对外投资,重点关注资金的去向,分析投资收益。如发现一所属单位改制中,将财政资金作为个人股份投入到私营企业中,几年下来不但没有收益,反而随着私营企业的亏损造成了国有资产流失。

3. 在预算执行审计中关注"资源"点

例1：从预算资金的分配权切入，分析对公共资源运用的合规性：审计人员在分析市建委预算执行情况时，发现部分城维费的支出随意性较强，进一步核实发现，在城维费的支出分配计划安排未能建立集体决策制度，对公共资源的分配缺乏必要的监督。

例2：从下拨二三级部门预算资金切入，分析政府部门人力资源管理的效率性：审计人员通过绘制市建委组织结构图，分析所属单位的人员构成，对全拨事业单位、差拨事业单位的人员经费进行横向比较、纵向分析，查找是否存在差拨事业单位人头经费超标问题；对事业单位正常经费与专项经费的支出结构纵向分析，查找是否存在人员经费挤占专项资金问题。结果发现，市建委在下拨二三级单位预算资金前，对所属单位人员经费、专项资金的预算审查不严。据此，建议市建委要按人员身份及人均经费标准进一步完善所属单位人员经费预算编制工作，并加强对所属二三级单位的预算审查。

四、审计成果及其利用

（一）审计发现的主要问题

1. 财务核算管理方面

应缴未缴市财政资金或财政专户款×××万元；应收款项长期挂账未收回××××万元；收入未纳入预算管理×××万元；在往来款中核算收入×××万元；未办理相关手续自行核销债权债务×××万元；违规占用专项资金利息××万元。

2. 固定资产管理使用方面

未及时办理调拨审批手续×××万元；固定资产账实不符；违规借用所属和相关单位车辆；固定资产价值核算不完整×××万元；未及时办理固定资产核销审批手续××万元。

3. 专项资金管理方面

未按规定办理配套费免缓缴审批手续××××万元，缓缴配套费到期未予清收××××万元，滞留、闲置配套费资金×××万元；违规办理墙改基金减缓免手续×××万元且随意性较大,缓缴墙改基金×××万元到期未予清收;违规办理水泥基金减免手续××万元,水泥基金缓缴到期未予清收×××万元;少征或漏征水泥基金×××万元;个别科技基金资助项目先拨款后补计划、科技基金分头拨付,不利于统筹管理、科技基金资助项目完成率低。

（二）审计评价结果

审计结果表明,市建委较好地完成了年度重点工作目标,建立了有关财务内控制度,资金、资产管理核算基本规范,行政资源支配使用基本合理。但在制度执行效果方面,存在负责人直接批示办理墙改基金减缓免的问题;在资金、资产和资源管理效率方面,市建委存在应收账款未及时清理等问题,所属单位资产存在核算不完整、专项资金管理不到位等问题。

（三）审计建议

1. 加强财务管理和内部审计监督,采取有效措施清理债权债务,切实提高会计信息质量。

2. 加强固定资产管理,建立健全账卡管理、清查登记等管理制度。规范对下属事业单位人、财、物的管理使用,纠正多年来使用下属单位资产问题。

3. 严格执行配套费征收、管理审批程序,杜绝违规减缓免现象的发生。对已经签订缓缴协议的,加大监管及催缴力度,确保专项基金的安全和完整。

4. 研究制定配套设施建设总体规划,建立配套工程项目库,实行动态管理。

（四）审计成效

该项目向司法及主管部门移送案件线索四起。审计专报得到市长多次批示,市长办公会专门研究并督促市建委出台规范配套费征管用的办法。市建委及所属单位根据审计建议,制定完善了《工作规则》等8项制度,规范了资金管理和审批程序。以该审计项目为依托编写的《A市围绕"三资"开展结合型绩效审计范例》编入《审计署2010年度地县级审计局长培训班培训教材》,署领导和参加培训的700多名地县级审计局长给予高度评价。

（本案例执笔:杨杰）

G区建设工程交易中心"三资"绩效审计

案例简介:该项目对 G 区建设工程交易中心管理使用公共资金、资产、资源情况实施了独立型绩效审计,以评价"三资"的合规性、经济性、效率性和效果性为目标,结合单位行业特点,运用对比分析、分析性复核、函证等多种审计方法,在揭露问题的同时,提出有针对性的意见和建议,取得了较好效果。审计报告得到区主要领导充分肯定并作出重要批示,促进被审计单位出台了有关管理制度,审计信息被省审计厅转发。

一、审计项目概述

(一)被审计单位基本情况

G 区建设工程交易中心于 2002 年 5 月成立,隶属于 G 区城市建设局,是负责工程招投标服务、动态发布政策法规信息等工作的自收自支事业单位。该单位编制 11 人,实有 7 人。2008 年至 2009 年度账面反映财政拨入经费××××× 万元;截至 2009 年末,该单位账面反映资产×××万元。

2010 年 3 月至 4 月,G 区审计局对该单位 2008 年至 2009 年资金、资产、资源管理使用的绩效情况开展了独立型绩效审计。

(二)审计目标

以 G 区建设工程交易中心 2008 年至 2009 年财政财务收支的真实合法性为基础,以资金使用、资产管理、资源利用为核心,全面审查该单位绩效情况。一是通过检查内部控制制度的健全性、有效性,揭露资金、资产、资源在财务收支、专项业务、日常管理中可能存在的薄弱环节;二是通过检查该单位各项资金收支的真实性、合法性,揭露财务收支活动中可能存在的违法违规问题;三是通过检查资金、资产、资源管理使用的效率性、效果性，揭露可能存在的损失浪费、资产流失、效益低下等问题。结合审计发现的问题，提出有针对性的改进意见和建议，促进该单位规范和加强管理，提高建设工程交易市场管理水平。

（三）立项理由

1. 围绕 G 区政府构建和谐社会、兴区惠民的重大决策和战略部署，通过审计，促进规范 G 区建设工程交易市场管理，进一步规范市场交易秩序。

2. G 区建设工程交易中心负责管理的资金量大、周转频繁、涉及单位较多，但由于保证金等资金性质特殊，属于临时性周转款项，因此有关单位对资金管理比较松懈，容易产生问题。审计对相关问题的查处能够引起 G 区政府的高度重视。

3. 为减轻企业和社会负担，国家和省市对有形建筑市场出台了临时性调控政策，如对交易服务费实行减量征收等，收费的降低带来建筑成本的下降，事关企业和群众切身利益，调控政策是否执行到位社会普遍关注。

4. G 区建设工程交易市场已运行多年，业务流程已经成型，法律法规比较健全，便于开展绩效审计工作。

二、审计评价标准

遵循客观、相关、可操作、易理解和接受等原则，围绕该单位"三资"管理和行业特点，坚持通用标准和专用标准相结合，重点选取以下审计评价标准：

（一）国家财经法规。主要包括《中华人民共和国会计法》、《中华人民共和国预算法》、《事业单位会计制度》、《内部会计控制规范——基本规范（试行）》等。

（二）行业法律法规、管理办法。主要包括《中华人民共和国招标投标法》、《关于建设工程交易中心服务费收费标准的通知》、《建设工程项目投标保证金管理办法（试行）》、《关于规范外地入青建筑业企业管理的通知》等。

（三）其他评价标准。主要包括该单位规章制度、业务流程及其他相关文件。

三、审计程序与方法

(一)审计的主要思路

1. 审前准备。

开展审前调查,了解被审计单位基本情况,组织审计人员学习了解相关法律法规,熟悉行业规定和制度,根据该单位"三资"规模、会计核算方式和业务职能特点,对照规定分析该单位管理中可能存在的薄弱环节,明确了审计目标和重点,并对审计任务作了分工。

2. 审计实施。

(1)以内控制度测试为切入点,进一步明确审计重点和方向。主要采用观察、对比分析、"串行测试"等方法,对岗位设置、人员配备、资产清查、账户设置等关键控制点进行观察了解,结合保证金收退存、交易服务费收缴等重要业务的工作流程及财务控制制度(工作流程见图1),分析判断内控制度设置的健全性,随机抽查部分保证金资金收支业务,并对交易服务费进行"穿行测试",检查内控制度执行的有效性。

通过上述方法,初步找出内控制度的 4 个薄弱环节:一是财务人员配备不足,不相容岗位职责未能分离,资金收支缺乏制衡机制;二是未执行资产定期清查盘点制度,资产潜在损失风险加大;三是保证金账户专户管理不严格,资金存在安全隐患;四是保证金收退控制程序执行不到位,影响招投标业务的良性开展。上述问题将对资金、资产、资源的管理使用产生不利影响。

(2)以资金流向为主线,关注资金管理使用情况。主要采用核对、查询、对比分析等方法,运用计算机审计手段,检查大额款项收支业务。加强银行存款核对,尤其是加强对保证金收支业务的核对,掌握资金管理使用的真实情况。充分运用 AO 现场实施系统,将保证金收退资金往来的财务资料与银行对账单进行核对,查找异常情况;然后根据问题性质的不同,或到开户银行查询,或到对方单位延伸调查,落实资金的真实去向;最后根据查询和调查结果,判断资金异常收支的真实情况。

(3)以资产清查盘点为手段,关注资产管理使用情况。主要采用盘点、观察、核对、询问、函证等审计方法,对固定资产、材料等有形资产盘点核对,现场

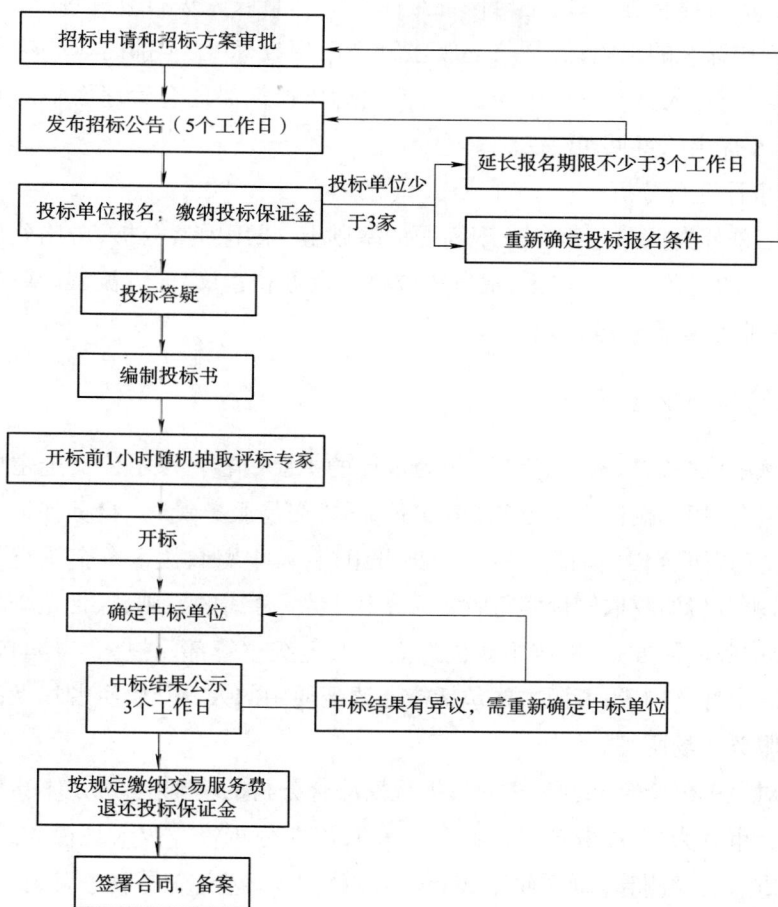

图1　建设工程交易招投标工作流程图

查看资产状态；对单位租用的办公场所，查看租赁合同，对比分析租用价格是否经济，观察了解其面积、位置是否符合其业务规模和业务特点；对长期挂账的往来账务，逐笔询问挂账原因，落实是否存在真实债权债务关系，对重要往来款项进行函证。

（4）以保证金收支业务审查为重点，关注资源利用效果。主要采用核对、对比分析、分析性复核、座谈等审计方法，一是核对银行存款，审查保证金收支业务的真实性；二是对照保证金收取标准，检查项目招投标业务资料，审查保证金收支的及时性和完整性；三是对比分析年度招投标金额收取、退还变化情况，分析其收支的总体合理性;四是对保证金账户的利息收入进行分析性复核,审查利息收入中存在的问题;五是与上级主管部门招投标处、本部门业务执行部门相关人员、财务人员等进行座谈,了解他们对招投标保证金管理面临的问题和困难,以及提出的意见和建议。

3.审计汇总分析。

在汇总分类该单位审计发现问题的基础上,采用因素分析、对比分析等方法,对存在的问题分析其成因,提出相应处理意见和建议,促进被审计单位从体制、机制、制度层面规范管理。

(二)审计内容和重点

把该单位"资金、资产、资源"作为审计的主要内容。该单位资金主要由财政拨入资金、招标投标交易服务费(以下简称"交易服务费")、投标保证金及信用保证金(以下合称"保证金")三个部分组成,其中财政拨入资金执行预算安排,交易服务费的收取管理实行收支两条线、票款分离的原则,保证金采用统一管理、集中收取的方式;资产主要由区财政及上级主管部门拨入、自购自建、租赁使用三个部分构成;资源主要包括能够调配使用的人、财、物资源以及提供工程交易服务的场所等。

在对该单位资金、资产、资源总体规模综合分析的基础上,确定本次绩效审计以资金审查为主,以资产、资源审查为辅;深入分析资金收入规模和结构,确定审查重点。经测算,2008年至2009年该单位保证金、交易服务费、日常经费三项资金收入占总收入的比例分别为97:2:1(详细情况见表1、图2),因此确定保证金审查应是本次审计的重点。

表1　资金收入分类明细表

序号	资金类别	金额(万元)			占总收入比例
		2008年	2009年	合计	
1	保证金	25 380.00	28 772.00	54 152.00	97%
2	交易服务费	392.89	460.96	853.85	2%
3	日常经费	210.35	215.35	425.7	1%
	合计	25 983.24	29 448.31	55 431.55	100%

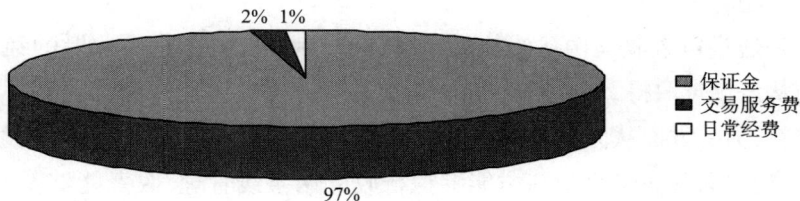

图2　2008年至2009年资金收入结构比例图

（三）主要的实施过程和方法

1. 资金管理使用方面

（1）合规性。

一是从资金账户管理入手，审查资金管理使用的合规性。通过检查银行账户开户情况，判断遵守资金管理规定的程度。经检查，该单位资金核算分为经费户和保证金户两类，经费户开户行较为规范，经区会计核算中心批准同意在D银行开户。但审计发现，保证金户未执行专户管理规定，分别在A银行、B银行、C银行、D银行4家银行开户核算，其中A银行还开设了定期存款账户，不符合保证金资金账户管理要求。

二是从资金管理岗位设置入手，审查资金管理使用的合规性。该单位保证金收支规模较大，且周转频繁，但通过审计发现，保证金资金收取、退还及会计记账等工作均由一人负责，办理货币资金的不相容岗位未能分离，不能形成相互牵制，资金内部监督稽核机制不够完善。

三是从核对银行对账单入手，审查保证金管理的合规性。取得该单位保证金各开户银行对账单，同时将该单位的财务账套导入AO现场实施系统，筛选出保证金收取退还明细表，逐笔核对保证金收支是否账实相符。通过审计发现，该单位保证金×××万元管理不规范，其中提前退还部分投标单位保证金×××万元，虚收虚付投标保证金×××万元，收取、退还投标保证金×××万元未进行账务处理。

（2）经济性。

一是通过审查预算执行情况，分析判断日常经费收支的经济性。对照预算批复，审查经费收支情况，发现除了因交易服务费收取额度增加造成的税费支出超过预算，其他收支基本能够严格执行预算，各项支出基本经济，未发现损失浪费的问题。

二是通过审查收支两条线执行情况,分析判断交易服务费收缴的经济性。一方面从该单位取得2008年至2009年交易服务费收缴业务明细、财务明细及相关资料,另一方面从区财政局收费中心取得交易服务费缴款明细,经过对比分析,发现交易服务费收缴基本能够执行收支两条线管理,收费能够及时足额上缴,并执行上级规定及时调整收费标准,收费规模与业务发展相适应。

三是通过审查保证金账户利息收入,分析判断保证金资金管理使用的经济性。对照2008年至2009年人民银行发布的存款利率变化表,结合保证金各银行账户存款金额,对利息收入进行计算,发现该单位在A银行的定期存单利息收入明显偏低,进一步检查存单记录,询问原因,最终查明该单位由于未加强定期存单的后续管理,未及时办理自动转存手续,造成利息损失××万元。

四是通过审查保证金收取标准,分析判断保证金管理使用的经济性。登录市区两级建设信息网,抽查重要建设工程招标公告书中的投标保证金金额要求,检查金额是否符合相关规定,同时与其主管单位评标档案进行核对,检查保证金收取标准有无异常。通过抽查发现,共有××家单位未按规定缴纳保证金××××万元。

(3)效率性。

一是通过审查投标单位投标保证金到账时间,分析判断资金管理的效率性。取得建设工程招投标资料,检查保证金收取退还时间与公告时间、开标时间、中标通知书公示时间等主要时间节点的关联关系,审查资金管理的效率性。通过核对银行对账单和招投标资料,发现部分单位存在先行参加投标,投标保证金滞后到账的情况。

二是通过审查保证金收取、退还环节,检查是否执行"一项目一收退"的原则。仔细检查投标保证金收取、退还的收据存根,对照招投标资料发现,该单位未严格执行投标保证金"一项目一收退"的原则,造成部分投标单位一次交款后重复使用该交款收据参加多个项目投标,不能形成对投标单位的有效制约。抽查发现,有3家投标单位用7张收据参加21个项目的投标程序。

(4)效果性。

通过审查投标保证金缴退单位与投标入围单位的一致性,关注资金管理使用的效果。首先对保证金退款支票所附收据进行检查,审查是否存在多个单位合并退款等异常现象。然后根据合并退款的原始收据存根检查招投标资料,分析判断是否为同一投标项目。若是同一投标项目,则通过银行协查检查资金真实去向,最后根据资金去向,到真实收款单位调查落实,分析判断投标项目招投标管理是否符合规定。审计发现,投标资金管理不够规范,存在使用一张支票支付多个投标入围单位投标保证金的现象,多个投标入围单位合并退款,造成保证金缴纳、退还单位与投标入围单位不一致,期间共有××个单位以××个单位名义合并缴纳退还保证金××××万元。

2. 资产管理使用方面

（1）从保证金往来账户入手,审查资产管理使用的合规性。根据该单位保证金多头开户、单据手工处理随意性强、内部控制较为薄弱等特点,在加强对保证金资金收付检查的同时,重点关注往来账户余额的正确性。审计发现,该单位保证金往来账户设置不规范,收取投标保证金未设置相应明细账户,造成账户余额无法与有关单位进行核对,资产管理存在重大隐患。

（2）从固定资产购置过程入手,审查资产管理使用的经济性。首先取得2008年至2009年固定资产增加的明细资料,然后有针对性地检查固定资产购置可行性论证材料,分析判断是否与业务需要相配比,有无超标配置车辆或盲目扩大采购规模造成闲置浪费等问题,最后检查固定资产购置是否执行政府集中采购规定。通过审查,该单位资产购置基本符合成本效益原则,采购支出基本经济。

（3）从往来账核对清理入手,审查资产管理使用的效率性。审计发现,该单位日常经费往来账有××××万元长期挂账,未及时清理,占经费往来挂账的96%,其中该单位原外派机构的挂账净额×××万元（债权）经确认无法收回,造成资产重大损失。

（4）从资产清查盘点入手,审查资产管理使用的效果性。对该单位在账、在用的房屋、车辆、办公设备等资产进行实物盘点,审查资产有无毁损报废,使用效果不佳的问题。通过审计发现,该单位2002年前购置电风扇、计算器等低值易耗品××万元,已毁损报废,但一直未进行账务处理,造成材料账实不符。

3. 资源利用方面

（1）以人、财、物资源配备的合理性为基础,审查资源运用的经济性。根据该单位招投标业务发展和交易费收取工作量要求,检查人员、资金、办公场所、办公设备等相关资源是否进行了合理分配,是否符合经济性原则。审计发现,该单位人员编制为11人,实际人员为7人,人员偏少造成部分重要岗位如会计岗位一人兼任多职,人员配备不能满足业务发展需要。

(2)以专项业务服务办理的及时性为依托,审查资源运用的效率性。通过审查招投标资料及交易服务费收费资料,检查每项业务办理时间是否符合规定要求,是否存在不能及时有效提供服务的情况。审计发现,该单位能够合理利用现有资源确保各项服务及时完成。

(3)以目标任务完成程度为核心,审查资源运用的效果性。一是从部门年度任务完成情况入手,检查上级部门下达的重要业务工作计划或任务是否按期完成。二是从社会公众认可程度入手,检查社会公众对部门职责履行情况的满意程度。三是对比分析交易服务费、保证金收退金额的变化情况(详见图3、图4),检查专项服务工作完成效果。

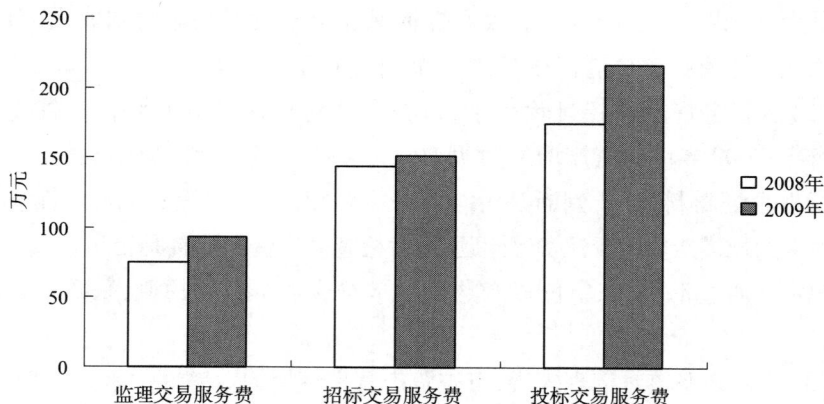

图3　2008年至2009年交易服务费收缴图

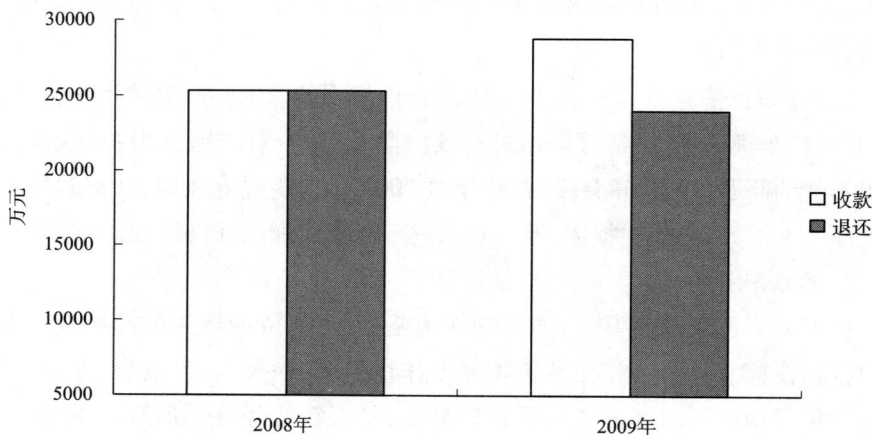

图4　2008年至2009年保证金收退图

通过对比分析,发现交易服务费各明细项目收缴金额均呈逐年增长态势,与同期建设工程交易发展状况相吻合。保证金的收退则呈现一增一减的格局,2009年收取金额超过2008年度,但退还金额比2008年有所减少,存在疑点。经进一步查证,主要因为2009年末招标项目较多,收取保证金金额较大尚未到退款期,属正常情况,审计人员排除该疑点。

四、审计结果与建议

(一)审计评价

审计结果表明,2008年至2009年G区建设工程交易中心基本能够按照国家和省市有关要求,采取措施逐步规范各项资金、资产、资源管理,提升G区建筑工程交易市场管理水平,但由于部分监管职责未能切实履行到位,制约了建设工程交易秩序进一步规范,不利于招投标市场健康有序发展。

(二)审计发现的主要问题及成因

1. 审计发现的主要问题。对上述审计情况进行汇总,发现该单位主要存在内控制度不够健全、部分往来账长期挂账、材料账实不符、部分会计核算不真实、部分保证金未按标准收取、保证金账户管理不严且未取得相应收益等10个问题,管理不规范资金×××万元,资产损失×××万元,严重影响了该单位资金、资产、资源管理使用的绩效水平。

2. 存在问题的原因分析。一是部分人员思想认识不够,责任意识不强,缺乏加强"三资"绩效管理的主动性;二是人员配备不到位,一人兼任多个岗位,造成单位内控机制无法有效发挥;三是上级主管部门未切实履行监管职责,造成部分问题长期存在未能解决;四是制度建设滞后,占资金收入97%的保证金在收取、退还的管理上随意性较强,没有相关的资金管理办法,缺乏相应制度约束。

(三)审计建议

一是加强相关人员培训,从思想上提高加强"三资"绩效管理的认识,强化责任意识。二是加强人员配备,定岗定责,强化内部控制和监督,建立健全内部监督制约机制。三是上级主管部门应定期对单位进行检查,及时发现和解决存在的问题,对历史遗留问题积极协助解决。四是抓紧制定出台《保证金管理办法》,规范业务流程,明确各方职责,加强资金管理。

五、审计成效

(一)审计报告得到 G 区主要领导的充分肯定,并作出重要批示,相关单位组织召开专题会议,研究解决全区建设工程交易市场资金管理中存在的问题,审计结果进入了领导决策。

(二)G 区建设工程交易中心高度重视审计建议,研究制定了整改措施。一是充实财务人员,重新划分职责,健全内控制度,并加强对财务和业务人员的教育培训;二是制定出台了《建设工程项目投标保证金管理办法》,加强对保证金在收取、开标检查、退还、余额核对、资金存放等重点环节的管理;三是成立资产清理小组,对长期挂账的往来款项进行清理,收回长期挂账债权××万元,有效化解了坏账损失风险。

(三)根据审计情况形成的工作信息,被省审计厅转发。

(本案例执笔:梅刚)

G 区某社区"三资"绩效审计

案例简介:结合某社区党支部书记、居委会主任任期经济责任审计,G 区审计局对该社区资金、资产、资源的绩效情况进行了审计,重点关注了"三资"管理使用的合规性、经济性、效率性和效果性,审计人员综合运用分析性复核、函证、问卷调查、实地查看、比较分析、目标分析等方法,揭露了该社区集体福利支出无有效控制、建设项目招投标程序不规范、部分资产被无偿占用、承包费及租赁费欠收等严重影响"三资"绩效水平的问题。该审计项目获得区领导充分肯定,审计报告被区领导批示,根据审计结果形成的调研报告被评为 2010 年全区优秀调研成果。

一、审计项目概述

(一)被审计单位基本情况

G 区某社区辖区面积 1100 亩,常住人口 2413 人,社区"两委"成员 7 人,其他"四职干部"2 人;社区执行《村集体经济组织会计制度》,社区资金、财务由所在街道办事处经管审计中心实行"双代管",社区设有记账员、现金保管员各 1 名。截至 2010 年 8 月末,社区账面资产×××万元,负债×××万元,净资产×××万元;2007 年 9 月至 2010 年 8 月账面收入×××万元,当期净收益××万元。

受 G 区区委组织部委托,G 区审计局于 2010 年 8 月对该社区党支部书记、居委会主任任期经济责任履行情况进行了审计,同时还对该社区资金、资产、资源的管理使用情况开展了结合型绩效审计。

(二)审计目标

1. 总体目标。通过揭露查处违法违规和管理不规范问题,促使社区负责人增强依法治村、按章办事的能力,促进健全完善有关制度,提高社区资金、资产、资源的绩效水平,维护群众切身利益和社会和谐稳定。

2. 具体目标。一是查处重大违法违规问题,促使社区负责人增强遵纪守法和廉洁自律意识;二是围绕社区负责人经济责任履行情况,重点关注社区"三资"管理使用的绩效水平,客观评价社区负责人任期工作实绩;三是揭露制度漏洞和管理上的薄弱环节,从机制和制度层面分析原因、提出建议,促进社区"三资"管理机制更加规范和完善,为党委政府改进和加强社区管理提供决策参考。

(三)审计项目选择理由

1. "资金、资产、资源"活动是社区经济活动的核心,同时也是社区负责人履行职责的主要内容和社区群众关注的重点、焦点。通过审计评价社区"三资"活动的绩效水平,可以更加全面地评价社区负责人履行经济责任情况,并通过在一定范围内公开审计结果,保障社区群众对社区经济管理的知情权、参与权和监督权。

2. 该社区集体经济实力较强,"资金、资产、资源"规模适中,有关会计资料齐全,具备开展"三资"绩效审计的条件。

3. 审前调查发现该社区"三资"活动存在诸多薄弱环节,通过审计可以促进该社区进一步加强和完善"三资"管理,从而发挥审计的建设性作用。

二、审计评价标准

(一)定量评价标准。即可以通过计算、比较、数量分析等方法来评价审计对象、反映审计结果的指标。

(二)定性评价标准。即可以通过文字描述、分析和论证等方法来评价审计对象、反映审计结果的指标。

具体指标如表1。

表1　定量和定性评价标准明细表

指标类别	具 体 内 容
合规性指标	定量标准:财经法规、项目建设等法律法规中可量化的部分。
	定性标准:财经法规、项目建设等法律法规中不可量化的部分。

续表

指标类别		具　体　内　容
经济性指标		定量标准:街道办事处对社区租车费、招待费方面的定额指标;街道办事处审核的社区两委成员、四职干部报酬标准;建设项目决算值与预算值的比较指标;资产购置价格与同期市场价值的比较指标等。
经济性指标		定性标准:项目建设、资产采购法规制度中不可量化的部分。
效率性指标		定量标准:资产租赁(承包)收入欠费率;应收款项周转率;资产闲置(利用)率;借款还款及时率;投资回报预算指标等。
效率性指标		定性标准:主要是与"三资"活动有关的内部控制制度规定;审计人员对"三资"管理使用状况实地查看后的专业判断。
效果性指标	经济效益	主要涉及定量标准:(1)财务指标。资产负债率、公积公益金增长率;(2)经济指标。农村经济总收入、集体经济纯收入、农民人均纯收入、财源建设等街道考核指标。
效果性指标	社会效益	定量标准:与民生有关的各项投入金额以及增长率指标。如:社保投入、五保户供养、学前教育、群众文化设施活动投入、居民福利支出等。
效果性指标	社会效益	定性标准:审计人员对社区居民的调查问卷满意度;审计人员通过对现状实地查看、与社区部分群体座谈、走访社区部分家庭等途径获得的一些定性评价意见;审计人员的专业判断等。
效果性指标	环境效益	定量标准:与环境管护、生态保护有关的各项投入金额及增长率指标。如:社区"五化"投入、垃圾清运投入、退耕还林、病虫害防治投入等。
效果性指标	环境效益	定性标准:同社会效益。

三、审计程序与方法

（一）审计的主要思路

以财务收支的真实合法性审计为基础,重点关注社区资金、资产、资源管理使用的经济性、效率性和效果性,在检查经济效益的同时,对社会效益和环境效益也作出评价。

（二）审计的内容和重点

1. 围绕资金活动,分析评价其运行绩效。

（1）资金分类。如图1。

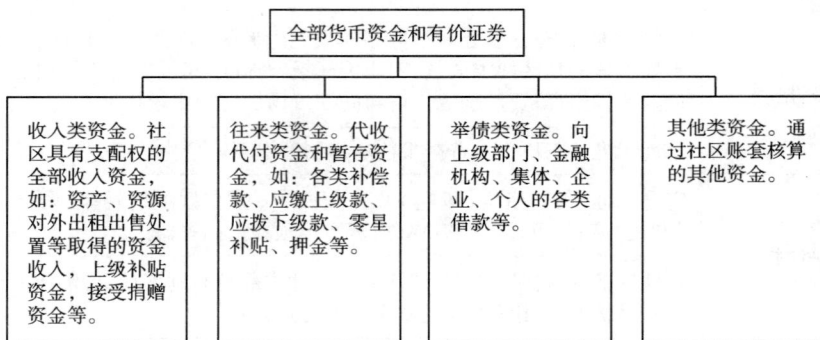

全部货币资金和有价证券

收入类资金。社区具有支配权的全部收入资金，如：资产、资源对外出租出售处置等取得的资金收入，上级补贴资金，接受捐赠资金等。	往来类资金。代收代付资金和暂存资金，如：各类补偿款、应缴上级款、应拨下级款、零星补贴、押金等。	举债类资金。向上级部门、金融机构、集体、企业、个人的各类借款等。	其他类资金。通过社区账套核算的其他资金。

图1　资金分类图

（2）审计内容和重点。如图2。

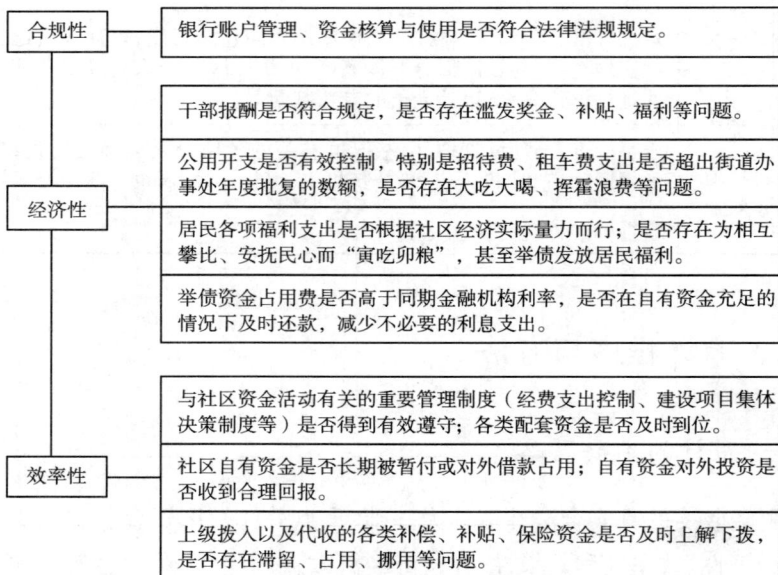

合规性	银行账户管理、资金核算与使用是否符合法律法规规定。
经济性	干部报酬是否符合规定，是否存在滥发奖金、补贴、福利等问题。
	公用开支是否有效控制，特别是招待费、租车费支出是否超出街道办事处年度批复的数额，是否存在大吃大喝、挥霍浪费等问题。
	居民各项福利支出是否根据社区经济实际量力而行；是否存在为相互攀比、安抚民心而"寅吃卯粮"，甚至举债发放居民福利。
	举债资金占用费是否高于同期金融机构利率，是否在自有资金充足的情况下及时还款，减少不必要的利息支出。
效率性	与社区资金活动有关的重要管理制度（经费支出控制、建设项目集体决策制度等）是否得到有效遵守；各类配套资金是否及时到位。
	社区自有资金是否长期被暂付或对外借款占用；自有资金对外投资是否收到合理回报。
	上级拨入以及代收的各类补偿、补贴、保险资金是否及时上解下拨，是否存在滞留、占用、挪用等问题。

图2　资金审计内容和重点分类图

2. 围绕资产活动,分析评价其运行绩效。

（1）资产分类。如图3。

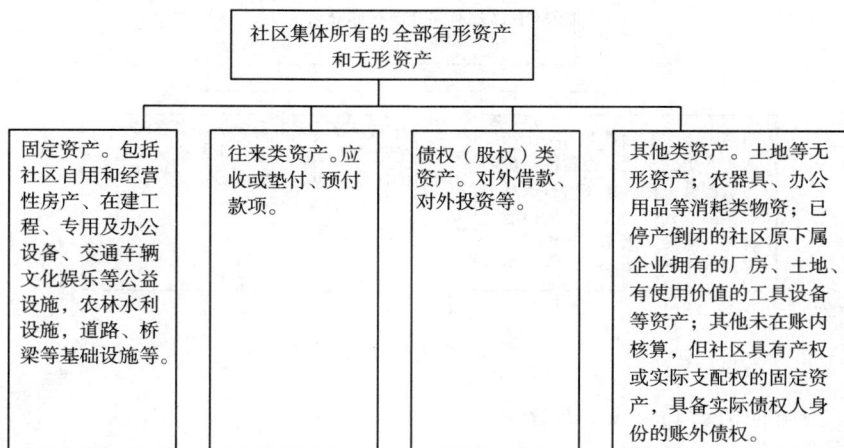

图3 资产分类图

（2）审计内容和重点。如图4。

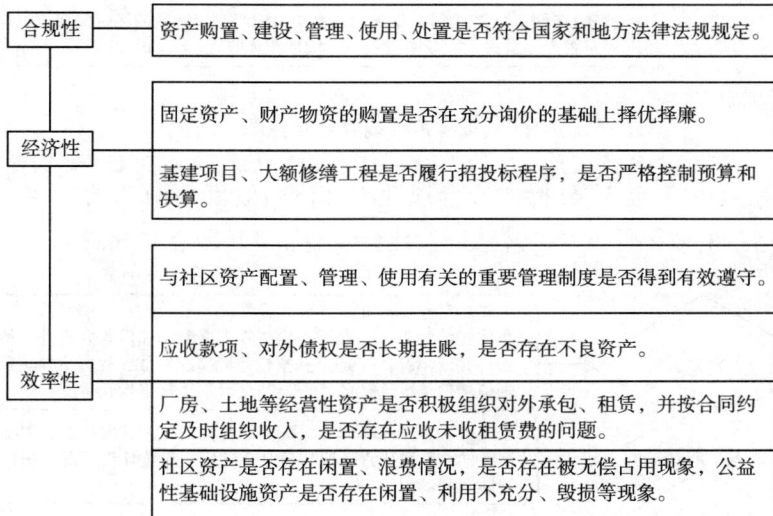

图4 资产审计内容和重点分类图

3. 围绕资源活动,分析评价其使用绩效。

（1）资源分类(结合该社区实际情况)。如图5。

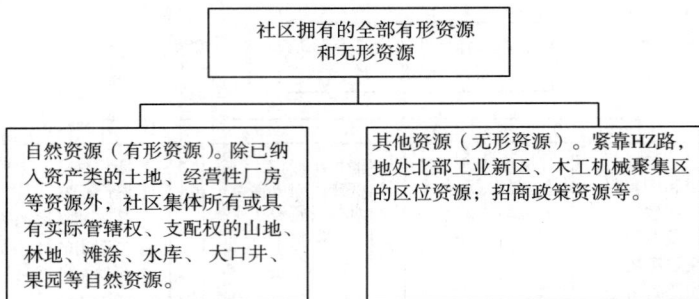

图 5　资源分类图

（2）审计内容和重点。如图 6。

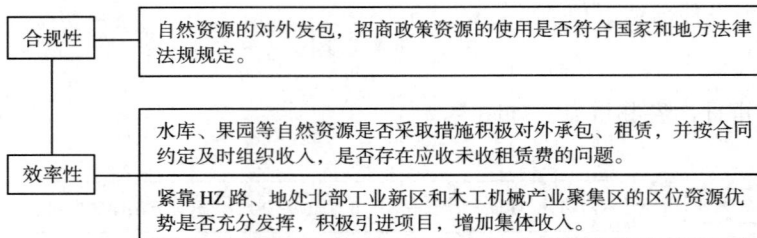

图 6　资源审计内容和重点图

4. 在上述"1 至 3"分析评价合规性、经济性、效率性的基础上，综合评价"三资"运行的效果性，包括经济效益、社会效益和环境效益。如图 7。

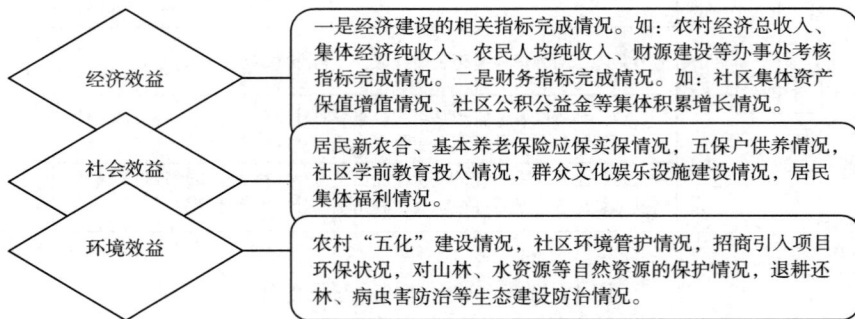

图 7　"三资"运行效果审计内容和重点分类图

(三)审计实施过程和方法

1. 对资金运行绩效实施审计

(1)审查收入类资金收支的合规性。运用盘点、审阅、询问等审计方法,检查收入类资金收款、付款形式,以及使用用途的合规性。

(2)审查收入类资金使用的经济性。运用比较分析法,将社区年度收支数据进行比较,分析是否"以收定支、量入为出";运用工作标准分析法,将租车、招待、干部报酬等支出数据与街道办事处核定标准进行对比,检查是否超出限额。

(3)审查收入类资金使用的效率性。运用比较分析法,根据社区历年结余主要用于建设厂房对外租赁的实际情况,将年度租赁收入与同期银行存款利息收入进行比较。

(4)审查往来类资金收回的效率性。运用审阅、函证、询问等审计方法,重点对长期挂账的往来资金进行分析。

(5)审查举债类资金偿还的效率性。运用审阅、询问、分析等审计方法,重点对债务本金和利息偿还情况进行分析。

2. 对资产运行绩效实施审计

(1)审查资产取得的合法性。运用审阅、询问、实地查看等审计方法,对新增的资产来源的合法性进行审查。

(2)审查资产成本的经济性。运用目标分析法,将建设项目决算金额与预算金额进行比较,通过实地查看建设项目、查阅工程图纸、预决算资料等,判断建设项目成本的经济性。

(3)审查资产管理使用的效率性。一是运用对比分析法,将资产对外承包(租赁)的合同租金收入与账面收入进行对比,分析租赁费欠收情况。二是运用趋势分析法,分析该社区2006年至2008年租赁费收入变化情况,如图8(金额单位:万元)。三是运用实地查看法,观察社区集体资产存在状态和使用情况,检查是否存在资产闲置、损失等情况。四是走访周边群众,确定闲置资产的真实性。五是向周边商户、街道办事处招商部门了解闲置资产所在地的厂房租赁价格,计算闲置可能带来的租金损失。

3. 对资源运行绩效实施审计

审查资源利用的效率性。实地查看该社区集体果园、水库等自然资源是否采取措施积极对外承包、租赁,并按合同约定及时组织收入,是否存在应收未收

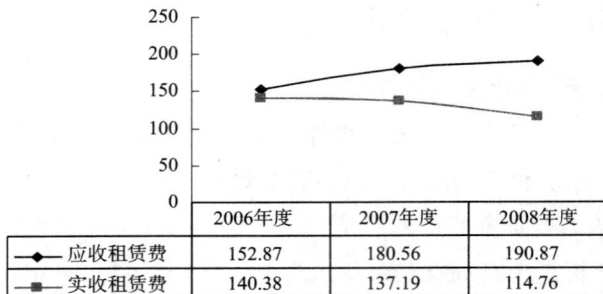

	2006年度	2007年度	2008年度
应收租赁费	152.87	180.56	190.87
实收租赁费	140.38	137.19	114.76

图 8　承包费(租赁费)收入分析图

租赁费的问题。走访 HZ 路两侧商户,调查了解该区域区位资源优势是否充分发挥,社区是否积极引进项目,增加集体收入。

4. 对"三资"运行产生的效果性实施审计

(1)审查"三资"运行产生的经济效益。运用工作标准法,将社区资产负债状况与公认良好的资产负债率财务指标进行比较;运用目标分析法,检查各项经济指标实现情况与年初街道办事处既定考核指标的对比结果。

(2)审查"三资"运行产生的社会效益和环境效益。一是与部分社区两委成员、党员代表、居民代表进行座谈,并发放问卷调查表 42 份,获取大家对社区"三资"活动的评价意见。二是走访部分低保家庭和参保新农合的家庭,验证社区账面反映的个人补助支出是否真实,了解社区各项民生投入是否给群众带来实惠。三是深入社区群众文娱活动中心、水库、排水沟、居民生活垃圾堆放现场、租赁企业生产现场、退耕还林现场,实地查看社会效益、环境效益实现情况。

四、审计发现的主要问题

(一)资金运行绩效方面的问题

1. 该社区财务人员在收取部分企业租金时,频繁收取大额现金(单笔最大金额××万元),没有采用转账收款形式,违反了有关财务管理规定,增加了违规风险。

2. 居民集体福利支出无有效控制。该社区居民集体福利支出没有与收入挂钩,在盈利能力有限甚至亏损的情况下,仍利用社区以前年度结余发放居民福利,快速消耗社区家底,影响社区经济长期发展。如表2。

表2　结余与福利发放对比明细表

年度	年度结余	发放居民集体福利
2008 年度	-63.89 万元	58.70 万元
2009 年度	58.66 万元	64.80 万元

3. 不良资产额度较大。截至 2010 年 8 月末,该社区不良资产达××万元,占资产总额×%,主要是原下属企业借款、对外投资和长期挂账的往来款项,多数难以收回,影响了资金使用效率。如图9:

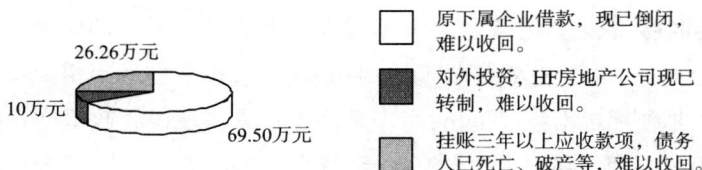

图 9　某社区不良资产分析图

4. 小额借款未及时偿还。截至 2010 年 8 月末,该社区账面存款余额达××万元,向村民借款余额仅为×万元,需按年息×%～×%支付利息。在有足够偿还能力的情况下,未及时偿还,造成不必要的利息支出。

(二)资产运行绩效方面的问题

1. 无手续建房。该社区自筹资金建设并已完工的通用厂房、社区活动中心等两个项目决算金额×××万元,无土地、规划审批和施工许可手续,且部分占用农田和基本农田,若遇到统一规划拆迁等政府行为,资产减值风险较大。

2. 建设项目招投标组织不规范。该社区新建通用厂房、排水沟、社区活动中心三个项目,没有进入区建设工程交易市场进行公开招标,仅允许本社区从事建筑承包的少数居民参与招标,同时三个项目招标均未编制标底。

3. 项目投资变更随意性大。通用厂房、排水沟、社区活动中心三个项目决算值超预算金额×××万元,预算平均追加率达××%,严重影响了工程支出的经济性。如表3。

表3　工程预决算对比明细表

项　　目	预算工程量	竣工工程量	追加百分比	决算较预算追加金额	追加百分比
通用厂房	主要是追加厂房基础工程量			42.78万元	64%
排水沟	6,000米	13,000米	116%	50.66万元	218%
社区活动中心	248.90平方米	372.56平方米	50%	10.18万元	44%
合　　计				103.62万元	92%

4. 欠收承包费、租赁费现象严重。2007年9月至2010年8月，该社区欠收租金达×××万元，占当期全部应收承包费、租赁费的××%，特别是在年度合同收入不断增长的情况下，各年实际租金收入却不断下降。

5. 合同签订缺乏长远考虑，存在租金损失风险。该社区2006年以前与××仓储有限公司等×家企业签订长期土地租赁合同，每平方米年租金4元至8元，同时约定土地使用税由社区负担；由于合同签订未考虑税收政策变化因素，土地使用税已由原来的每平方米2元至4元升到6元至10元，若仍按原标准征收租金，收不抵支。

6. 部分资产闲置或被无偿占用。该社区纸箱厂厂房长期闲置，该厂房地处HZ公路西侧，当地租赁市场火暴，同面积厂房每年租金×万元左右；集体所有的废品收购站、面粉厂、门市部长期被本社区居民曲某、殷某等无偿占用至今。

7. 工程质量存在隐患，资产管理存在薄弱环节。通用厂房、社区活动中心未办理竣工验收及备案手续便投入使用，经审计实地查看，社区活动中心墙体、地面开裂严重，存在安全隐患(如图10)；建设项目档案缺失严重，无勘察设计档案、项目管理档案和施工档案，给后续项目管理带来难度。

图10　社区活动中心现场照片

(三)"三资"运行效果性方面的问题

1. 2009 年度部分指标完成情况不理想,如表4。

表4　考核指标完成情况表

项　　目	2009 年考核指标数	2009 年实际完成数	应完成未完成数
财源建设	284.44 万元	279.91 万元	4.53 万元
农民人均纯收入	10048 元	8819 元	1229 元(12.23%)

2. ××%的受访对象对社区财务公开不满意,主要反映财务公开内容笼统、会计术语较多、普通群众看不懂;××%的受访对象认为社区建设项目透明度不高,群众在项目建设中缺乏知情权、监督权。

五、审计建议

针对上述问题,审计提出如下建议:

1. 建议 G 区政府结合全区实际,制定出台《G 区社区负责人经济责任审计办法》,明确审计依据、牵头单位、审计组织形式、审计结果运用等,为此项工作的深入推进提供制度保障;责成相关部门制定社区居民福利费、招待费支出标准,通过硬性指标,约束社区福利费、招待费等非生产性支出。

2. 建议该社区采取措施提高承包、租赁合同执行能力,确保集体收益不受损失;严格执行工程建设法定程序,加强建设项目管理,确保建设项目的合法性和经济性;将福利发放与收入挂钩,合理确定福利费标准,处理好当前与长远利益间的关系,加强社区财力积累,确保社区集体经济持久发展。

3. 建议该社区所在街道办事处加强对社区经济合同履行情况的监管和考核,确保应收尽收;加强对社区建设项目的全过程监管,前移监督关口,预防违法违规问题的发生。

六、审计成效

(一)审计报告被区领导批示,获得区领导充分肯定;向区委区政府提交调研报告和审计专报 2 篇,其中《加强村居财务监督,促进基层和谐稳定》的调研报告,并评为 2010 年全区优秀调研成果;编发的审计信息被上级机关和区委区政府转发。

(二)该社区采纳审计建议,成立了由两委成员、理财小组、党员居民代表组成的清欠小组,清收欠款××万元,对拒不履行合同的×家租赁户终止了合同;对被无偿占用和闲置的厂房补签了合同,年增收租金×万元;对可能出现收不抵支的土地租赁合同,积极协商租赁企业更改合同,目前已达成协议×家;其他关于建设项目、福利费的问题正在街道办事处的统一要求下进一步规范。

(三)该社区所在街道办事处对审计提出的意见和建议全部采纳,制定出台了 3 项制度,加强对社区经济合同履行和社区建设项目的监督管理,完善了社区居民福利费量化考核机制。

(本案例执笔:张海波)

F区人民医院绩效审计

案例简介:该项目结合对F区人民医院领导干部的经济责任审计,积极探索开展了绩效审计,围绕医院资金收支、固定资产管理、医疗资源利用等进行了绩效审查和分析,提出了多项合理化建议,促进改善了医疗卫生体制,完善了医院管理制度,提高了经济和社会效益。

一、审计项目概述

(一)被审计单位基本情况

F区人民医院是差额拨款事业单位,隶属于F区卫生局,财务实行独立核算。该院占地3.8万平方米,建筑面积2.23万平方米,固定资产总值7050万元,目前已建立医疗科室和医技科室35个,建立病房14个,总床位345张。院长×××同志任职期间累计实现收入×亿多元,累计支出×亿多元,结余×××万元。

(二)项目选择理由

1. 医疗卫生事业关系民生,社会比较关注,对医院开展绩效审计能够促进改善医疗服务,更好地发挥审计服务作用。

2. 该医院规模大、部门多,在内部管理方面存在一定的改进空间,适宜开展绩效审计。

3. 该医院收入、支出金额较大,易于开展效益分析,提高审计成效。

(三)审计思路及目标

将经济责任审计与绩效审计有机结合,在核实财务收支真实性、合法性的基础上,融入绩效审计内容,围绕资金使用、资产管理、资源利用三条主线,突出对内部管理和职能职责履行情况的审查;重点关注医院经营管理中存在的问题,分析医疗业务亏损的原因,揭露影响医院经济效益、社会效益的问题和因素,提出合理化建议;将效益优劣作为界定和评价领导干部经济责任的重要依据,通过出具审计报告、促进责任落实,督促提高管理水平和效益。

（四）审计实施情况

审计组在审前调查中着重了解人民医院的部门职能、机构设置及职能分工情况,了解该院院长任期内重要工作任务的实施和完成情况。在现场实施阶段,运用 AO 软件对业务数据进行抽样分析,运用列表、比较等方法对财务数据进行全面分析,对药品购销管理、固定资产管理、合作项目管理、部门内部控制情况等进行了重点审查。在分析医院效益情况时,运用了实地走访、现场观察、座谈交流等方式,对影响效益的问题进行了深刻剖析。

二、审计评价标准

（一）相关法律法规。主要是《医院财务制度》、《医院会计制度》等。

（二）相关政策文件。主要是财政部《关于完善城镇医疗机构补偿机制、落实补偿政策的若干意见》、《A 市药品集中招标采购价格管理暂行办法》等。

（三）被审计单位提供的内部管理制度文件及其他相关资料。如《医院内部管理制度》、《医疗事故鉴定委员会制度》、《关于处理医患纠纷（事故）的规定》以及会议记录、协议合同、部门目标等。

三、审计程序与方法

（一）以医药资金收支为主线,审查业务经营、内部管理与遵守政策法规情况

1. 审查医院医疗业务亏损、以药养医的原因

步骤一:审计人员首先对该医院年度资金收支情况进行了查看。从会计报表反映的情况来看,医疗业务长期收不抵支,处于亏损局面。如表1所示。

表1 200X年至200Y年收入支出分析表   单位:万元

年度 项目名称	200X年度	200V年度	200Y年度	合　计
一、医药收入合计	6168.10	7692.80	9480.24	23341.14
其中:药品收入	3012.49	3865.35	4675.82	11553.66
医疗收入	3155.61	3827.45	4804.42	11787.48
二、医药支出合计	5588.26	7513.94	8227.46	21329.66
其中:药品支出	2085.10	2847.79	3320.44	8253.33
医疗支出	3503.16	4666.15	4907.02	13076.33
三、医药结余	579.84	178.86	1252.78	2011.48
其中:药品结余	927.39	1017.56	1355.38	3300.33
医疗结余	-347.55	-838.70	-102.60	-1288.85

步骤二:审计人员对影响医疗业务结余的相关数据进行了统计分析,通过比较其增减趋势和年度变动情况,发现医疗支出增长较快是医疗业务亏损的一个重要原因,其中人员支出、卫生材料、维修费等项目支出增长幅度较大,且在总支出中所占比重较大。

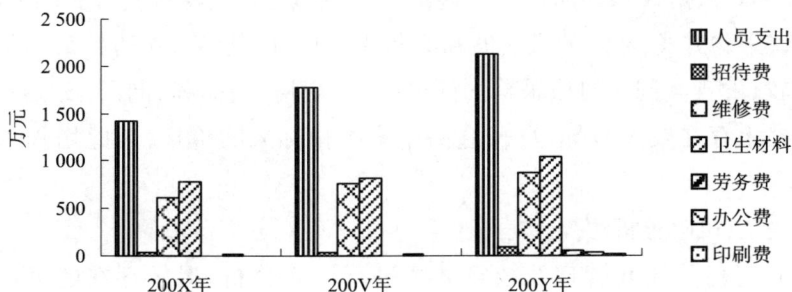

图1 医疗支出明细分析

步骤三:在掌握总体情况的同时,根据各因素对医疗收支、药品收支波动的影响程度,进行重点审计:一是针对医疗收支结余长期亏损,且医疗支出增长较快的状况,加大对大额医疗支出项目合规性的审查力度。二是到业务科室走访,调查了解支出增长幅度较大的原因。通过走访发现,该院卫生专用材料领用未实行定额管理和相应的考核标准,材料消耗量未得到有效控制,20××年较上年增长 28.49%,而医疗总支出同期增长幅度仅为 5.16%。

步骤四:结合审查结果,分析医疗业务亏损原因:该医院在内部管理上,没有建立科学规范的成本控制体系,对医疗支出缺乏有效控制,造成医疗业务常年收不抵支。

步骤五:对相关数据作进一步分析,发现医院经营结余主要来源于不合理的药品差价收入。该医院药品综合加成率为××%,远高于国家规定的 15%。目前医院经营结余主要来源于药品收支结余,而药品收支结余又主要来源于不合理药品差价收入,以弥补医疗业务的亏损。

2. 审查内部控制与管理绩效

方法一:资金使用效率分析法

在查看银行账款业务时发现,该医院以解决资金困难和职工待遇问题的名义向单位内部职工集资两次,总集资款××万元。审计人员对此进行了效益分析,发现两次集资均未进行充分的可行性研究论证和资金使用效益分析,集资资金实际沉淀在账面上,医院为此每年要支付集资利息××余万元,影响了经营效益。

方法二:比较分析法

分析药品和耗材采购方式对采购成本的影响:首先调查了解该医院的采购方式,发现其依据 A 市药品招标采购价格,对本院药品、耗材实行分散采购,并采取协议采购方式,涉及的供货商和医药代表众多。然后,对药品采购价格进行了比较,发现其同一时段采购的同名称、同规格、同品牌、同厂家的药品,在采购价格上存在较大差异,且普遍高于集中招标采购价格,因此增加了采购成本。

方法三:风险分析法

例 1:对药品让利管理及核算方式进行风险分析,揭露存在的资金损失隐患。

审计发现,该医院在应付账款中核算药品让利收入,药品让利情况财务部门不能完全掌握,仅依据采购部门告知的折扣率制定付款计划和支付货款,折扣作为药品让利收入冲销应付账款。经分析,这种药品管理核算方式容易造成入账票据金额与实际付款数额不一致;财务部门与采购部门之间缺少相互的监督制约,容易造成让利资金流失。

例 2:对货款支付内部控制进行风险分析。

审计抽查发现,该医院支付医药货款,先以医药公司提供的发票和送货单入账核算,到规定的付款期再付款。由于大多数医药公司供货业务由医药代表代理,医院在支付货款时,往往将支票直接交给医药代表,并以医药代表签字的白条入账。这种管理方式存在财务隐患,容易造成资金损失。

3. 审查执行国家法律、法规和政策情况

审计人员在搜集大量医院相关法律、法规和政策的基础上,运用抽样调查、计算机审计等方法对贯彻执行情况进行重点审查:一是审查药品零售价格是否符合物价部门文件规定。经对入库药品进行抽查,发现部分药品的零售价格高于 A 市集中招标采购中标药品的零售价格。二是审查药品加成是否符合标准。三是审查门诊床位费是否符合标准。四是审查各项诊查费是否符合标准。运用 AO 软件从住院价表中筛选出各项诊查费,通过比对《A 市医疗服务项目价格(试行)》,发现其违规收取了"新生儿诊查费"。

(二)围绕医院资产管理,审查资产管理制度建立执行情况

1. 审查固定资产管理情况。通过内部控制测试和调查,发现该医院固定资产管理相对薄弱,长期未进行盘点。审计人员结合对固定资产台账的审查,进行了抽查盘点。

2. 审查库存物资管理控制情况。对库存物资进行抽查盘点,并查看了出入库记录,发现部分物资账实不符。

(三)围绕医院资源利用,审查医疗资源管理使用绩效

运用查看合同协议、发放调查问卷、现场勘察等方法对医院开展合作项目情况、人力资源利用情况等医疗资源管理使用的效率和效果进行审查分析。

例1:结合审查合同档案等非财务资料,对该医院合作项目进行效益分析,重点关注了合作双方权利、义务条款,并到合作项目科室进行现场勘察,与有关人员进行座谈,在此基础上对合作项目进行了效益分析。经审查发现,该医院以医疗资源为条件与某公司合作开展医疗项目,但由于研究论证不足、决策失误等原因,给医院造成直接经济损失×××万元。

例2:对医院医疗业务水平进行分项评价。发放调查问卷,调查医务人员的学历、职称、从业经验等情况,分析人才资源因素对医院医疗业务收入产生的影响,向医院提出了加大人才引进力度、扭转医疗业务亏损局面等相关建议。

四、审计结果和审计建议

(一)审计发现的主要问题

1. 贯彻财经法规和政策方面。主要是:部分收费收取标准不符合规定,药品加成率超过国家规定标准,违规收取新生儿诊查费,超标准收取门诊床位费;固定资产和部分物资账实不符,处置程序不合规,对外出借车辆至今未归还等。

2. 重要经济事项决策和绩效方面。主要是:经营结余过多依赖于药品差价收入;内部集资论证不足,造成资金沉淀,影响效益;合作项目论证不足,造成资金损失;药品、耗材实行分散采购,影响采购成本等。

(二)审计评价

审计结果表明,人民医院基本能够按照会计制度进行财务管理和会计核算,资产管理和资源利用基本规范有效,较好地完成了年度重点工作目标,医院的部分业务指标有较大幅度提高,医院病床使用率近两年均达83%以上,医药收入增长53.7%,门诊人次增长39.46%。但在执行国家财经法规和经营管理方面仍存在违规和管理不到位、决策论证不足等问题。

(三)审计建议

1. 建立健全固定资产管理制度,定期对固定资产进行清查盘点,按程序报批处置资产。

2. 实行集中采购制度,选择少数大、中型医药公司直接供货,减少中间成本。

3. 建立药品折扣、让利台账,规范财务核算,对药品购入实行实价核算。

4. 拓宽经营思路,大力发展医疗业务,降低药品加成率,逐步改变以药养医的局面。同时,加大人才引进和培训力度,提高医疗水平。

5. 加强对合作项目的研究论证和效益分析,避免造成资金损失。

五、审计成效

审计结果引起区政府特别关注,区长作出专门批示,区政府成立了医药体制改革领导小组,采取措施完善医疗卫生体制。该医院根据审计建议出台了固定资产管理、医院票据管理流程、医院票据管理员岗位职责等制度。据此项目撰写的计算机审计案例入选审计署专家经验库。

（本案例执笔：侯强）

A市法院系统"三资"绩效审计

案例简介:该项目系A市审计局首次结合行业系统经济责任审计实施的绩效审计项目。审计中积极践行"三资"绩效审计理念,紧紧围绕资金、资产、资源的经济性、效率性和效果性,结合法院系统特点,运用多种方法开展审计,探索出行业绩效审计的新路子。

一、审计项目概述

(一)项目概况

法院作为国家审判机关,主要职能是通过审判打击制裁犯罪,处理民事、商事纠纷等案件,执行发生法律效力的裁决,开展行政审判工作。法院开展诉讼业务收取诉讼费,实行"收支两条线"管理,全额上缴国库,纳入预算。诉讼过程中产生的案件往来款由法院代管,实行专户管理,根据案情收取和发放。A市设市中院,所辖各区市均单独设立法院。

(二)立项理由

1. 2007年4月,国务院颁布了新的诉讼费用缴纳办法,大幅降低了相关案件的收费标准,新诉讼费收费标准的执行情况值得关注。

2. 随着人们法律意识的不断增强,法院受理的案件数量逐年攀升,代管案款金额也逐年增大,资金管理存在较大风险。

3. 法院系统资产来源渠道多、金额大,但管理相对薄弱,尤其对查封扣押物资的管理备受当事人关注。

4. 法院业务职能较强,与百姓利益息息相关,且具有一定的公共资源分配权,社会关注度较高。

5. 受市委组织部的委托,需要对全市法院系统主要负责人履行经济责任情况进行审计和评价。

二、审计目标和评价标准

(一)审计目标

按照"发现问题、揭露隐患、完善制度、规范管理"的总体思路,以单位财政财务收支的真实性、合法性、效益性为基础,落实其资金使用、资产管理、重大决策、政策执行、部门履责等情况。同时,对诉讼费、案件执行款物等管理情况进行重点审计,摸清其管理流程,掌握其收取、上缴和使用情况,揭示管理中存在的问题,并从机制、制度层面进行剖析,提出切实可行的意见和建议,推进法院系统健全机制、规范管理,维护当事人的合法权益。

(二)评价标准

除了经济责任审计相关评价标准外,还参照了以下规定:

1. 国家有关预算、诉讼费和案款管理的法律、法规。如《预算法》、《人民法院诉讼费管理办法》等。

2. 最高人民法院关于全国行业管理的有关司法解释、规范标准。如《最高人民法院关于人民法院民事执行中拍卖、变卖财产的规定》、《最高人民法院关于执行款物管理工作的规定》等。

3. 关于内部控制管理方面的规定等。

三、审计重点与方法

(一)围绕资金收缴和管理,分析评价资金运用绩效

1. 从核查收费入手,分析资金收缴的经济性

方法一:利用计算机辅助审计发现超标准收费问题。

先通过法院系统的综合信息管理系统获取相关后台数据,汇总各案件的诉讼费实收金额,再与复算的应收金额进行对比。最后,结合抽查案卷,排除正常

差异,确认超标准收取诉讼费的金额。通过上述方法查出劳动争议、离婚等四大类×××件案件超标准收费××万元。

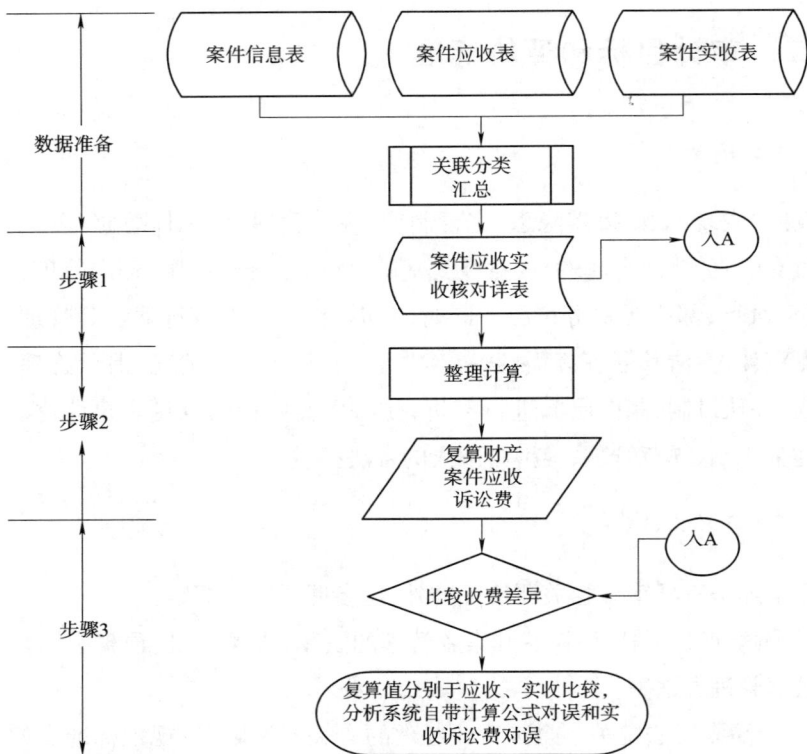

图1 财产案件收费标准执行情况计算机辅助审计流程图

方法二:通过业务流程分析,发现缓缴诉讼费流失严重。

首先对诉讼费的收缴流程进行了调查,发现缓缴诉讼费的审批由院长委托立案庭办理,审批时未注明确切的缓缴期间和金额;同时,业务庭未建立专门的台账,对缓缴案件也未在网上系统完整标注,以致无法统计缓缴情况。经抽查×××个缓缴案件,到期应缴诉讼费××××万元,实际欠费达×××万元,占应缴额的××%。审计发现,法院没有明确由哪个部门负责对收费进行催收补缴,财务部门也无法对到期补缴情况进行监督,造成缓缴诉讼费的流失。

方法三:通过分析性复核,发现截留诉讼费问题。

如在某法院审计中,通过分析前期电子数据和调查表,发现该法院近年来审理的案件数量呈上升趋势,但诉讼收费总额却下降或增幅不大,特别是缓缴诉讼费案件较多,且均未补缴。审计人员抽取了部分案卷,将卷内收费记录与账面核对,发现收费未入账问题。于是扩大抽查面进行追查,发现该法院各业务庭室利用个人存折和遗留账户共截留诉讼费、案款等×××多万元,坐支×××万多元用于发放补贴、业务招待和补充办案经费等支出。

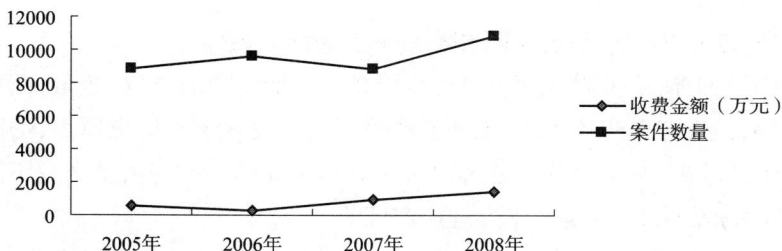

图2　案件数量与收费总额趋势分析

2. 从诉讼费和罚没款的收缴入手,分析资金解缴的效率性

一是核对总额。延伸财政部门,获取法院诉讼费和罚没款上缴数据,然后与法院收取的数据进行核对,找出差异,分析原因。

二是审查收缴形式。根据财政部门的入库记录,检查分析资金上缴的形式,审查是否做到逐笔上解,有无利用过渡户调节缴款进度的问题。如通过财政入库记录反查资金上缴账户发现某法院通过收费过渡户收取诉讼费,年内分期分批上缴财政专户,截至2009年5月末,尚有×××万元未上缴。

三是比对收缴时间。将资金收取和上缴的时间进行比对,检查有无解缴不及时的问题。通过比对已结刑事案件罚没款收缴时间,并抽查核对案卷,发现罚没款解缴不及时。经进一步了解,罚没款一般先以案款的形式交入案款账户,待判决生效后再提取上缴国库。由于法院财务部门无法及时了解案件是否审结,办案法官也不及时与财务部门沟通,往往使罚没款上缴滞后。截至2009年5月末,有×××万元已结刑事案件的罚没款未上缴国库。

3. 从银行账户入手,分析资金使用的效益性

一是核对银行账户开设情况。设计银行账户情况自查表,要求各法院如实填报,同时结合账簿记录和原始单据审查有无隐匿账户的情况。如通过账户核对,发现某法院美元案款账户未予申报,余额11万美元未纳入总账核算。

二是核对银行账户,检查大额资金转出记录。在此基础上,跟踪资金流向,落实资金用途。如审计发现,某法院先后从案款账户中将×××万元资金转

入基本建设账户,用于弥补综合审判楼建设资金不足。

三是核对案款账户资金收付记录,并与银行对账单中的入账时间、金额进行对比,检查有无资金未入账或挪用等问题。

(二)围绕资产管理和使用,分析评价资产管理绩效

1. 从固定资产的管理入手,分析资产管理的合规性

步骤一:摸清单位固定资产的总体情况。包括资产的产权、数量、面积和使用状况等,检查有无产权不清、账外资产等问题。发现由于历史原因,法院系统的账外资产较多,两家法院 7 处价值×××万元的办公房由于产权不清未入账,还有两家法院 11 处房产未办理房产证等。

步骤二:进行实物盘点。根据账面记录抽取部分资产进行现场盘点,以资产的所有权和使用权是否一致为重点,检查有无未经批准将资产出租、出借给其他单位使用的问题。如盘点发现某法院的部分房产、设备和车辆一直由所属培训服务中心使用,经延伸该中心及其投资成立的酒店,发现这些资产一直被无偿使用,该法院未收取相应的资产使用费。

步骤三:对盘盈资产进行调查,落实资金来源。如果属于捐赠资产,则进一步确认来源是否合规。如某法院盘盈车辆××部,经落实××部为外单位捐赠和上级配备,其余×部来源不明。经外围调查并到银行核查资金去向,最终确认这×部车是用违规收取中介机构的返还款购买的。

2. 从查封扣押物资的管理入手,分析对公共资产管理的安全效益性

步骤一:调查统计查封扣押物资情况。制发查封扣押物资自查表,业务庭室和办案法官分别填写,然后汇总数据,以便盘点核对。经汇总,截至 2009 年 5 月底,全市法院系统查封资产标的总额达××亿元。

步骤二:了解查封扣押物资管理模式。调查发现,法院查封扣押物资数量巨大,但没有实物台账记录,具体查封的明细和查封形式只由个别办案人员掌握,其管理情况缺乏监督,物资的安全完整难以保证。

步骤三:进行实物盘点。根据自查表中的查封明细抽取部分资产进行现场清盘,发现部分物资都已处置或变价处理给当事人,部分查封车辆已报废,无法使用,造成浪费。

(三)围绕规范权力运行,分析公民财力资源运用绩效

1. 从退费、退款的及时性入手,分析公民财力资源运用的效率性

图3　查封扣押物资自查表

依照法律规定，案件审结后，法院应当自法律文书生效之日起 15 日内向当事人退还诉讼费用；执行案款也应当在到账后一个月内进行核算，并及时通知申请执行人办理取款手续，均由当事人凭相关法律文书和有效证件领取。

审计人员对已结案件的电子数据进行了整理筛选，抽查了案卷，并与账面记录进行核对，发现大量的诉讼退费没有及时退还。截至 2009 年 5 月末，12 个法院有×××个案件×××万元诉讼费没有退还给当事人；法院系统结存案款×××万元，其中结存时间在六个月以内的为×××万元，占结余案款总额的 29%，六个月至两年的为×××万元，占 18%，两年以上未发还的案款达×××万元，占 53%。

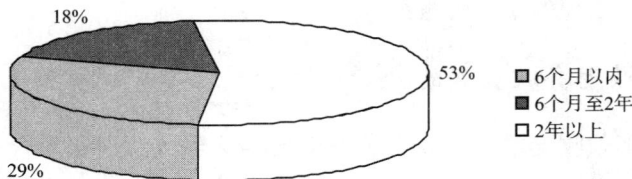

图4　法院案款结存期限分析

2. 从拍卖业务入手,分析公民财力资源管理的效益性

一是了解拍卖业务流程,查找管理风险点。审计发现,拍卖成交后,成交价款均由买受人交至拍卖行账户,未直接交到法院或法院指定的账户。经统计,2007 年 1 月至 2009 年 5 月末,全市拍卖成交价款总额××××万元,其中由拍卖行交入法院的××××万元,买受人直接交付法院的××××万元,拍卖行直接支付当事人的××××万元。作为非国有的中介机构,有的拍卖行注册资金仅有几十万元,收付如此大额的资金,如果监管不力将带来极大的风险。

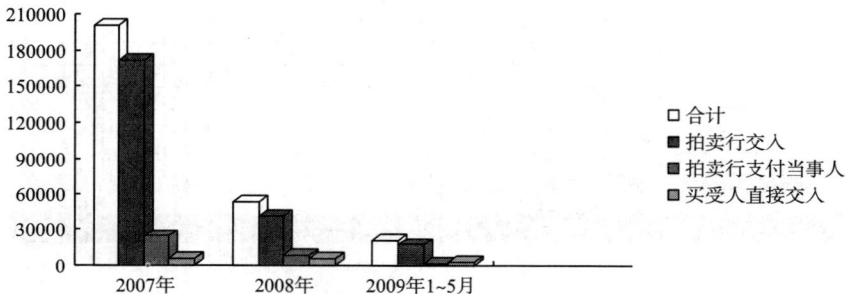

图 5　拍卖成交价款交入法院方式分析

二是审核拍卖佣金收取情况,检查有无超标准收费问题。审计发现,拍卖行违规双向收费:一方面从拍卖成交价款中违规扣划被执行人的佣金,同时还超标准收取买受人佣金。审计发现,2007 年 1 月至 2009 年 5 月,拍卖机构从成交价款中违规扣划被执行人佣金××万元,超标准收取买受人佣金××万元。

四、审计发现的主要问题与建议

通过审计,发现的主要问题:

(一)财政财务收支和资产管理方面

主要有:案款收支单独设账核算,案款结余未纳入法定账簿合计××万元;固定资产账实不符,购置或者拆除房屋未及时办理房产手续;使用的办公楼等××处办公房价值××××万元未入账或无房产证;已拆除办公楼,账面价值

××××万元,未作报废报批手续等。

(二)诉讼费收缴管理方面

主要有:在办理刑事案件收费、罚没款时,向当事人出具不合规票据将资金存入案款账,未实行票款分离或罚缴分离,涉及金额××××万元;法院未在规定期限内退还当事人诉讼费×××万元等。

(三)涉案物资及案款管理方面

主要有:委托涉案物资拍卖收费监督不到位,拍卖机构违规多收取×××个案件当事人的佣金×××万元;未要求买受人将拍卖成交价款××××万元直接交付指定账户。

针对上述问题,提出如下建议:一是建立健全内部管理制度,积极应用计算机信息管理系统,实现业务数据与财务数据对接,形成内部相互制约机制。二是进一步规范票据管理,使用法定票据收费,发放案款票据应统一编号,完整填列相关内容,便于部门之间的衔接和监督。三是加强涉案款物的管理,对案款实行专户管理,拍卖款全部直接存入法院专户,不得代扣各项费用。

五、审计成效

(一)查出违规问题金额××亿元、管理不规范金额××亿元,为诉讼当事人节约资金×亿元;向纪检监察和检察机关移交案件线索6起。

(二)撰写审计专报《法院系统审计发现的主要问题及建议》,市领导作了批示,纳入市委会议研究议题,进入市委决策。

(三)市政法委根据审计建议,制定了政法系统《关于固定资产管理办法》等行业性规定;市中院制定了《关于加强诉讼收费管理的规定》和《关于涉案物资拍卖款核算管理规定》,区市法院制定了《关于代收案件上诉费的管理办法》等十余项规章制度,促进法院系统管理更加规范。

(四)该审计项目被评为省审计厅和市审计局优秀审计项目,据此编写的AO应用实例获审计署、省审计厅和市审计局优秀奖。

(本案例执笔:孙毅)

B 市村（居）"三资"绩效审计

案例简介：该项目结合村（居）党组织书记、主任经济责任同步审计,对 B 市 8 个村（居）集体"资金、资产、资源"管理情况进行了绩效审计。审计以集体资金、资产、资源为主要内容,以经济性、效率性和效果性为主要评价目标,突出了"四性审查",即审查村（居）资金管理的规范透明性、村（居）收入的真实完整性、村（居）专项资金的绩效性、村（居）支出结构的合规合理性,关注了"五个热点",即集体资产处置、债权债务管理、承包合同签订、专项资金管理以及财务公开和"一事一议"情况,取得了显著成效。4 篇审计专报被市领导批示,促进有关部门联合出台全市性政策制度,B 市审计局《关于开展村居"三资"绩效审计的指导意见》与有关做法被上级审计机关转发。

一、审计项目概述

（一）项目基本情况

B 市下辖 23 个镇和街道办事处,982 个村（居）,其中年可支配财力超过 1000 万元的村（居）有 2 个,超过 100 万元的村（居）有 50 个;全市农业人口 69.55 万人。目前该市所有镇和街道办事处都设立了农村财务管理中心,配备了专职人员,负责对所辖村（居）集体经济活动实行代理记账,该中心由所在镇和街道办事处的经管统计中心负责管理。各村（居）只设专职报账员,不再对村（居）财务单独记账。

受 B 市市委组织部委托,2009 年 8 月,B 市审计局结合村（居）书记、主任任期经济责任同步审计,对 8 个村（居）集体"资金、资产、资源"的管理情况进行了绩效审计。审计在检查村级负责人履行职责情况、查处违纪违规问题的同时,重点关注了集体资金、资产、资源管理使用的绩效情况,主要揭示了挪用代管资金、违规出让集体资产、对外投资管理不善、土地开发收益未及时收回、开发建设项目未经过招标程序等问题。

(二)立项理由

主要遵循了两个原则:一是重要性原则。近年来,在村(居)集体经济活动中,违法违纪问题和经济犯罪案件逐年增加,侵害了城乡居民利益。对此,审计机关可以结合村(居)负责人经济责任审计,监督检查集体资金、资产、资源管理使用的绩效情况,查处违规问题和案件线索的同时,揭示资金浪费、资产流失、资源破坏等影响集体"三资"效益的行为,促进加强村(居)集体财务管理,增强村(居)干部法制意识,推动基层党风廉政建设。二是可行性原则。通过前期的调查了解,审计人员发现被调查村(居)在财务管理、"三资"管理等方面存在明显问题和薄弱环节。另外,村(居)财务由镇、街道办事处代理记账,会计资料比较齐全,对审计工作积极配合。这些都为审计机关开展绩效审计、发现和查处绩效问题,提供了可行性条件。

(三)审计组织

一是集中召开进点会。由 B 市市委组织部、市纪委、市审计局组织 8 个村(居)党组织书记、主任集中召开审计进点会,村(居)所在镇和街道办事处分管领导、农村财务管理中心负责人、村民主理财小组成员等一同参加。二是强化审前业务培训。集中一周时间,对参加本次项目的审计人员开展培训,讲解实施方案,学习有关制度规定,包括 A 市村级组织管理规定、村级组织"四权"决策机制、村级财务"双代管"和财务审接制度、村级组织印章管理制度等。三是"以干代训"统筹审计资源。由 B 市审计局牵头,在坚持回避原则的前提下,抽调部分镇、街道办事处财政或经管人员参加项目,既保证了审计力量投入,也提高了镇(街)干部的审计水平。四是开展联合回访。审计结束后,由 B 市市委组织部牵头市纪委、市审计局,对被审计村(居)进行跟踪回访,检查各村(居)对审计发现问题的整改情况,以及对审计建议的采纳情况,对整改问题确有困难的,协调有关方面帮助村(居)按照审计意见尽快完成整改。

二、审计目标与思路

(一)审计目标

通过审计村(居)负责人任职期间所在村(居)生产经营、财务收支、资产管理、重大决策、廉政勤政等情况,重点揭露村(居)财务收支不真实、不合法以及"资金、资产、资源"管理使用效益低下等问题,重点关注因村(居)负责人决策失误、管理不善造成的严重损失浪费、集体资产流失等问题,在维护集体利益和村民权益、健全内控制度、保障集体资产保值增值等方面提出意见建议,促进加强村(居)财务管理和村(居)务公开,提高集体"三资"管理使用的经济性、效率性和效果性,增强村(居)干部廉洁自律意识,推动基层党风廉政建设,维护社会和谐稳定。

(二)审计思路

一是以经济责任审计为主线,围绕村(居)负责人履行经济责任情况,重点检查村级重大经济决策的制定和执行情况,分析评价决策制定的科学性、执行的规范性、结果的效益性,为评价村(居)负责人履职情况提供依据。二是以"三资"绩效审计为重点,通过监督检查村(居)集体经济活动,检查和评价"资金、资产、资源"在管理使用上达到的经济性、效率性、效果性,提出可行性建议,改善"三资"运用的绩效状况。

三、审计重点内容

(一)资金的绩效审计

重点分析评价资金投入、管理和使用的经济性、效率性和效果性,揭露贪污、截留、挪用、侵占以及滞留闲置、损失浪费、效益低下等问题,促进提高资金管理使用效益。

1. 审查财务收支的真实性、合法性和完整性,重点查明各项收入是否及时、足额入账,有无坐收坐支现象,有无侵占、挪用、私分集体资金问题,有无"账外账"、"小金库"问题;非生产性支出是否严格控制,是否挥霍浪费;资金和财务是否按规定实行"双代管"。

2. 审查村(居)债权债务形成的时间、依据、原因、用途及其债权债务现状;审查对外举债是否履行民主决策程序,是否按规定程序审批办理,特别是重大经济事项筹资借贷是否经过集体研究,上级有关部门是否批准;有无擅自为企业贷款提供抵押担保,导致新增债务的问题;有无利用债权债务以权谋私的问题;有无超越偿还能力盲目举债进行基本建设或购置办公设施的问题;有无借债乱发钱物以及随意改变借款用途的问题。

3. 审查上级划拨、接受社会捐赠的资金和物资的管理使用情况;审查扶贫资金、土地补偿费等资金的管理使用情况;审查农村合作医疗资金管理使用情况;审查粮食直补、良种补贴、农机补贴、社会主义新农村建设配套专项资金的发放、管理和使用情况。

4. 重点关注被审计村居参加农村养老保险情况,新型农村合作医疗参保情况,五保户、低保户供养支出情况等。

5. 结合村(居)负责人遵守财经法规和廉政规定的情况,审查是否存在超标准发放干部工资、奖金和补贴,不按规定标准缴纳养老保险费,超标准开支接待费,随意开支租车费等问题;是否存在任职干部将本人或其亲属个人开支以集体名义报销的问题;是否存在滥用职权,侵占、挪用、长期占用集体资金的问题。

(二)资产的绩效审计

重点分析评价集体资产管理使用的经济性、效率性和效果性,揭露违规占有、使用、处置资产以及资产流失、长期闲置等问题,促进提高资产管理使用效益。

1. 审查集体资产增减变动和保值增值情况,重点审计调查固定资产购置、建设、调入、报废、清理、盘亏、盘盈等手续是否完备,购买和处置价格是否合理,数量是否真实。

2. 审查固定资产是否账实相符,是否建立固定资产台账登记制度,有无账外资产,资产产权界定是否清晰。

3. 审查集体建设项目是否经过民主决策,是否执行了公开招投标制度,程序是否合法,资金来源是否合法,项目竣工后是否及时进行了结算审计,投资效益如何,是否存在因投资决策失误或管理不善导致的投资损失等情况。

(三)资源的绩效审计

重点分析评价集体资源配置、管理、使用的经济性、效率性和效果性,揭露资源破坏、资源收益流失、资源闲置浪费等问题,揭示危害资源安全的潜在因素,促进提高集体资源配置、管理、利用的效益。

1. 通过检查村(居)集体租金、承包费等收缴管理情况,重点审查土地征用补偿费、土地发包租赁费和厂房租赁费的收缴管理情况,检查土地占用、出租、发包等是否经过规定的决策程序,是否实行了公开招标。

2. 审查村(居)投资开发建设的工程项目在建设管理、资金使用、工程质量、竣工决算等方面是否存在违规问题,检查项目投入运营后实现的效益情况。

3. 重点审查经济合同的签订及履行情况,按照合同规定检查应收、实收以及欠缴情况,核实有无租赁收入未在账内反映。

4. 审查沙场、矿山、"四荒"、山林、水面、滩涂等村(居)集体自然资源的发包、拍卖、租赁等是否经过规定的决策程序,是否实行了公开招标。

四、审计方法与评价指标

(一)审计方法

1. 审阅法。通过查阅村(居)联席会议记录、党员会议记录、各项规章制度等,详细了解村(居)工作流程,检查在工作制度、工作程序方面是否存在漏洞和薄弱环节。

2. 核对法。将村(居)土地、厂房的出租合同进行登记,与账面反映的租赁收入一一比对,检查是否存在资产、资源出租收入不入账等问题。

表1　××村租赁合同统计表

编号	签订合同单位	合同类型	使用土地数（亩）		签订合同时间	合同起止日期	年租赁收入	累计应收租赁费	应缴纳税费	已缴纳税费	备注
			土地	厂房							

3. 分析性复核。制作图表,通过计算各种比率来分解、剖析村(居)收支结构,评价收支结构的合理性以及是否有利于可持续发展。

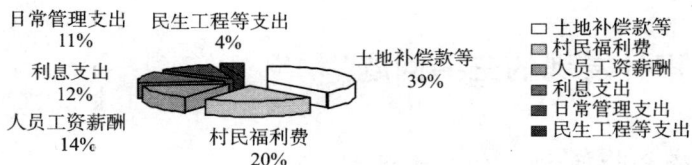

图1　村级固定支出结构分析

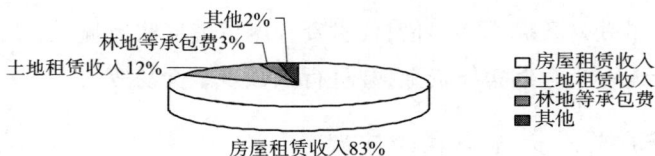

图2　村级固定收入结构分析

4. 问卷调查法。以村民满意度为主要指标,调查了解村民对集体财务管理、"三资"管理、财务公开等工作的评价,从中发现反映问题比较集中的方面,掌握第一手材料,为评价集体"资金、资产、资源"等提供依据。

5. 访谈法。通过入户调查和召开座谈会,深入了解村(居)集体经济活动开展情况,引导村民谈出自己的看法,为确定审计重点和评价集体"三资"管理绩效提供依据。

(二)评价指标

1. 财务管理合法合规性评价。运用下列通用指标,以账面记录为基础,检查会计核算和财务管理的合法合规性。

(1)资产、负债、净资产情况;

(2)经营性资金规模和专项资金收支规模;

(3)会计核算情况;

(4)内控制度制定与执行情况;

(5)结余资金管理及使用情况。

2. 经济效益评价。村集体重大经济决策制定的适当性,执行的效率性,以及实现的效益性。

3. 社会效益评价。村民对集体财务和"三资"管理的满意度,对重大经济决策的满意度,对执行国家和省市"三农"政策的满意度,对生活水平改善的满意度,对村容村貌和村(居)自然环境的满意度等。

五、审计发现的主要问题

(一)资金管理方面存在的问题

主要是部分村(居)的资金未全部上交代管中心代管;少量代管资金被个别镇、街道办事处财政挪用或出借;代管资金闲置造成收益偏低;个别村(居)公款私存,以个人存折存储集体资金,并进行大额现金交易等。

(二)资产管理方面存在的问题

1. 经营性资产未纳入账内管理。个别村和居委会的网点房、商场、花卉房屋、社区活动中心等资产价值×××万元,长期在村(居)集体账外核算,资产收益也未纳入账内管理,存在资产流失隐患。

2. 违规处置资产造成集体资产流失。个别村通过签订股权转让协议和修改公司章程,将所属房地产公司股权的70%无偿转让,其中股权变更未履行法定程序,转让之前也未对房地产公司资产收益状况进行评估,造成集体资产流失。

3. 对外投资管理不善。个别村出资成立的房地产公司,未纳入民主理财和财务公开范围,财务管理混乱,开发形成的资产也未纳入集体账内管理,存在资产流失隐患。

4. 固定资产管理不规范。4个村价值××××万元的工程完工后长期挂账不结转固定资产;5个村盘亏报废资产××万元长期挂账;多数村(居)未执行固定资产盘点制度,账面固定资产未计提折旧,导致账实不符。

(三)资源管理方面存在的问题

1. 开发建设项目手续不健全。个别村在用地手续不全的情况下进行村居改造,导致建成的居民楼不能办理房产证,引发群众多次上访。

2. 土地开发收益未按时收回。个别村和居委会执行土地开发协议不严格,收益回收缓慢,截至审计日,共欠收××万元。

3. 土地出租收入未按时收回。多数村和居委会存在土地租赁收入欠收问题,各村(居)共欠收×××万元,影响了村集体利益。

4. 村居改造等开发工程委托代建环节缺少竞争程序。个别村未经过公开招标程序,直接将村居改造、农民经济适用房和××大厦3个投资过亿元的建设项目委托给××房地产公司代建,并按项目销售收入的2%支付佣金。

(四)执行财经法纪方面存在的问题

1. 漏缴税费。接受审计的8个村(居)都不同程度地存在漏缴税款问题,共漏缴各种税费×××万元,个别村漏缴税费多达××万元。

2. 部分工程未经过公开招标、监理等建设程序。个别村厂房建设等项目未实行公开招标,由无建筑资质的村民承建,项目建设也未实行全过程监理,完工后未进行结算审计。

3. 设立"小金库"。个别村未将网点房出租收入纳入集体账内管理,形成"小金库"×万元。

4. 高息集资。个别村以高于10%的年利率向村民集资×××万元用于厂房建设,举债规模是村集体年均收入的5倍,加重了村集体债务负担。

六、审计成效

(一)审计编写了《B市农村财务管理问题的审计透视》等4篇专报,B市市领导高度重视,专门作了批示。

(二)根据审计建议,B市市委组织部、市民政局、市农业局、市审计局联合下发了《关于推行村级事务"四审四议两公开"工作机制的意见》。

(三)被审计村(居)及其所在镇、街道办事处高度重视审计反映的问题和建议,多数问题得到及时整改,并健全完善了各项规章制度,从源头上加强村(居)"资金、资产、资源"管理,促进提高使用效益。

(四)B市审计局在总结经验的基础上,制定出台了《关于开展村居"三资"绩效审计的指导意见》,该《意见》与相关的经验做法被上级审计机关A市审计局转发。

(本案例执笔:戚峥)

F区八个街道办事处财政资金
及国有资产资源管理绩效审计调查

案例简介:2010年,F区审计局结合对八个街道主要领导干部经济责任审计,围绕各街道办事处的财政资金、国有资产、资源管理情况开展了独立型绩效审计调查。该项目揭示了八个街道办事处在"三资"管理方面存在的问题,并从宏观角度提出了较有操作性的建议,引起区委、区政府高度重视,区委常委会专题研究,促进出台了多项制度文件。

一、审计项目概述

(一)基本情况

F区辖有八个街道办事处,系由乡镇政府转型而来,实行镇级管理体制。各街道办事处负责管理的资金、资产、资源规模比较大,其中地方财政总收入已连续多年超过10亿元,在F区经济总量中占有主导地位。该区在全市率先实施了"乡财县管"改革,区财政部门通过建立健全有关制度,全面加强了对街道财政财务的监督管理。

(二)审计目标

通过调查,摸清各街道办事处家底,全面掌握各街道政府投资管理、债权债务管理、固定资产管理、土地出让管理等财政资金及资产资源管理的总体情况,查找街道宏观政策执行、职能职责履行中存在的不规范、不到位情况,针对其中的普遍性、倾向性和突出问题进行深入分析,找出体制性障碍、制度性缺陷和管理性漏洞,提出合理化建议,为区委区政府进一步加强对街道的管理提供决策参考。

(三)立项理由

1. F区委、区政府对街道办事处经济管理一直高度重视,审计调查结果易引起区委区政府关注。

2. 对八个街道办事处的资金、资产、资源管理情况同时进行审计调查,便于找出普遍性、倾向性问题,有针对性地提出改进建议,为区委区政府宏观决策提供参考,审计成果的可利用程度较高。

3. 结合八个街道党政领导干部经济责任审计,同步开展绩效审计调查,能够节约审计资源,提高审计成效。

二、审计评价标准

根据审前调查及以往审计掌握的情况,确定本次审计调查的评价标准:

1. 国家法律、法规和政策制度。如《会计法》、《预算法》、《建筑法》、《招投标法》、《行政单位固定资产管理办法》、《基本建设财务管理规定》、《行政单位财务规则》等。

2. F区出台的相关文件。如《F区街道重大财务收支和贷款借款监督管理办法》、《F区街道投资项目全程管理监督办法》、《F区行政事业单位国有资产管理办法》等。

3. F区财政局通过"乡财县管"改革,建立的街道预算编制审批制度、三项经费定额管理制度、重大财务支出审批制度、债务监管制度等。

4. 各街道办事处提供的年度预算审批报表、会议纪要、内部控制制度文件、可行性报告等资料。

5. 其他方面规定和标准。

三、审计程序与方法

(一)审计内容和重点

通过广泛深入的审前调查和会议研究,确定围绕街道办事处2008年至2009年财政资金及资产资源管理的经济性、效率性和效果性,突出对街道财政预算编制与执行、政府投资项目管理、固定资产管理制度建立执行、政府性债务风险防控、往来款项管理、土地资源及人力资源管理七个方面问题的审查和分析。

具体内容如下图:

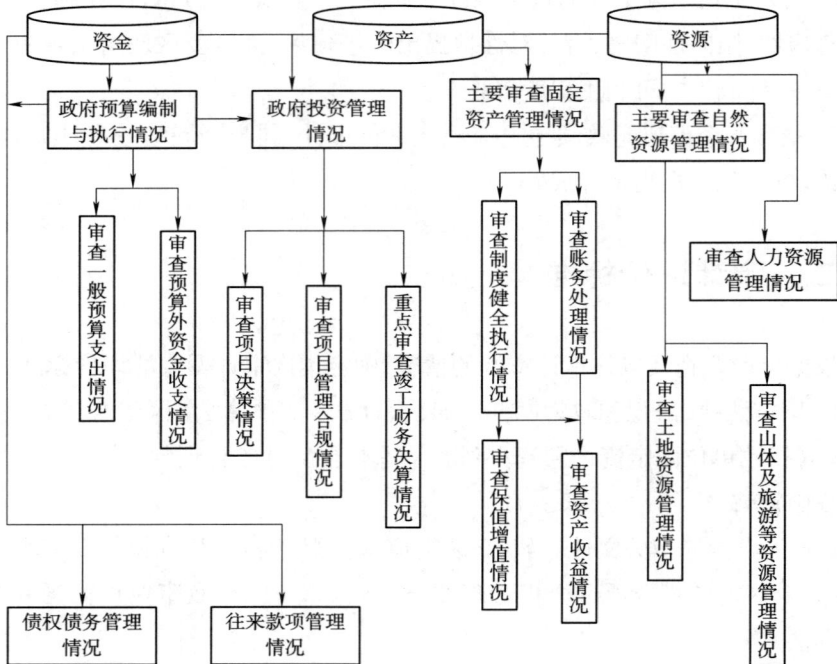

图1　审查内容和重点描述图

(二)审计步骤及方法

1. 围绕财政资金管理,审查财政财务管理共性问题及成因

方法一:调查表法

审计组预先编制了基建工程、土地出让、债权债务等八套调查表格,于项目实施前期发放到各街道办事处,要求其据实填报。调查过程中,审计人员对表格填写事项进行了核实,经取证、汇总后进行分析,找出其规律和问题线索,也为得出调查结论提供证据支持。如根据往来款项调查的数据,得知各街道三年以上长期挂账的款项金额较大,进而发现各街道往来款项长期挂账未清理这一共性问题。

表1 八套调查表之债务表

街道债务表

债务项目	2008 年度	2009 年度
银行贷款金额		
基建债务		
其他债务		
其中:借企业款		
借区财政款		
借区土地中心款		
欠社区补偿等		
农村养老医疗保险		
干部教师工资		
其他欠款		
债务合计		

方法二:访谈法

为调查了解各街道债务规模增长、未严格执行年初预算、往来款项长期挂账等问题存在的原因,审计人员采取访谈的方式,与各街道财务、城建等部门人员进行了广泛沟通。如对债务规模增长较快,分析其主要原因为:一是近年来街道投资建设项目较多、投资规模较大,基建欠款累积增长进一步增大了债务规模;二是因经济发展需要和受金融政策调整等因素影响,街道 2008 年以来新增大量银行贷款;三是部分举债项目前期论证不足,未有效落实资金来源和制订还款计划;四是现行预算、考核等指标对街道债务控制的约束力不强,街道对化解债务问题不够重视。

方法三:比较分析法

将工程项目结算金额与预概算、招投标金额进行比较,发现部分工程结算金额超合同、招投标金额较大;将财政决算金额与预算金额进行比较,发现未严格执行年初预算。

例1:将基建支出年度完成值与年初预算值进行列表比较,发现街道工程付款支出完成预算比率普遍偏低。进一步分析发现,工程付款未按预算执行,降低了预算指标的约束力和执行效果,成为街道基建欠款债务规模持续增长的重要原因。

表2　八个街道基建支出完成情况表(单位:万元)

街道	2008 年			2009 年			累计		
	预算	实际完成	完成率(%)	预算	实际完成	完成率(%)	预算	实际完成	完成率(%)
A	3379.00	2418.00	71.56%	7768.00	7454.00	95.96%	11147.00	9872.00	88.56%
B	13906.40	2900.00	20.85%	23503.60	4157.99	17.69%	37410.00	7057.99	18.87%
C	8705.00	819.00	9.41%	10284.00	3424.00	33.29%	18989.00	4243.00	22.34%
D	3354.00	290.50	8.66%	771.57	270.60	35.07%	4125.60	561.10	13.60%
E	3864.50	1646.10	42.60%	8851.70	2856.50	32.27%	12716.20	4502.60	35.41%
F	3054.00	1749.40	57.28%	3741.00	901.82	24.11%	6795.00	2651.22	39.02%
G	2415.00	2260.28	93.59%	4819.00	6338.40	131.53%	7234.00	8598.68	118.86%
H	2008.00	1093.00	54.43%	4103.30	3851.00	93.85%	6111.30	4944.00	80.90%
合计	40685.90	13176.30	32.39%	63842.17	29254.31	45.82%	104528.10	42430.59	40.59%

例2:将"公务费"、"招商费"和"交通费"年度支出金额与年初预算金额进行比较,发现各街道不同程度地存在实际支出超预算指标现象,部分街道超预算达××%至××%以上。

方法四:比率分析法

例1:将各街道债务总额与年度可支配财力进行比较,经计算八个街道两年平均债务总额占地方可支配财力的比重为××%,面临较高的债务风险。

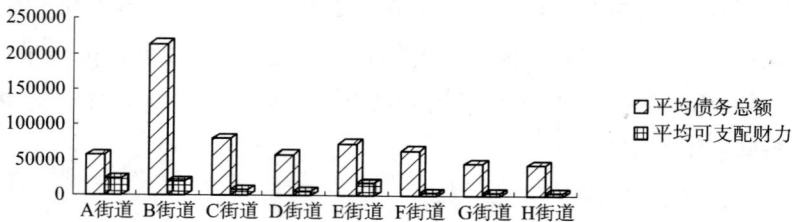

图2　2008～2009年各街道平均债务总额与可支配财力对比分析

例2:审查债务结构情况,将债务分为三类,计算各自所占比重。截至2009年末八个街道债务结构如图3所示。

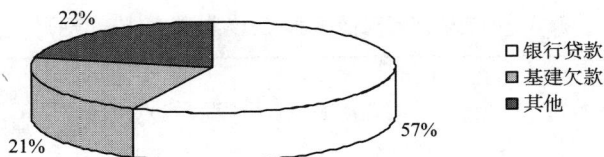

图3　2009年末八个街道债务结构

方法五:趋势分析法

对八个街道债务规模进行了趋势分析,将各年度债务数据进行对比,找出其变动规律,得出各街道债务规模持续增长这一结论。

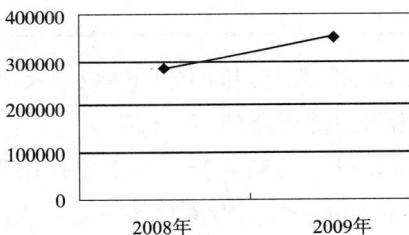

图4　2008~2009年八个街道债务总额趋势分析

方法六:目标评价法

为揭示街道收支未严格执行年初预算的原因,审计对预算指标、预算项目内容及预算数额的合理性进行了目标评价。分析认为,街道未严格执行年初预算有两个重要原因:一是预算编制不合理、精度不够;二是部分预算项目内容设定不合理、执行标准不够细化、核定金额偏高,成为街道平衡预算收支的"调节器",降低了预算指标的约束力。

2. 围绕国有资产管理,审查资产管理制度建立执行情况

方法一:审查内部管理和制度执行情况。对各街道固定资产管理制度的建立和执行情况进行测试,抽查相关账务处理资料,发现各街道普遍存在固定资产内部管理机制不健全、定期盘点制度执行不到位、资产处置审核批准程序履行不到位等问题。

方法二:抽查盘点大额资产。根据街道提供的固定资产明细表,审计人员抽取部分账面价值较大的制成表格,与街道相关人员逐项盘点。经抽查发现,账面登记的房屋、汽车、电脑等固定资产与实物不能完全相符,如五个街道共有29处房产未登记入账管理。

表3　固定资产管理情况表（建筑类、设备类、车辆）

序号	类别	数量	金额	购置年限	在用状况	盘点情况	报废或盘亏原因	是否经国有部门审核审批

3. 围绕自然和人力资源管理,分析部分问题成因及对策

（1）土地、山体、旅游等自然资源的审计（略）。

（2）人力资源状况的审计与分析。针对街道审计中发现的问题,对街道人力资源管理情况进行了审查分析。向街道财务及有关人员发放了调查问卷,了解其人员学历、专业、工作经验、培训等情况,分析了导致问题发生的人力资源因素。经调查,得知街道有关领导和财务人员对相关问题不够重视、业务知识缺乏、缺少相关培训,遂向区委区政府提出了相关建议,促使在全区范围内加强了相关的教育培训工作。

四、审计发现的问题及审计建议

（一）审计发现的主要问题

1. 工程项目管理方面:部分建设项目前期论证不足,变更较大;部分街道50万元以下的投资项目未统筹合并进行公开招投标;未按规定编制基建项目竣工财务决算。

2. 政府性债务管理方面:2008年至2009年底八个街道债务总额分别为××亿元和××亿元,增长较快,存在较高的债务风险。

3. 预算编制与执行管理方面:部分预算项目实际收支未完成年初预算;"三项经费"实际支出超预算,预算执行刚性不够。

4. 债权管理方面:部分街道到期债权未及时收取,影响街道财政资金使用

效益。

5. 固定资产管理方面:执行国家及区国有资产管理相关制度不严格,固定资产账实不符,固定资产处置审核未严格履行批准程序。

6. 往来款项管理方面:普遍存在长期挂账未清理问题。

(二)审计建议

一是统筹管理工程项目,加强对项目立项、勘察、概算、预算、招投标、决算等环节的监督控制,进一步完善操作规程和实施细则。

二是加强街道债权债务管理,对应收未收的债权进行催收,加强对举债项目的研究论证,采取有效措施化解债务风险。

三是加强对街道预算项目的论证、编制和收支完成情况的监督检查。

四是对各街道固定资产进行一次全面的清查盘点,根据实际情况及时进行产权登记和变更手续。各街道应建立固定资产账卡管理制度,定期对固定资产进行清查盘点,按规定程序报批并增减固定资产账面价值。

五是加强往来账款管理,对长期挂账的往来款项区分不同情况分类处置,规范账款登记、核销等账务处理程序。

五、审计成效

(一)审计调查报告引起区委、区政府高度重视,区委书记、区长先后三次作出重要批示,F区委常委会召开专题会议听取审计情况汇报,并安排分管区长和有关职能部门研究措施抓好审计整改。

(二)区政府及有关部门积极采纳审计建议,出台了《F区人民政府关于防范和化解政府性债务风险的实施意见》、《F区人民政府关于进一步加强行政事业单位国有资产管理的意见》、《F区关于建立健全审计整改工作的通知》等5个文件,进一步加强了对街道的监督和管理。

(三)根据审计建议,八个街道办事处出台了10余项制度办法,涉及工程项目管理、固定资产管理、债权债务管理等方面。各街道制定了债务风险三年化解方案并积极偿还各项债务,对未按时收取的债权积极采取措施进行催收。

(本案例执笔:侯强)

A 市风景区管理局财政体制
运行情况审计调查

案例简介:该项目是与经济责任审计相结合的专项审计调查项目,E 区审计局以资金流为主线,对 A 市风景区管理局划归 E 区合署管理后的财政体制运行情况进行了审计调查,揭示了历史遗留问题,提出了切实可行的审计建议,得到区委区政府的采纳,推动了风景区管理局完善了财务财政体制和内控制度,取得了良好的效果。

一、审计调查项目概述

(一)基本情况

A 市风景区管理局成立于 1989 年 5 月,负责××核心景区内风景名胜资源的保护、利用和统一管理。2007 年 6 月划归 E 区,其预算管理体制沿用以往的"收入上缴财政专户、自收自支、自负盈亏"模式。

(二)立项理由

1. 风景区管理局自 2007 年从 A 市管理划归 E 区合署管理,内部财政财务收支及管理体制与其他单位有所不同,需加以规范。

2. 近几年,该风景区旅游业发展迅速,门票价格逐步上涨,受群众关注程度高。

3. 结合对其下属 6 个管理处的负责人经济责任审计开展调查,可以互相验证,提高审计的深度和广度。

二、审计调查目标与评价标准

(一)审计调查目标

本次审计调查以资金流为主线,关注制度建设和资金使用绩效,从财政体制、内部制度和资金运用等方面查找问题和漏洞,提出科学、合理、具有操作性的改进建议,促进风景区管理局改革完善财政体制,提高资金使用绩效。

(二)评价标准

1. 国家有关法律法规,如《中华人民共和国会计法》、《中华人民共和国合同法》、《中华人民共和国政府采购法》,《中华人民共和国发票管理办法》、《预算外资金管理实施办法》、《风景名胜区条例》等。

2. 市区政府有关政策规定,如《E区行政事业单位固定资产管理暂行办法》、《关于严格执行规范我区机关工作人员补贴标准纪律的规定》等。

3. 内部管理制度和规定,如《××风景区市场摊点摊位招投标管理办法》、《××风景区财力投资工程建设项目管理办法》。

三、审计调查程序与方法

(一)主要思路

本次审计调查抓住资金流向,将资金流与业务管理联系起来,从资金入手,落脚到业务管理,从而确定审计应关注的重点。详见表1。

表1　资金流向与审计重点

资金分类	资金流入(来源)		资金流出(去向)	审计重点
收入类	某局拨款、利息收入、其他收入(罚款、劳务费、废旧物资处理)	经费账	办公经费	专项、工程、资产
			食堂账	延伸食堂账
			工会账	延伸工会账

续表

资金分类	资金流入（来源）		资金流出（去向）	审计重点
往来类"应缴财政专户""其他应付款"	门票	上缴某局	某局上缴区财政专户	收费依据，票务管理
	索道收入	上缴某局	某局计财处自留	
	停车费	上缴某局	某局计财处自留	
	车票（原区间车）	上缴某局	某局计财处自留	
	观光车费	上缴某局	某局转付观光车经营公司	
	租赁费（房产、摊位、土地）	部分上缴某局		摊位、摊点的管理
		部分上缴区财政专户		
	押金、质保金	入各管理处，未上缴。按合同退还承租人		
	卫生费及垃圾清理费	上缴区财政专户		收费依据、合同签订

（二）实施过程及发现的问题

1. 围绕资金流及资金运用，分析评价资金管理的绩效

审计调查风景区管理局和 6 个下属管理处预算编制、预算支出，发现问题有：预算编制不细、批复滞后，对预算管理流于形式，丧失预算的控制性；局机关及行政人员的经费支出未纳入 E 区财政预算管理；部分资金未执行收支两条线管理；部分资金有坐收坐支的现象；2 个管理处的伙房账上超范围列支招待费××万元；BJS 管理处财务人员有侵吞伙房资金的情况。

2. 围绕资产管理和使用，分析评价资产管理绩效

审计调查发现：风景区管理局尚未建立内部资产管理制度，对资产的管理比较粗放，资产的分布、产权、数量、面积和使用状况等信息不全，部分资产未入账反映。

3. 围绕经营性资源的管理及出租情况，分析评价资源管理绩效

通过发放调查问卷、审查租赁合同、汇总收费票据三种方式，发现摊位（点）收费及合同管理不规范，对经营性资源的出租管理，尚存在很多漏洞。实地调查时还发现，有的位置相同的摊位租金差别较大；摊位租金的多少，签不签合同，管理上比较随意。

4. 围绕公共资源的管理和保护情况,分析评价公共资源管理绩效

森林资源的保护和管理方面:该风景区的护林防火和病虫害防治工作的各项管理规范有效,只是管理台账或台账记录不明细。公共卫生环境的管理方面:制度基本健全,收取的卫生费及垃圾清运费直接上缴 E 区财政专户。

5. 围绕工程项目的制度建设和工程建设过程,分析工程项目管理的绩效

近几年来,该风景区为创建更优美的旅游环境,投入大量的资金搞工程建设,审计调查发现,风景区管理局已对部分财力投资项目立项、招投标等工作进行了规范,但未编制年度工程工程预算,缺乏建设项目计划管理。

(三)审计调查技术和方法

结合实际,本项目综合运用了计算机辅助审计、实地盘点、调查问卷、座谈沟通等方法。

1. 计算机辅助审计,详见图 1。

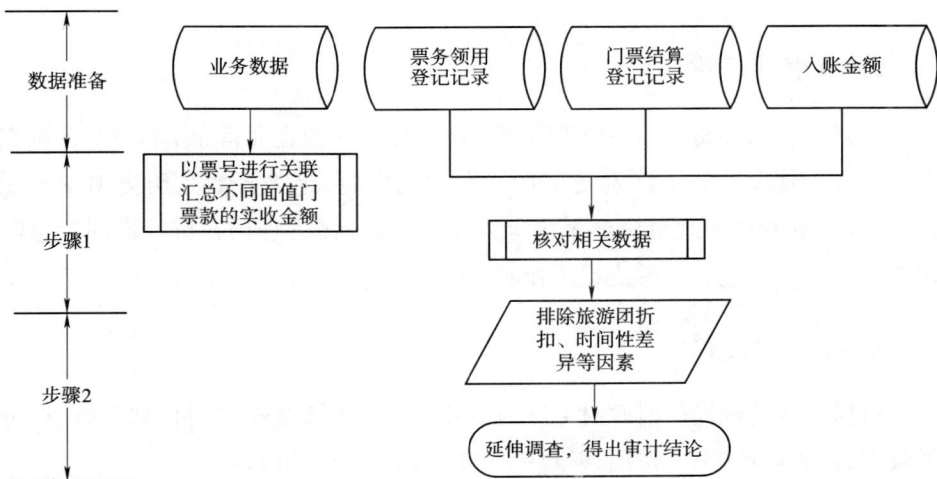

图 1　计算机辅助审计流程图

2. 实地盘点。由于各管理处资产金额大,分布范围广,本次审计采取"整合兵力,集中突破"的方式,整合 6 个审计组的力量,集中 3 天时间完成了对 6 个管理处的抽查盘点,统一了审计步调,同时避免了共性问题的重复

劳动。

3. 调查问卷。根据管理处职能,结合审计报告评价需要,采取中性不带偏见的语句涉及调查问卷,在摊位、房屋承租人中发放。问卷结果显示,对景区管理的综合满意度达到83.6%。

4. 观察。在实地盘点资产的过程中,审计组特别关注了资产的存在状况,对与账面记录不一致的问题进行了现场确认;在实地盘点票据的过程中,特别关注了旅游团现场返还的程序;在发放调查问卷的过程中,对摊位、房屋的出租状态做出记录,并与提供的合同签订情况进行核对。

5. 座谈沟通。审计人员根据调查问卷结果和审计情况,就发现的管理方面的问题分阶段与风景区管理局及所属单位有关人员进行了座谈,提出了审计建议。

6. 比较分析法。比较分析下属6个管理处存在的问题,对其工作成效进行评价。

四、审计结果与建议

(一)审计评价

风景区管理局财政财务管理水平明显提高,问题逐年降低,本次审计调查及下属6个管理处的经济责任审计所发现的问题,绝大多数是历史遗留问题(涉及违规和管理不规范资金×××万元)。风景区管理局在审计期间通过制定切实有力的措施已经解决或正在着手解决这些历史遗留问题。

(二)审计建议

对风景区管理局的财政财务体制提出"综合预算,统一收付;划分收支,分类管理;超收返还,节支留用;财政兜底,确保运转"的建议。

五、审计成效

(一)本次审计调查发现涉及违规和管理不规范资金×××万元,向纪检部门移送案件线索1件。审计专报得到区委区政府主要领导高度重视,批示要求相关部门按照审计建议迅速进行整改。

（二）区政府召集区发改局、区财政局、区审计局等部门召开专题会议，就风景区管理体制有关问题进行了研究，采纳审计建议措施，进行了理顺调整。

（三）风景区管理局采纳审计建议，完善了《景区预算经费拨付及调整工作流程》等内部管理制度。

（本案例执笔：吕雯）

E区基层二级单位管理绩效审计调查

案例简介:该项目对E区11个基层二级单位的管理绩效情况进行了审计,统一审计组织方式,全面调查了基层单位的资金、资产、资源管理使用情况,从预算申请、决算批复、管理活动、制度运作、资金使用、资产管理、经营收费、人力资源建设等各个环节进行全过程、全方位的系统审计,针对发现的普遍性和代表性问题,积极提出建设性意见,引起了各级部门的广泛关注,得到了区委区政府领导的高度重视。

一、审计项目概述

(一)项目概况

1. 被审计单位基本情况。

(1)本次审计基层单位共11个,全部是二级事业单位,其中自收自支8个,差额拨款1个,全额拨款2个。

(2)本次审计单位的业务领域跨度比较大,涉及行业比较专业,其人员构成也比较复杂,具体情况见下表:

表1　11个二级单位基本情况表

序号	单　位	单位性质	编制	人　员　情　况					
				小计	在岗	离岗	临时雇员	借调人员	临时人员
1	E区×检测站	正科级自收自支	×	19	2		3	1	13
2	E区×中心	正科级自收自支	×	6	4			2	
3	E区×处	副处级自收自支	×	9	6				3
4	E区×中心	副处级自收自支	×	180	5	3			172

续表

序号	单　位	单位性质	编制	人　员　情　况					
				小计	在岗	离岗	临时雇员	借调人员	临时人员
5	E区×中心	正科级自收自支	×	5	2	1		2	
6	E区×管理处	正科级差额拨款	×	12	5		7		
7	E区×馆	正科级全额拨款	×	5	4			1	
8	E区×管理处	正科级自收自支	×	15	6		1	2	6
9	E区×办	副处级自收自支	×	102	57	11	14		20
10	E区×中心	副处级全额拨款	×	19	15	4			
11	E区×中心	正科级自收自支	×	25	18	7			
	合　计		×	397	124	26	25	8	214

2. E区审计局成立了以局长为组长,分管局长为副组长的工作领导组,领导组下设11个审计小组,采取"六统一"的模式(即统一发通知、统一进点、统一关注重点、统一问题定性、统一评价标准、统一出点),组织11个项目同步实施。

(二)立项理由

1. 区直部门的预决算和财务收支工作日渐规范,基层二级单位一直游离于审计监督的边缘,区委区政府亟待了解基层单位财务管理现状。

2. 基层二级单位承担着行政事业性收费职能,与百姓生活息息相关,剖析财务、业务管理的薄弱环节,促进其改进和提升工作空间,是落实执政为民的有力体现。

3. 进一步深化"三资"绩效审计内容,延伸审计触角,下沉审计重心,对基层单位开展部门绩效审计,能够更好发挥审计职能作用。

二、审计目标和评价标准

(一)审计目标

以促进规范和加强预算管理,提高财政资金使用效益,进一步健全和完善E区公共财政管理制度为目标,通过对基层二级单位财政资金管理使用、资产购买处置和资源维护使用的合规性、真实性和效益性进行审查,揭示财政管理的体制性障碍和制度性缺陷,评价财政资金的经济效益、社会效益和环境效益,并针对发现的问题,着力从体制和机制上分析原因,提出审计意见和建议。

(二)评价标准

本次审计主要围绕资金、资产、资源以及内部管理四个方面进行审计评价(具体内容见图1),主要评价标准包括:国家和省市相关财经法规;部门目标责任相关文件;单位管理制度;编制及批复的预算等。

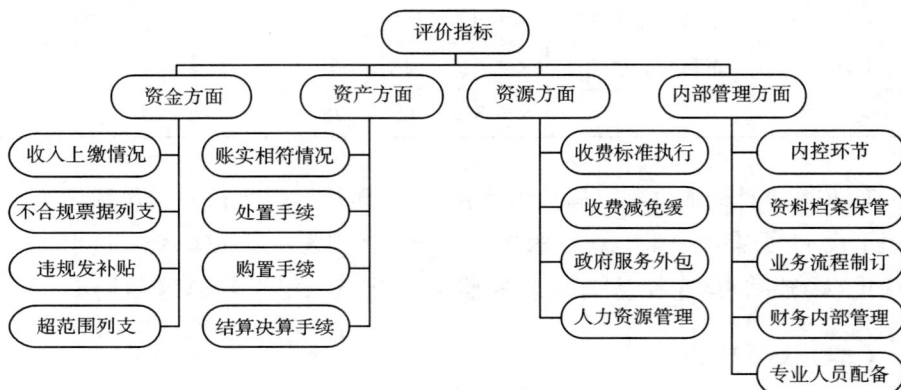

图1　审计评价指标构成图

三、审计内容和重点

积极贯彻 A 市审计局《关于积极推进"三资"绩效审计工作的意见》的有关精神,对 11 个基层二级单位,从预算申请、决算批复、资金使用和流向、资产处置、业务管理活动、经营收费等各个环节进行全过程、全方位的系统审计。重点关注以下七个方面的内容:

(一)财政资金预决算情况;

(二)收费征收上缴情况;

(三)收费的减免情况;

(四)资金收支的合法合规性;

(五)资产购买和处置情况;

(六)内部制度和规章的制定情况;

(七)行业主管部门政策的贯彻执行情况。

四、审计步骤和方法

(一)资金管理使用的绩效审计

主要采取了审阅账簿和资料、座谈、分析性复核、对比分析、业务流程模拟等方法,审查各部门预算编制和预算资金的拨入、管理、使用情况,重点关注资金收支的真实性、合法性,分析结余资金管理效益。

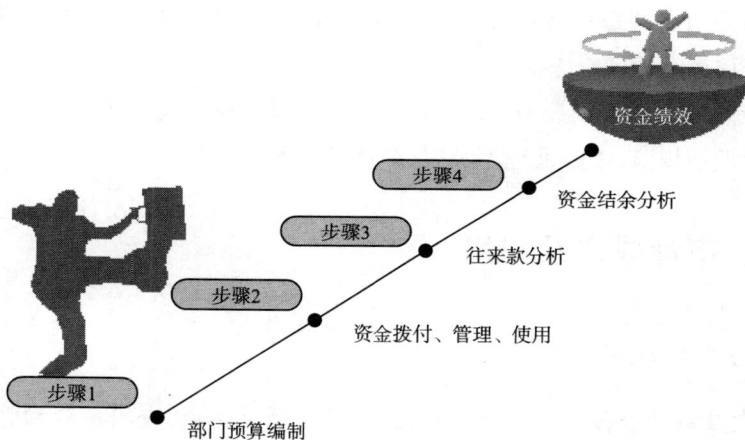

图2 基层单位资金绩效审计流程图

审计发现的主要问题有:收入未及时上缴财政××万元,用不合规票据列支费用××万元,违规发放补贴等××万元,超范围、虚列支出××万元。

(二)资产管理使用绩效审计

主要采取审阅资料、现场盘点、分析性复核、对比分析等方法,重点审查固定资产的管理、使用情况,关注资产的建设、采购、验收、出租、出借、处置等是否合规、合法,产权是否明晰,账实、账账、账表是否相符,资产增减变动手续是否完备,有无账外资产和已交付使用资产决算转资不及时等情况。

审计发现的主要问题有:固定资产账实不符,未经审批出借国有资产,未履行政府采购程序对外签订合同,工程结算不及时,违规使用企业车辆等。

(三)资源管理绩效审计

主要采用审阅资料、谈话笔录、现场核查、分析性复核、对比分析等方法,重点关注基层单位代为履行的政府收费资源、部门人力资源的综合管理、利用情况。

审计发现的主要问题有:个别单位违规收费,收费业务管理制度不完善,违规发放效益工资,重复为工作人员缴纳社会保险等。

(四)内部管理方面审计

主要采用审阅资料、调查问卷、座谈、分析性复核的方法,关注部门业务管理和会计核算管理两个方面。

审计发现的主要问题有:个别单位内部监督审核机构职能履行不到位,业务档案管理不规范,账务处理不及时,会计核算不规范等。

五、审计成果及利用

(一)审计成果

本次共审计资金××××万元,发现问题××个,查出违规和管理不规范资金×××万元。针对发现的问题,区审计局从绩效的视角,对产生问题的原因从体制机制等层面进行了深入剖析。

1. 管理体制不规范。一方面,受行政隶属关系、资金来源等因素的制约,在资金、人员、资产方面,主管部门、基层单位、附属(改制)企业相互依存度较高,未实现完全的经济独立;另一方面,随着机构改革的不断推进,部分基层单位的职能与成立之初的经济、政策环境、职能定位已不相符。

2. 外部监管不到位。部分基层单位尚未纳入集中核算,还主要靠上级主管部门来监管,但上级监督下级的独立性和公正性有限,容易出现收费管理不规范、随意支出资金、违规发放奖金补贴等问题。

3. 内部控制不健全。基层单位普遍存在内部控制制度、业务管理、财务管理制度不健全、管理水平不高的情况。

（二）审计建议

针对发现的问题和原因,E 区审计局提出如下建议:

1. 理顺体制。主管部门应加强对基层单位的监督管理,理顺部门本级与附属单位的责、权、利关系,严格按照规定管好用好各自的资产、资金,按规定岗位聘用人员;政企分开,基层单位应与附属（改制）企业彻底脱钩,解除附属（改制）企业与基层单位的隶属关系,摆脱附属（改制）企业对基层单位的依赖。

2. 加强外部监管及约束。一是进一步加强资金管理,逐步将 E 区基层单位全部纳入国库集中支付、经营性收费纳入财政专户统一管理,并探索对基层单位的正常经费实行定额、指标化管理;二是出台相关制度,加强对基层单位的财务日常监督,组织基层单位主要领导、全区报账员、财务管理人员参加财经法规和业务能力等方面的业务培训;三是各主管部门要将基层单位的财务管理情况作为年度考评重要依据,强化对基层单位领导和财务人员的管理。

3. 健全制度,加强内控。一是建立健全内控、财务管理制度,明确岗位职责,强化财务责任追究;二是保持财务人员的相对稳定,提高财务核算及管理水平,确保会计核算的真实、准确、完整,提高财务管理水平。

（三）审计成效

一是本次对基层二级单位的审计结果纳入到 E 区 2009 年度预算执行审计工作报告中,得到区人大的一致肯定,认为审计范围广,审计力度大,审计发现的问题具有普遍性和代表性。

二是区委书记和区长高度重视本次审计发现的问题和有关情况,责成职能主管部门认真落实和整改。

三是区政府积极采纳审计建议,将全区尚未纳入会计集中核算和国库集中支付的基层二级单位全部纳入财政统一核算管理。

四是基层单位借助本次审计积极建章立制,改善了在财务管理、业务管理等方面存在的薄弱环节。

（本案例执笔:杜长波、马飞飞）

A市四区（市）新型农村社会基本养老保险基金绩效审计

案例简介：该项目对 A 市新型农村社会养老保险基金绩效情况进行了审计和审计调查。审计人员在审计中，积极践行"三资"绩效审计理念，围绕审计目标，运用计算机 AO 技术，深入基层，发现了新型农村社会养老保险基金管理存在的各种问题，提出了加强制度建设的审计建议，促进市区两级政府出台和完善新型农村社会养老保险制度两项，较好发挥了审计的建设性作用。审计专报被市领导批示，有关审计信息分别被审计署网站、省审计厅、市委办公厅和《中国审计报》等采用和报道，该项目被评为省优秀审计项目。

一、审计项目概述

A 市从 2003 年开始在 F 区试点新型农村社会基本养老保险制度，以试点经验为基础，2004 年市政府出台了《A 市人民政府关于建立农村社会基本养老保险制度的意见》。各区市根据实际情况和相关文件精神先后出台了本地区新型农村社会基本养老保险制度，积极开展农村养老保险工作。截至 2008 年，全市新农保参保人数已达×××万人，其中 E、F、G 三区的农民已实现全覆盖，C市、D 市等 5 市参保范围主要是被征地农民，但普遍存在着覆盖面较低、保障水平参次不齐等问题。

为深入贯彻十七届三中全会精神和 A 市审计局"三资"绩效审计工作指导思想，围绕社会主义新农村建设这一热点问题，从全面检验农村养老保险政策贯彻执行、促进农村养老保险管理水平和资金使用效益提高、切实维护广大失地农民切身利益出发，2009 年 A 市审计局对 E 区、F 区、C 市和 D 市新型农村社会基本养老保险基金（以下简称新农保基金）筹集管理使用情况进行了审计和审计调查。

二、审计目标和评价标准

(一)审计目标

以科学发展观为指导,按照"三资"审计的思路,摸清新农保基金收入、支出和结余的总体规模,检查贯彻执行国家和省市农村养老保险政策情况,调查新农保基金的管理模式,了解农民对新农保政策的意见和建议,揭露基金收支管理中存在的漏洞和薄弱环节以及使用效益不高等方面的问题,并从政策、制度和管理等各个层面分析原因,向市委、市政府及有关部门提出完善政策、健全制度、加强管理的对策和建议,促使有关部门加强管理,严格执行国家和地方各项政策和制度,促进基金规范管理和安全完整,提高资金使用效益,有效维护百姓利益,促进社会和谐稳定。

(二)审计评价标准

结合社保资金绩效审计评价特点,审计组确定的主要评价标准包括:国家、省市及各区市制定的新农保相关法规政策;国家相关财经法规;行业考核指标;目标责任相关文件;单位管理制度;编制及批复的预算;政府统计部门发布的相关统计数据及新农保业务统计数据;调查问卷反馈的结果等。

三、审计内容和重点

为了做好绩效审计工作,审计组进行了详细的审前调查,紧紧围绕"重民生、保稳定"这条主线,以促进基金管理,提高资金使用效益,保障失地农民切身利益为目标开展审计,确定了以下审计内容和重点:

(一)贯彻执行农村养老保险法规政策及被征地农民生活保障制度情况。主要检查即征即保政策是否切实执行,各区市制定的各项新农保政策和上级的政策规定是否一致,重点关注有无与上级法规相抵触的现象,并对目前保险基金制度设计进行绩效分析,采取入户调查和发放问卷调查的方式,关注新农保基金覆盖面、参保人对农保制度及保障程度满意度。

(二)新农保基金筹集、管理、使用和稽核的内部控制制度是否健全有效。

主要审查各区市业务流程有无遵循监督、回避原则,制度设计是否合理、有效,是否切实执行了相关内控制度。重点关注基金征缴票款分离以及待遇资格审查相关内控制度。

(三)基金征收管理使用是否合法合规。重点检查保险费征收是否及时、足额,有无擅自减免和挤占、截留、延压等现象;缴费基数是否真实,缴费比例是否正确,有无为特殊人群谋取福利擅自提高基数、比例或者为逃避缴纳义务擅自降低基数、比例行为。基金的开户、核算、管理是否合规,基金及利息是否及时足额存入财政专户,有无隐匿收入、坐支、挪用等现象。基金支出是否合规,有无挤占挪用、贪污、损失浪费、虚报冒领等违纪违规问题,重点关注有无参保人死亡后仍然虚报申领基金情况,对大额资金拨付应延伸落实是否确为合理基金支出。对享受保险待遇人员资格进行审查。对上述内容利用计算机进行辅助审计。

(四)区(市)财政配套资金是否及时拨付到位。重点关注区市财政配套资金是否按照规定比例及时、足额拨入基金专户。有乡镇配套资金的,是否同时及时、足额拨付到位。

(五)检查新农保基金保值增值情况。重点检查财政专户基金是否在留足备付金后按规定购买国债或者存为定期存款,并测算利息损失情况。

(六)是否按有关规定提取管理使用社会保险储备金。重点关注社会保险储备金提取是否足额,是否分账核算专户管理,是否有利息流失。

四、审计步骤和方法

(一)充分运用计算机辅助审计

审计中充分运用 AO 系统提供的审计分析功能和 SQL 语句进行辅助审查分析,对新农保基金系统信息资料的准确完整性、是否存在重复投保、缴费比例是否正确、缴费金额是否正确及时、个人账户分配是否正确、享受待遇资格、待遇发放的正确性、有无重复享受待遇等问题进行审查。通过运用计算机辅助审计,提高了问题的查找效率,如发现 F 区为死亡人员继续发放养老金××万元和 C 市、D 市保障水平过低,未达到农村最低生活保障标准等问题。

(二)采取入户调查和问卷调查

审计实施过程中,审计组采用入户调查和发放问卷相结合的方式,对新农保制度执行情况进行了调查,以家庭为单位共入户或发放问卷×××份,收回×××份,涉及适保人群×××人。调查反馈内容显示:×××户农户对正在推行的新农保制度表示满意,满意度为××%,但有×%的农户认为目前缴费水平过高、××%的农户认为目前的待遇水平过低,××%的农户愿意通过提高缴费水平来提高待遇水平。

通过调查还了解到,目前 A 市的新农保制度尚存在以下亟待完善的问题:一是新农保覆盖面过窄,应尽快将全市农民纳入保障范围。调查发现,广大农民对社会保障需求强烈,但是由于制度等原因,尚有大量农民未被纳入保障范围。建议修改有关制度,将保障范围扩大至全市农民,使农民老有所养,无后顾之忧。二是保障水平较低,地区间差异较大。部分农民反映,目前待遇水平过低,与 A 市的经济发展水平不相衬。不同区市之间,同一区市不同街道、村之间,其待遇水平不同程度地存有差距,最大差距达两倍之多。建议根据 A 市经济发展水平和农民的承受能力,适度提高新农保保障水平,市财力予以适当补贴,以缩小各地待遇差距过大等问题。三是不同区市之间、城镇和农村养老保险之间应建立转移接续机制。

(三)其他技术手段

运用内部控制测试、重要性水平和审计风险评估、抽样审计、分析性复核等先进的审计手段和方法,在内控测试的基础上,确定了重要性水平,进行了风险评估。审计中运用货币单位抽样法进行抽样审计,提高了审计效率、节约了审计成本、降低了审计风险。

五、审计发现的问题及建议

(一)审计发现的主要问题

本次审计共揭露各类违规金额×××万元、管理不规范金额×××××万元和诸多制度设计缺陷及政策执行不到位等方面的问题,具体情况为:

1. 农村养老保险工作出现政策空白

2004 年,A 市出台了《关于建立农村社会基本养老保险制度的意见》,但 2008 年市政府又将该文件废止,此后未出台新的农村养老保险制度,使农村养老保险工作缺乏政策依据,不利于新农保工作的开展。同时,本次审计发现的一些问题,如部分区市将应计个人账户基金计入统筹账户、将应退个人账户基金退给社区(村集体)等,也因缺乏政策依据难以处理。

2. 即征即保政策执行不到位

C、D 两市在实施征地过程中,未按即征即保政策规定对被征地农民的相关情况进行调查、摸清具体应参保人员,未给失地农民办理即征即保手续。分别涉及 C 市 20××年征用的土地××××亩、×××个村庄;D 市 20××年至 20××年征用的土地××××亩、×××个村庄。

3. 保障水平过低,未达到农村最低生活保障标准

截至 2008 年底,C、D 两市享受农村养老待遇总人数为×××××人,有×××××人月养老金待遇低于目前 125 元的农村最低生活保障标准。其中:D 市享受养老待遇总人数为×××××人,有×××××人低于标准,比例为××%;C 市享受养老待遇总人数为×××××人,有×××××人低于标准,比例为××%。

4. 参保率较低

第十三届 A 市政府工作报告提出"到 2012 年末,农村适龄人员养老保险参保率达到 85%"的目标。但从审计调查的情况看,除 E 区和 F 区基本实现了全覆盖外,C 市和 D 市农村居民参保率较低,与上述目标距离较大。如:截至 2008 年末,C 市 18 岁以上的农村居民人口为××××××人,已参保×××××人,参保比例为×%;D 市 18 岁以上的农村居民人口为××××××人,已参保××××人,参保比例为×%。

5. 未按规定设定缴费基数

《A 市人民政府关于推进各市被征地农民基本养老保险工作的意见》规定:"各市要按照个人、村集体、镇(街道)、市四方共同缴费的原则,以本市上年度农民人均纯收入为当年缴费基数,合理确定缴费比例"。但 D 市政府 2006 年印发的《D 市被征地农民基本养老保险暂行办法(试行)》规定:"基本养老保险费以市统计部门公布的上年度全市农民人均纯收入为当年缴费基数,一定三年不变,每三年调整一次,每次调整以前一年度全市农民人均纯收入为当年缴费基

数"。根据该文件规定，2007 年至 2008 年，D 市被征地农民基本养老保险缴费基数均为该市 2005 年度农民人均纯收入，未按规定每年进行调整。

6. 财政补助资金未拨付到位

从审计的四个区市的情况看，有三个区市财政补助资金××××万元未按规定拨付到位。

7. 保值增值意识不强，新农保结余基金未转存定期存款或购买国债

2007 年至 2008 年期间，有三个区市财政局未按规定将新农保结余基金转存定期存款或购买国债。其中：E 区有×亿元资金沉淀在活期存款账户达 6 个月以上，F 区有×亿元资金沉淀在活期存款账户达 5 个月以上、有×亿元资金沉淀在活期存款账户达 12 个月以上，C 市有××××万元资金沉淀在活期存款账户达 6 个月以上、有××××万元资金沉淀在活期存款账户达 8 个月以上。截至 2008 年末，三区（市）活期存款账户仍沉淀资金×亿元。

8. 提取的社会保险储备金未纳入专户管理

2007 年至 2008 年，C 市财政局从新增征地出让金中共提取社会保险储备金×××万元，记入预算内暂存款账。截至审计日，尚未纳入该局社会保险储备金专户管理。

9. 违规为部分企业职工办理新农保参保手续

2005 年至 2008 年，C 市劳动保障局共为应参加城镇职工养老保险的××个企业的××××名职工办理了新农保缴费或补缴业务，期间企业和职工累计缴纳新农保保费××万元。

10. 超范围拨付社会保险储备金

2008 年 1 月和 9 月，F 区以旧村改造及后续发展面临资金压力为由，经区政府批准，区财政局分别以"失地农民养老险"和"失地农民生活保障"名义，拨付 CY 街道办事处×××万元，XZ 街道办事处×××万元。

11. 多发放部分死亡人员养老金××万元未追回

F 区部分已死亡参保人员未及时办理销户手续，区农保处仍继续为其发放养老金。截至 2009 年 2 月末，尚有多发放的养老金××万元未予追回，涉及退休死亡人员×××名。

12. 将部分老农保参保人员保费直接转增新农保个人账户

2007 年 C 市劳动保障部门将××××名老农保参保人员转为新农保参保人员，并将老农保个人账户累计缴费额直接转增新农保个人账户，共转入××

万元,以并轨享受新农保养老金待遇。不符合《A市人民政府关于建立农村社会基本养老保险制度的意见》第六款"符合本意见规定参加农村社会基本养老保险的人员,已按《A市农村社会养老保险暂行规定》(A市人民政府令第××号)参加农村社会养老保险的,其个人账户予以保留,达到规定领取养老保险待遇条件后,按《A市农村社会养老保险暂行规定》计发的养老金可以与按本意见计发的养老金合并统一发放"的规定。

13. 老农保制度村级"四职干部"缴费单独享受村集体补助

经抽查发现,部分村级四职干部(村党支部书记、村主任、村文书、村计生主任)在村民未参保或参保缴费未享受村集体补助的情况下,却单独享受村集体补助。其中,PJ镇三人在1998年和2003年至2006年期间,由村集体补助缴费×万元;NG镇东店子村六人在2002年至2006年期间,由村集体补助缴费×万元,以上共计××万元。上述做法系以前年度C市市委、市政府和镇政府出台村干部养老保险政策延续等历史原因所致,但不符合老农保《A市农村社会养老保险暂行规定》第十条"同一投保单位,投保人平等享受集体补助"的规定。

(二)审计建议

1. 尽快重新出台A市农村社会养老保险工作文件,完善农村社会保障制度,加快推进A市新农保工作,确保"保基本、广覆盖、可持续"目标的实现。

2. 所辖相关市劳动保障和国土资源部门应及时对被征地农民开展"即征即保"调查工作,尽快摸清具体应参保人数,为符合条件的被征地农民补办养老保险"即征即保"有关手续,纳入新农保范围。同时在以后的征地工作中,应严格执行被征地农民"即征即保"政策有关规定,确保被征地农民应保尽保。

3. 相关区(市)应依据国家、省、市有关规定,合理确定被征地农民基本养老保障标准,建立保障待遇正常调整机制,切实保障被征地农民的基本生活。

4. 相关区(市)在保证当年新农保待遇支付负担部分之外,应根据当年财力状况做出财政补贴计划,使补助的财政资金逐步拨付到位,避免集中支付面临较大压力。

5. 相关区(市)财政和劳动保障部门应增强基金保值增值意识,根据实际结余金额按规定进行运作,除预留必要的支付资金外,应及时将结余资金转存定期或购买国债,确保基金保值增值,避免造成不必要的损失。

6. 加快新型农村养老保险基金统筹步伐,尽快实现全市统筹。较高的统筹级次能够提高基金管理水平和基金抗风险能力,也便于基金的监管,避免和减少违规问题的发生,更好地发挥农保基金"保生活、保稳定"的功能。

六、审计成效

根据该项目审计结果,审计组撰写的《A市新农保基金筹集管理使用中存在的问题及建议》信息专报被分管副市长批示。根据市领导批示,A市劳动和社会保障局、财政局、国土资源和房屋管理局、审计局、监察局五部门联合下发了《关于对新型农保基金筹集管理使用情况进行检查的通知》。根据审计建议,A市政府出台了《关于实施城乡居民社会基本养老保险制度的意见》,F区政府下发了《关于修订农村社会基本养老保险制度的通知》。根据该项目撰写的《A市重视审计意见五部门联合检查新农保基金管理情况》信息被审计署网站、省审计厅《审计情况》采用;《A市五部门联合检查新农保基金整改情况》报道在《中国审计报》发表;《市民建议进一步完善A市新农保制度》信息被A市市委办公厅《党委信息工作》采用。该项目获得A市2009年度优秀审计项目、省优秀审计项目,根据该项目撰写的AO应用实例获审计署应用奖。

（本案例执笔:杜锡飞）

A市全民健身专项资金绩效审计

案例简介:该项目围绕全民健身这一社会关注的"民生"问题,按照"三资"绩效审计的要求确定审计内容和重点,对A市2007年至2008年度全民健身专项资金绩效情况进行了审计和调查。采用调查问卷和实地调查等方式,对全民健身专项资金的投入、管理和使用绩效情况进行了分析评价,提出了改进的意见和建议。市领导对审计专报作了批示,并召开专题会议研究部署。市体育局根据有关要求会同相关部门出台了《A市全民健身工程管理办法》。该项目被评为2009年度A市表彰审计项目。

一、审计项目概述

A市全民健身专项资金主要来源于省级财政拨款和市级体育彩票公益金,主要用于群众性体育活动、进行国民体质监测、培训社会体育指导员和购置、整修及增建体育设施等方面。2007年至2008年全民健身专项资金收入共计×××万元,支出共计×××万元,结余××万元。

2009年,围绕全民健身这一社会关注的"民生"问题,从提高全民健身专项资金投入管理水平、提高资金使用效益和切实维护人民群众切身利益出发,A市审计局首次对2007年至2008年全市全民健身专项资金筹集管理使用情况开展了审计和审计调查。审计组根据资金分布等因素,对市体育局本级及其所属6家单位的全民健身专项资金,进行了全面审计和调查;向12个区、市的教体局发放了调查问卷,实地调查了9个区、市52个受赠单位的健身路径安装、使用和维护情况。

二、审计目标及评价标准

(一)审计目标

通过审计和调查,摸清 2007 年至 2008 年市体育局全民健身专项资金筹集和管理使用的总体情况,检查是否存在管理不善、决策失误造成严重损失浪费和国有资产流失等问题,调查全民健身活动的开展情况和体育场地设施的建设情况,对其经济性、效率性和效果性作出评价,深入分析原因,提出针对性建议,促进完善全民健身管理体制和运行机制,全面提高国民体质与健康水平,努力实现体育与国民经济和社会事业的协调发展。

(二)审计评价标准

以关注民生、维护群众利益为出发点,以真实合法性审计为基础,充分关注资金使用效益,重点关注对国家、省、市的有关政策执行是否及时到位,是否取得了良好的社会效益。主要的评价标准包括:国家、省、市及各区市制定的全民健身相关法规政策;国家相关财经法规;行业考核指标;目标责任;管理制度;调查问卷反馈的结果等。

三、审计内容重点

审计组在认真进行审前调查的基础上,根据"三资"审计的内容和重点,以提高资金管理水平和使用效益、保障群众切身利益为目标,确定以下审计内容和重点:

(一)全民健身专项资金审计的主要内容是全民健身专项经费的筹集、管理和使用情况,具体包括:

1. 专项资金筹集情况。全民健身专项资金的安排使用是否按规定由市体育部门提出计划方案,商市财政部门同意,并经市长办公会通过后下达。

2. 专项资金的管理情况。市体育部门是否按规定管理全民健身专项经费,有无多头开设银行账户,资金管理分散问题;有无资产不入账,侵占、私分国有资产及管理混乱造成资产流失等问题。

3. 专项资金的使用情况。审查是否按预算和财政制度的规定使用资金,全民健身专项资金是否做到专款专用,有无截留、挪用等问题;有无通过虚列支出,办理结转等手段转移财政资金等问题。重点审查是否按预算支出用途和有关计划使用资金,有无擅自扩大开支范围、提高开支标准问题。

4. 国有资产管理情况。使用专项资金购置固定资产是否通过政府采购程序,固定资产是否及时入账,是否账账相符、账实相符、账卡相符;资产的处置是否按《行政事业单位国有资产处置管理实施办法》规定的程序报批;有偿转让、变卖、报废、出租国有资产取得的收入是否入账和缴纳有关税金等。

(二)全民健身专项资金调查的主要内容

1. 资金投入的充足性。调查 2007 年至 2008 年财政资金对全民健身活动、体育场地设施建设的投入情况,尤其关注对社区体育、农村体育、残疾人体育以及社会体育骨干队伍建设的投入变化情况,调查资金投入是否充足,2007 年至 2008 年从体育彩票公益金中拨付的全民健身专项经费,是否能够参照《体育彩票公益金管理暂行办法》"用于落实《全民健身计划纲要》的资金为年度公益金收入总额的 60%"的标准执行;是否加大对人口相对密集的社区、较为偏远的乡镇(社区)或残疾人体育设施建设的投入力度。

2. 体育场地设施投入分布的均衡性。调查 2007 年至 2008 年市体育部门投入的体育设施分布情况,是否按人口比例均衡分布,评价其在各区市间分布的均衡性,关注其在人口密集区域或地域较为偏远区域的分布情况;调查截至 2008 年末市体育部门对公益性体育设施的投入总量和使用情况,评价 A 市公益性体育设施对市民和社会需求的满足程度。

3. 体育场地设施的公益性。对于公益性体育设施,是否存在收费、牟取私利的现象,变"无偿"为"有偿";是否存在对其使用人群做出限制性规定等现象。对于非公益性体育场地设施,调查其开放时间和收费情况,分析评价其在促进全民健身活动中发挥的作用。

4. 体育场地设施的经济性。调查 2007 年至 2008 年与全民健身活动有关的设施采购情况,关注其价格、品种及数量的变化;调查对体育场地设施的日常维护、维修、更换情况,评价设施购置和日常维护、维修的经济性水平。

5. 体育场地设施的效果性。调查公众对体育场地设施尤其是公益性设施的满意度,关注公众对现有设施品种的使用频率以及对尚未安装的体育设施的需求情况；调查公益性体育设施的主要使用人群，关注适宜其使用的设施品种比例；调查与残疾人有关的体育设施建设和使用情况。

6. 国民体质测定的普及性。调查国民体质检测网络发挥的作用，关注2007 年至 2008 年 A 市对少年儿童和中高级知识分子的健康检查和体质测定的频率和普及性。

四、审计步骤和方法

首先对被审计单位进行审前调查，在调查的基础上编制审计方案，撰写审前调查报告。审计组对市体育局本级全民健身专项经费进行全面审计和调查；从其所属单位中抽取 6 家，进行全面审计和调查；延伸调查部分社区的体育健身设施。审计和调查的专项资金覆盖面占全部专项资金的××%。运用的主要审计和审计调查方法如下：

1. 内部控制审计方面。根据内控系统的具体情况，对有关业务控制制度的健全性和有效性进行检查。

2. 专项资金审计方面。采取抽查有关记账凭证、原始凭证和利用 AO 审计软件进行计算机辅助审计等程序进行全面审计，对市体育局本级及抽取的所属6 家事业单位有关全民健身专项资金收支的报表、总账、明细账及其银行账户进行全面检查；对由全民健身专项资金形成的固定资产采取审查盘点表、实地观察等审计程序审查。

3. 专项资金调查方面。对市体育局使用体彩公益金购置再捐赠给街道（社区）的体育健身设施使用情况，审计组通过设计发放调查问卷、实地调查访问等方式，调查全民健身活动开展和体育设施建设的经济性、效率性和效果性。

五、审计成果及利用

（一）审计发现的主要问题

从审计和调查情况看，市体育局对于全民健身专项资金的投入、管理和使用基本合规，但还存在公益性体育设施地区间分布不均衡，有的公益性健身器材受赠单位将器材与盈利性俱乐部合用，部分健身路径缺失损坏较严重、使用效率不高等问题。具体如下：

1. 健身路径的分布不均衡,南北差异、城乡差异较大。

据区、市调查问卷统计显示,就财政投入建设的健身路径数量而言,A 区的健身路径社区平均拥有量最高,平均每个社区拥有 2 处以上的健身路径,已基本实现"8 分钟健身圈"的目标,正在向打造"5 分钟健身圈"的目标努力;其他区、市正在向打造"8 分钟健身圈"的目标努力。除 A 区和 B 区外,其他 10 个区、市健身路径的社区(村)平均拥有量均低于 1,且差距较大。

表 1　健身路径社区分布表

区市名称	社区(村)数量(个)	路径数(条)	社区(村)的平均拥有量 (路径数/社区数)
A 区	78	213	2.73
B 区	112	294	2.63
C 区	92	90	0.98
D 区	126	83	0.66
F 区	230	212	0.92
E 区	146	92	0.63
G 区	176	74	0.42
C 市	845	258	0.31
D 市	1070	253	0.24
B 市	1016	99	0.01
E 市	886	205	0.23
F 市	1788	107	0.06

2. A 市××小学将捐赠器材与俱乐部合用,该俱乐部收取学费××万元未报物价部门审批。

A 市××小学于 2006 年度接受市体育局捐赠的乒乓球台×××副,由该小学和设在该校内的×××乒乓球俱乐部共同使用。俱乐部为民办非企业单位,××小学校长担任法定代表人,2007 年至 2008 年共收取学费××万元。

3. 部分捐赠的健身器材缺失、损坏较严重。

部分休闲健身场地安装的器材损坏情况严重,许多器材已无法正常使用,影响周围居民进行健身活动。如 A 区××公园内 2001 年安装的 29 件器材，除 3 件被拆除外，有 10 件损坏，器材可用率为 55%；B 区××公园内 2002 年安装的 22 件器材有 8 件损坏，其余均比较陈旧，器材可用率为 64%；D 市××公园内 2003 年安装的 41 件器材仅 10 件可用，器材可用率仅为 24%；D 区××村 2001 年安装的 26 件器材，仅 1 件能正常使用。调查中还发现 E 区××社区因整体拆迁改造，将 2004 年安装的 5 件器材自行拆除，实地调查时未见实物。

4. 价值共计×××元的捐赠器材使用效率较低。

经过对 9 个区市 52 个受赠单位的实地抽查发现，有价值×××元的 26 件乒乓球台、篮球架等单件器材闲置在仓库或车库内，未及时安装。另外有些器材因安装场所不当，使用率较低。如××公园内靠近海边的位置安装了一副乒乓球台，因海边风大处于长期无法使用的状态。

（二）审计建议

1. 逐步加大对公益性健身设施的投入力度，使广大市民公平地享有良好的健身环境。

2. 逐步健全完善健身路径的捐赠体制和监管制度，加强对受赠方的宣传指导，使受赠方对自身的义务有明确的认识，将捐赠路径、器材的管理、维护和使用纳入规范化轨道，防止国有资产的损坏和流失。

3. 全民健身资金的来源渠道多元化。除体彩公益金和各级财政拨款外，应探索吸引社会资金投入和支持的方式，提高全民健身工程的发展速度。

（三）审计成效

根据该项目审计结果撰写的信息专报《A 市全民健身路径及器材管理使用中存在的问题应予重视》，被市长和副市长分别批示。副市长召集市体育局、市审计局、市教育局、市民政局、市城管执法局等部门负责人，专题研究审计反映的有关问题。会后，由市体育局牵头出台了《A 市全民健身工程管理实施办法》。该项目被评为 2009 年 A 市审计局表彰审计项目。

（本案例执笔：安征）

A 市城市基础教育经费投入
管理使用情况绩效审计

案例简介:该项目围绕基础教育资金的经济性和效率性、投入基础教育资产的安全性和效益性以及教育资源的公平性和效果性,选取六个区市,通过发放调查问卷和实地调查等形式对基础教育设施情况进行了调查,对市内基础教育资源不平衡情况进行了分析评价,并针对绩效审计中发现的问题提出了改进意见和建议。市领导对审计专报作了批示,审计报告所涉及的区、市财政和教育部门进行了认真的整改。

一、审计项目概述

(一)基本情况

基础教育经费主要是国家财政性基础教育经费,包括预算内教育经费、各级政府征收用于教育的税费(即教育费附加和地方教育费附加)、校办产业和社会服务收入用于基础教育的经费。2007 年全市两级财政性经费用于城市基础教育的金额共计×××ד万元,其中:市本级投入预算内教育经费×××ד万元,各区市×××ד万元,全市各级政府投入城市基础教育的税费共计×××ד万元。2007 年全市城市基础教育事业支出金额共计×××ד万元,其中:人员支出×××ד万元,公用支出×××ד万元。全市有城市小学×××所,城市初中×××所。市教育局直属小学××所,直属初中××所。

根据资金分布、学校数量及经济差异等因素,对市本级、A 区、B 区、C 区、D区、F 区及 C 市财政和教育部门基础教育经费投入、管理和使用情况进行了审计和调查。

（二）审计目标

通过审计和调查,围绕"资金、资产、资源"的经济性、效率性和效果性,摸清全市 2007 年城市基础教育经费投入管理使用的总体情况,针对存在的问题深入分析原因,促进全市基础教育事业健康发展,规范管理制度,提高教育经费使用的透明度,推动全市和谐社会建设。具体体现在以下方面:

1. 资金的经济性和效率性。关注基础教育经费投入管理使用整个过程是否经济合理,是否及时将教育资金拨付各使用环节,是否存在资金管理使用的薄弱环节。

2. 资产的安全性和效益性。审查教育经费形成的资产是否安全,是否发挥了应有的经济效益和社会效益。

3. 资源的公平性和效果性。通过对比分析,审查 A 市区域内各区、市教育资源的公平性和效果性,是否实现了教育资源公平合理分配。

二、审计评价标准

评价标准应当符合适用性、相关性、公认性和有效性的要求,本项目确定了以下评价标准:

一是在评价资金、资产的安全性、经济性和效率性方面,依据国家和地方的有关财经法规,主要包括《中华人民共和国审计法》、《中华人民共和国会计法》、《事业单位会计制度》、《征收教育费附加的暂行规定》、《中小学校财务制度》等。

二是对教育资源不平衡、公用经费投入不足等问题,援引了法律中对教育、财政部门社会责任的要求。对于目前 A 市基础教育区域发展不平衡问题,没有现成的评价标准,在审计过程中,审计人员综合考虑了教育、财政部门在营造公平、和谐的教育环境中的社会责任,按照《义务教育法》中"国务院和县级以上地方人民政府应当合理配置教育资源,促进义务教育均衡发展,改善薄弱学校的办学条件"的要求,提出了 A 市各区、市教育资源发展不均衡,差距较大的问题。

三是运用对比分析的评价标准。针对市内四区公用经费投入比例低的问题,对于目前中小学公用经费投入不足的问题,也通过市内四区公用经费与人员经费等比率来分析,通过对比,市内四区中小学公用经费投入结构差异较大,从而从基础数据上反映出四区教育投入和教育设施的差异。

三、审计程序与方法

(一)审计内容和重点

1. 资金方面:全市各级财政部门是否按预算及时、足额拨付资金给教育部门;教育部门是否按规定管理、使用和拨付资金给各级各类学校;各级各类学校教育资金拨付是否到位,是否按规定使用;资金拨付使用过程中是否存在流转环节过多,造成资金拨付不及时的问题;有无截留、平调、挪用资金等问题;教育资金在加大对薄弱学校的扶持力度,缩小学校间办学和教学水平的差距方面分配是否合理;教育部门在扶持优势学校的同时,是否将资金重点投入到办学条件和教学水平相对较差的学校。

2. 资产方面:教育设施配备是否能够满足教学需要;设施配备是否符合"均衡发展"的要求,区域内学校教育设施配备是否平衡,市内不同区域学校教育设施配备是否平衡。

3. 资源方面:教育本身是一种资源,在分配教育资源方面,教育部门、财政部门对基础差、底子薄的区域和学校是否进行了扶持,以及现有中小学布局与社会需求是否适应都是此次审计关注的重点。将教育资源作为审计内容是本次基础教育经费"三资"绩效审计的创新,绩效审计不仅应关注资金资产,也应关注资源的分配。

(二)审计步骤与方法

此次审计和调查的主要对象为市本级和部分区市财政、教育两级部门。首先对被审计单位进行审前调查,在调查的基础上编制审计方案,撰写审前调查报告。审计组对市教育局本级基础教育经费进行全面审计和调查,对部分区市教育和财政部门进行全面审计和调查,延伸调查部分中小学校。审计和调查的专项资金覆盖面占全部专项资金的73%。运用的主要审计和审计调查方法如下:

1. 内部控制审计方面。根据内控系统的具体情况,对有关业务控制制度的健全性和有效性进行检查。

2. 专项资金审计方面。采取抽查有关记账凭证、原始凭证和利用 AO 审计软件进行计算机辅助审计等程序进行全面审计，对所审计的财政、教育部门有关基础教育经费收支的报表、总账、明细账及其银行账户进行全面检查。

3. 专项资金调查方面。对 A 市基础教育经费投入内容、结构情况，审计组采取审计和填写调查问卷的形式，摸清所涉及财政、教育部门基础教育经费投入的内容、结构及增长比例；对 A 市市内四区中小学基础设施投入情况通过设计发放调查问卷、实地调查访问等方式，对市内四区中小学校设备配备情况进行对比分析。

四、审计结果与建议

（一）审计发现的主要问题

1. 教育经费×××万元拨付不及时

A 区财政局 2007 年 3 月将 2005 年和 2006 年的教育费附加结余××××万元拨付 A 区教体局；截至 2008 年 9 月，2007 年的教育费附加××××万元仍未拨付。D 区会计核算中心 2007 年 12 月收到 D 区财政拨付的 2007 年规范补贴、校舍建设等教育经费××××万元，于 2008 年 1 月 22 日拨付到 D 区教体局。

2. 教育资金管理不够规范

一是部分区 2007 年教育费附加资金安排使用和拨付滞后，造成教育费附加结余较大，明细如下（单位：万元）：

表1　部分区教育费附加资金结余情况表

单　　位	教育费附加结余	教育费附加当年可使用资金	占当年可使用资金比例
B 区	2232	3697	60%
D 区	2240	3316	67%
F 区	1624	4633	35%

二是往来款项长期挂账未清理××××万元。

三是民办学校所交管理费未在规定账内核算。B 区教体局收取三所民办学校交纳的部分教师工资等费用共计××万元，未纳入教体局账内核算。

3. 公立学校与民办学校经济关系不够理顺

一是违规列支在民办学校任教的教师工资××万元。A 区教体局所属的市××小学、××学校等学校将××名在职教师分别派往××所民办学校任教。2007 年为上述教师发放工资及规范补贴合计××万元,在各校经费中列支。

二是应收未收民办学校房屋租赁收入。2004 年市××小学与某公司签订合作办学协议,成立某学校,协议约定将×××小学校舍(建筑面积××××平方米)提供给某学校使用,收取租金(未约定金额)。截至审计日,账面未发现收取该校房屋租金。

4. 教学楼维修改造等支出××××万元未进行招标

2007 年,市本级所属××中学的供热工程建设项目合同金额××××万元,A 区教体局教学楼装修改造等合同金额×××万元,均未进行招标。

5. 教育事业区域发展不平衡,南北差距较大

一是教学设施水平差距较大。A 区中小学校教学设施配备远好于其他区市特别是 C 区、D 区。如,2001 年 A 区就实现了学校的"四机一幕"工程,为各教室配备了电视机、计算机、录音机、投影仪和投影幕,目前所有教室的电视都更新为 52 寸液晶电视;而 C 区和 D 区中小学配备"四机一幕"的教室只占总数的 20% 和 18%。从问卷调查情况来看,市内四区学校拥有校园电视台和室内体育馆的数量也相差较大。其中,校园电视台和室内体育馆的分布情况为:

表 2　部分区校园电视台和室内体育馆建设情况表

项目＼单位	A 区	B 区	C 区	D 区
校园电视台	15	8	1	4
室内体育馆	4	6	3	0

二是改善学校办学条件的层次不同。从教育费附加资金支出内容来看,A 区主要用于设备的购置和更新,而 D 区 2007 年教育费附加资金的 60% 用于校舍扩建改造等基建支出。

6. 公用经费投入不足

近年来,市内四区财政对预算内教育经费的投入增长较快,2007 年比上年平均增长××%,但仍然存在结构性不足。从市内四区基础教育经费支出结构

来看,仍以人员支出为主,人员支出占事业支出比例平均为××%;财政拨付的
预算内经费,平均××%用于人员支出,只有××%用于公用支出。公用经费
不足部分,由教育费附加和事业收入来补充,其中事业收入占公用支出的平均
比例为××%。2007年市内四区经费支出及投入结构明细见下图:

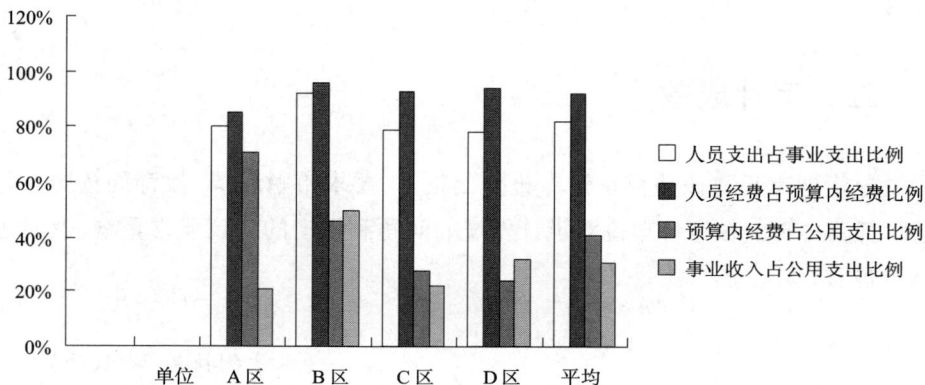

图1　市内四区公用经费投入明细图

　　因公用经费不足,部分中小学校以捐资助学名义收取择校费、借读费,或者
通过出租体育馆、部分校舍等渠道增加事业收入,影响了学校的教学秩序和
质量。

　　产生上述问题的主要原因是:市内四区财政收入差距大,导致教育经费投
入差距大;部分区(市)财政部门对教育事业的重视程度不够,在资金拨付的环
节出现滞留现象,影响资金使用;教育费附加计划性不强,计划滞后或无明细资
金安排使用计划,造成资金拨付滞后,影响使用。

(二)审计建议

　　1. 通过转移支付、教育费附加留成、政策扶持等方式,进一步加强对教育薄
弱城区的扶持,缩小市区教育发展水平差距,推动教育的均衡发展,营造公平、
普惠的教育环境。

　　2. 各级财政部门应加大对教育经费的投入,特别是在中小学公用经费投入
上应进一步加大力度。

　　3. 加强教育经费预算管理,根据工作进度定期、及时、足额拨付资金,确保
教育资金的有效使用。

4. 有关区（市）教育部门应健全财务制度，加强教育经费管理和监督，及时清理往来款项，严格执行招投标管理办法和政府采购有关规定，促进教育经费规范管理。

5. 进一步理顺公立学校与民办学校的资金往来，规范民办中小学校办学行为。

五、审计成效

分管副市长对该项目审计专报作出批示，要求市财政局、教育局按照审计建议抓紧办理。被审计单位对审计发现的问题和提出的建议非常重视，及时进行了整改。

（本案例执笔：褚秋亭）

E区政府采购资金管理使用情况绩效审计调查

案例简介：该项目对 E 区政府采购资金管理使用情况进行了绩效审计调查。审计人员在审计采购资金真实性、合法性基础上，审查政府采购资金所达到的经济效用、采购效率和采购过程的廉洁程度，并进行分析、评价，提出改进意见。审计建议得到区领导和相关单位的高度重视和采纳，取得较好效果。

一、审计项目概述

2004 年，经 E 区机构编制委员会办公室批准，E 区财政局加挂政府采购管理办公室牌子，同时成立 E 区政府采购管理中心（以下简称"区采购中心"），为正科级全额拨款事业单位，共有工作人员××名。主要负责监督检查政府采购活动的执行情况、参与政府采购预算的审核、编制政府采购计划等工作。

E 区政府采购工作流程主要是：采购单位提出采购书面申请并报至区采购中心，采购单位委托招标代理公司，区采购中心确定采购方式，招标代理公司和采购单位共同编制采购文件，区采购中心审核标书并发布采购信息，随机抽取专家，召开评审招标会议，向中标供应商发《成交通知书》，采购单位和中标供应商签订《采购合同》，验收采购项目，拨付资金等。

经调查，2007 年至 2008 年，E 区政府采购评审招标专家，是每次在开标前从 A 市政府采购专家库中随机抽选的；E 区政府采购招标代理公司，是从 A 市政府采购招标代理公司库中择优选取的，共有××家；参与政府采购评审招标会议的有采购单位、区采购中心、专家评审团、采购招标代理公司、公证人员、投标人等。

E 区政府采购方式主要有公开招标、询价、竞争性谈判、单一来源及国家认定的其他方式。2007 年至 2008 年 E 区政府采购方式以公开招标为主,公开招标采购率分别是 71%、81%。具体情况见表 1:

表 1　2007 年至 2008 年政府采购方式情况

方式 ＼ 分类	2007 年		2008 年	
	项目个数	比重(%)	项目个数	比重(%)
公开招标	180	71	291	81
询价	28	11	18	5
竞争性谈判	23	9	14	4
单一来源	20	8	25	7
国家认定的其他方式	2	1	11	3
合　　计	253	100	359	100

2007 年至 2008 年,E 区政府采购设备、车辆、船舶、机械、设施等货物类项目有 565 个,采购合同金额 17710.93 万元;修缮、安装、养护等工程类项目有 25 个,采购合同金额×××万元;设计、印刷、监理等服务类项目有 22 个,采购合同金额×××万元。具体情况见下图:

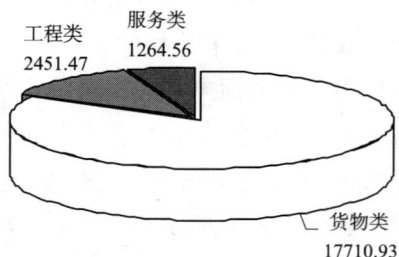

图 1　采购类别金额分布图　　　　图 2　采购类别次数分布图

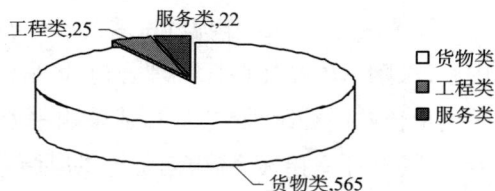

经统计,2007 年至 2008 年,E 区政府采购项目共计 612 个,采购合同金额×××万元,其中:2007 年采购项目 253 个,采购合同金额×××万元;2008 年采购项目 359 个,采购合同金额×××万元。2008 年较 2007 年采购项目增长 41.9%、采购合同金额增长 23.34%。

二、审计目标和评价标准

(一)审计目标

加强对政府采购活动审计监督力度,促进提高政府采购资金、资产和资源效益,通过审计和审计调查,全面掌握 E 区 2007 年至 2008 年政府采购资金管理使用情况,查处违法违规问题;对照有关评价标准,评价政府采购当事人履行相应职责情况;针对审计发现的问题,分析原因,提出建议,促进相关单位加强管理、提高财政资金的使用效益。

(二)审计评价标准

主要评价依据是中央和地方政府采购的法律、法规;政府、部门批准或出台的政策、方针;政府采购行业评价标准,如采购节约资金额、采购节约资金率等。

三、审计内容和重点

本次审计调查是在审计政府采购是否真实、合法的基础上,对政府采购"三资"的经济性、效率性和效果性进行分析、评价。重点关注以下四个方面的内容:

(一)《政府采购登记表》数据是否真实、准确。

(二)政府采购程序是否合规。

(三)纳入集中采购目录或达到限额标准以上的采购项目是否都进行了集中采购、是否存在将采购项目化整为零或以其他方式规避公开招标采购的情况。

(四)政府采购"三资"效益。资金效益,主要审查通过履行政府采购程序,是否减少了财政资金的支出、节约了财政资金;资产效益,主要审查通过政府采购方式取得的设备、车辆、船舶、机械、设施等资产使用效果或质量如何;资源效益,主要审查政府采购过程中人、财、物等资源利用效率如何,是否有效地利用了资源。

四、审计方法

(一)随机抽查法、审阅法和核对法

1. 从区采购中心提供的 2007 年至 2008 年《政府采购登记表》中登记的所有××个采购项目中,随机抽取一定比例的项目采购案卷,审查项目采购程序是否合法、合规,同时对照案卷,核实登记表中数据的真实性和准确性。共抽查采购项目案卷 60 个,占采购项目总个数的××%,抽查采购合同金额××××万元,占采购总金额的××%。具体情况见表2:

表2　抽查采购项目的采购方式情况

分类 方式	项目数量 (个)	数量比重 (%)	金额 (万元)	金额比重 (%)
公开招标	29	48.33	2366.31	47.17
询价	10	16.67	1572.64	31.35
单一来源	9	15	485.99	9.69
竞争性谈判	5	8.33	341.04	6.8
国家认定的其他方式	7	11.67	250.4	4.99
合　　计	60	100	5016.38	100

2. 从 E 区所有在 2007 年至 2008 年参与过政府采购的××个单位中,随机抽取××%左右的单位,重点检查单位的银行、现金日记账,收支、固定资产明细账以及相关凭证,审查应该纳入集中采购目录是否都进行了集中采购、是否存在将采购项目化整为零或以其他方式规避公开招标采购的情况,同时对照《政府采购登记表》,核实登记表中数据的真实性和准确性。

(二)计算分析法

汇总 2007 年至 2008 年《政府采购登记表》中所有采购项目的申请采购金额、合同采购金额等数据,计算政府采购资金节约额和节约率,分析政府采购资金的经济性。

（三）统计分析法

1. 逐项统计、分析调查问卷结果,用分析结果评价政府采购"三资"的经济性、效率性和效果性。具体是:政府采购价格是否合理,采购花费时间是否过长,采购质量是否优良和售后服务是否完善等。

2. 统计协议供货和随标采购项目的数量和金额,分析政府采购的效率性。

3. 统计非协议供货和非随标采购项目的数量和金额,分析政府采购的经济性。协议供货和随标采购随买随采的特点,决定了这两种采购方式并不具有批量采购、节约资金的优势。所以,在评价政府采购是否经济时,统计采用非协议供货采购的项目次数和金额,分析非协议供货采购项目是否节约了采购资金。

（四）现场跟踪法和观察法

随机抽取 5～6 个已列入政府采购计划、即将履行采购程序的项目,对项目申请、审批、确定招标代理公司、确定采购方式、发布政府采购公告、开标、评标、发放中标通知书、签订采购合同、验收、资金拨付等程序进行跟踪调查,审查采购程序是否合法、合规,分析政府采购"三资"效益。

（五）问卷调查和走访调查法

针对区采购中心、采购单位、招标代理公司和供货商等政府采购当事人职能不同的情况,设计了采购单位、招标代理公司和供货商三种不同类型的调查问卷,并对区采购中心和招标代理公司进行一对一走访调查,通过被调查对象之间互评,分析、总结调查结果,来评价"三资"绩效。

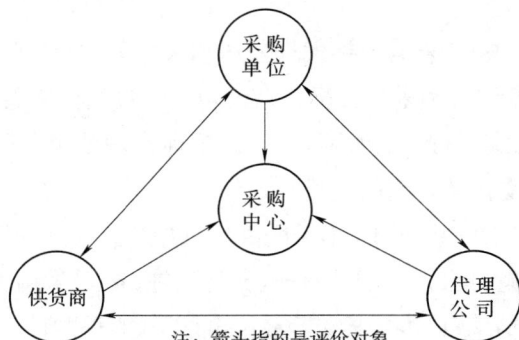

注:箭头指的是评价对象

图 3　调查对象关系图

具体是,从参与 E 区 2007 年至 2008 年政府采购的××个单位、部门中,选取采购金额占采购总量的 98%、采购频率为 96% 的××个单位,发放《采购单位政府采购调查问卷》××份;从参与 E 区政府采购的××家招标代理公司中,选取参与占 E 区采购合同金额的 96%、采购次数占 98% 的××家单位,发放《招标代理公司政府采购调查问卷》××份,并进行了走访调查;随机抽取××家从事电子、工程、图文、汽车、建筑、体育等行业的供应商(包括中标供应商××家、未中标供应商××家),发放《供应商政府采购调查问卷》××份。

五、审计步骤

本次审计先对被审计单位内控制度进行有效性审计,在此基础上,开展合规性审计,再在合规性审计基础上,展开绩效审计。

(一)内控调查

1. 实地走访区采购中心和××家参与 E 区政府采购的招标代理机构,进行一对一座谈,询问其内部管理制度,多角度、全方位掌握政府采购工作中相关当事人遵循的法律、法规,判断政府采购内控制度的健全性。

2. 采用随机抽查法和统计分析法,随机抽取××个采购项目档案进行审查,随机选取 E 区××家采购单位的银行、现金日记账,收支、固定资产明细账以及相关凭证进行重点检查,对已履行政府采购项目与《政府采购登记表》登记信息进行对比分析,核实登记表中数据的真实性和准确性。

(二)合规性审计

主要对区采购中心、采购招标代理公司和采购单位履责情况进行审查。

1. 审查区采购中心和采购招标代理公司。通过抽查案卷和现场跟踪,审查区采购中心是否切实履行了监管职责、采购招标代理公司是否严格按照法律法规,完成采购单位委托其采购的项目。

(1)依据《中华人民共和国政府采购法》和《中华人民共和国招标投标法》,对随机抽取的 J 局采购办公用车、T 局采购健身设施、W 局采购医疗设备等××个项目案卷进行审查,审查内容包括采购单位申请采购、采购计划制订、招标代理公司确定、招标组织、实施、采购合同签订、验收过程等方面的资料。通过审查,核实以下问题：中标价是否超过了采购预算；采购方式的确定是否合规；信息公示时间是否合规；招标组织、实施过程是否规范，资料备案是否齐全；有无合同备案、合同签订是否合规；有无组织验收、有无验收备案；其他相关文件是否齐全。

（2）现场跟踪项目采购全过程。现场跟踪了 S 局界标、警示牌、宣传牌采购项目的招标代理公司抽签确定、开标、评标、定标、签订合同、验收过程；N 局造林工程苗木采购项目的招标代理公司抽签确定过程；G 局、W 局、F 局、J 局等共××个单位采购项目的开、评标过程。

2. 审查采购单位。对随机抽取的 T 局、S 街道办事处、Z 街道办事处等××家采购单位的会计资料进行审查，核实了以下问题：

（1）是否在编制下一财政年度部门预算时，将该财政年度政府采购的项目及资金列出，报本级财政部门汇总。

（2）纳入集中采购目录或达到限额标准以上的政府采购项目是否都进行了集中采购、是否存在将采购项目化整为零或以其他方式规避公开招标采购的情况。

（3）是否存在政府采购项目的名称、型号、数量、金额与签订的采购合同不一致的情况。

（4）自行采购项目情况及自行采购是否合规。

（5）是否按约定条款及时结算付款。

（6）政府采购资料备案情况。

（三）绩效审计

1. 发放调查问卷，并结合走访调查。

延伸调查了区直部门和单位、招标代理公司和供应商，发放调查问卷 3 大类共计 71 份。

（1）发放《采购单位政府采购调查问卷》××份，收回问卷××份。

（2）发放《招标代理公司政府采购调查问卷》××份，收回问卷××份，并进行了一对一的走访调查。

（3）发放《供应商政府采购调查问卷》××份，收回问卷××份（其中包括中标供应商问卷××份，未中标供应商问卷××份）。

2. 统计和测算数据。

依据公式测算政府采购资金节约率，评价政府采购经济性。具体公式为：

$$政府采购资金节约率 = \frac{申请采购金额 - 采购总支出}{申请采购金额} \times 100\%$$

上述公式中"申请采购金额",可以通过《政府采购登记表》中的数据统计得到;"采购总支出",与政府采购有关的所有支出包括公证人员到场监督的公证费、场地租赁费、区采购中心人员工资、办公费和采购合同金额等,其中:公证费和场地租赁费等由招标代理公司承担,采购中心人员工资、办公费和采购合同金额则构成了 E 区政府采购总支出。政府采购资金节约率越高,通过政府采购节省资金越多,采购越经济。

经调查,区采购中心 2007 年、2008 年工作人员均为××名,按照 E 区人员办公经费标准(××万元/人/年)。根据上书计算公式,计算过程见表3:

表3   2007 年至 2008 年政府采购资金节约率情况   单位:万元

分类 ＼ 年度	2007 年	2008 年
申请采购金额①	10575. 3	13640. 05
采购合同金额②	9559	11867. 96
区采购中心人员工资③	16. 82	16. 82
区采购中心办公费④	1. 6	1. 6
采购总支出 ⑤＝②＋③＋④	9577. 42	11886. 38
采购节约金额⑥＝①－⑤	997. 88	1753. 67
采购资金节约率⑦＝⑥÷①	9. 44%	12. 86%

3. 绩效分析。

根据绩效审计的三个目标,即经济性、效率性、效果性,本次审计将政府采购资金节约率作为经济性分析标准,将抽查案卷、跟踪调查、调查问卷、走访调查等相关调查结果作为效率性和效果性分析标准。

(1)经济性分析

第一,采购经济性 2008 年比 2007 年好。根据测算,E 区 2007 年政府采购资金节约率为 9.44%,2008 年为 12.86%,2008 年政府采购资金节约率高于 2007 年。

第二,采购计划性不强,采购频繁,影响了集中采购批量优势的发挥和政府采购的经济性。主要体现在以下两个方面:

一是未编制采购预算。审计抽查的××家采购单位 2008 年的政府采购预算编制情况,发现有××家单位未按规定编制政府采购预算。

二是采购次数多、平均采购金额小。经统计，E 区 2007 年至 2008 年非协议供货采购情况见表4：

表4　2007 年至 2008 年非协议供货采购情况

年度＼分类	采购次数	采购金额（万元）	平均采购金额（万元/次）
2007	124	9115.7	73.51
2008	147	11353.16	77.23

（2）效率性分析

第一，随标和协议供货采购节省了采购时间，提高了采购效率。

2007 年至 2008 年，E 区采用随标和协议供货方式采购项目××个，占采购项目总个数的××%；采购合同金额××万元，占采购总金额的××%。通过随标和协议供货采购，满足了采购单位对采购时效性的要求、提高了采购效率。

第二，调查问卷和走访调查结果。

一是采购单位反映政府采购效率情况。××份《采购单位政府采购调查问卷》统计结果显示，关于"政府采购时效性如何"问题，37.21% 的单位选择了"快"，16.28% 的单位选择了"慢"，46.51% 的单位选择了"由采购方式决定"；关于"政府采购时效性低主要是因为哪个环节"问题，52.27% 的单位选择了"审批"环节，27.27% 的单位选择了"申报"环节，20.46% 的单位选择了"实施招投标"或"采购单位与代理公司协调"环节。

二是招标代理公司反映政府采购效率情况。××份《招标代理公司政府采购调查问卷》统计结果显示，关于"标书制作过程中与采购单位沟通、交流效率如何"问题，有××家公司表示采购单位能够及时反馈对招标公司标书制作的意见，标书制作环节效率较高，有××家公司表示在与部分采购单位沟通标书制作环节上花费的时间较长、效率不高。

三是供货商反映政府采购效率情况。××份《供应商政府采购调查问卷》统计结果显示，关于"采购单位对中标货物付款是否及时"问题，有××家中标供应商选择了"是"，占 91.67%，有××家中标供应商反映"个别情况下不及时"。

（3）效果性分析

第一，现场跟踪、实地观察和走访座谈结果。鉴于 A 市政府采购评审专家库的备选数量多、质量高的特点，E 区政府采购评审专家直接从 A 市政府采购评审专家库抽选,节省了建库成本,保证了政府采购的质量。

根据 A 市对政府采购招标代理公司的考核结果,E 区从 A 市的政府采购招标代理公司库中,择优选择本区的采购招标代理公司,有效地利用了外部信息资源,节省了成本,保证了政府采购的质量。

第二,调查问卷结果。××份《采购单位政府采购调查问卷》统计结果显示,95%的被调查单位认为采购价格"低、一般",97.67%认为采购质量"好、一般",97.62%认为采购售后服务"好、一般"。

六、审计成果及利用

(一)审计发现的主要问题

1. 未按规定履行政府采购程序。审计发现部分单位未按规定履行政府采购程序,金额×××万元。

2. 政府采购管理工作有待规范。

(1)政府采购合同签订日期在采购招标日期之前

审计抽查项目案卷发现,2008 年 12 月 10 日组织的消防设备采购项目,政府采购合同签订日期是 2008 年 11 月 25 日;2007 年 12 月 13 日组织的铁艺护栏、成品门及防盗门采购项目,采购合同签订日期是 2007 年 8 月 7 日。

(2)先招标后签订《政府采购项目委托采购协议书》

2008 年 5 月 30 日组织的数字语音室及教学微机采购项目,《政府采购项目委托采购协议书》签订日期是 2008 年 6 月 16 日,在招标结束后。

(3)政府采购程序不规范

2007 年 12 月 24 日组织的直流屏采购项目,有一供应商未按采购文件要求提供营业执照副本原件,应视为无效报价,但应采购方要求,经区采购办、谈判小组、公证处及其他投标供应商同意,该供应商继续参与评标,并最终中标。

(4)未载明项目非公开招标采购的确定依据

抽查××个非公开招标的采购项目案卷发现,有××个项目未能载明不进行公开招标而采用其他方式采购的原因,占抽查项目的××%。

(5)资料备案不完整

经抽查××个项目案卷发现,缺少备案资料××份,具体情况见表5:

表5　缺少备案资料情况

资料名称	份　数	占抽查案卷比例
《验收报告》	31	51.67%
《采购合同》	20	33.33%
《成交通知书》	5	8.33%
《政府采购项目委托采购协议书》	4	6.67%
采购信息公告	2	3.33%
投标书	1	1.67%
《政府采购申请表》	1	1.67%
合　　计	64	——

（6）政府采购合同签订时间滞后

2008年6月17日组织的塑胶运动场地采购项目，于当日发出《中标通知书》，政府采购合同在中标通知书发出后第35日签订，未按《中华人民共和国政府采购法》规定的在30日之内签订。

（7）资料签订不规范

经抽查××个项目案卷发现，××%的被抽查项目资料存在未填写具体签订日期、盖章签字不全、漏签专家签字等签订不规范的问题。

（8）招标代理公司的业务不统一、不规范

审计抽查发现，参与E区政府采购的××家招标代理公司在操作程序、招标文件制作、采购文件归档内容和顺序方面存在不规范、不统一等问题。

（二）审计成果利用

1. E区领导高度重视本次审计调查所发现的问题，区长作出重要批示，要求相关单位认真落实审计意见。

2. E区相关单位积极行动，根据本次审计结果，研究、制定了《E区政府采购管理办法》等制度，明确了政府采购各方职责，规范了政府采购行为，加强了政府采购监督管理。

3. 根据该项目审计结果撰写的信息《E区审计促进完善政府采购管理制度》被A市审计局网站采用。

（本案例执笔：杜蓓）

A区计划生育专项资金绩效审计

案例简介：该项目围绕政府部门职能目标，将"三资"绩效审计基本思路贯穿于审计的全过程，通过审前调查确定重点，沿着资金脉络对A区计生专项资金绩效情况进行了审计。通过审计进一步规范了计生专项资金发放程序，有效防范了财政资金风险，促进了人口计生服务站均衡化发展。相关经验做法被《中国审计报》予以报道和推广，取得了良好的社会反响。

一、审计项目概述

（一）基本情况

A区人口计生局的职能目标：一是加强人口计生基层基础工作；二是全面规范推进优生工程，大力实施生殖健康促进计划；三是打造一刻钟计生技术服务圈，实现全区计生服务网络全覆盖。A区每年投入×××多万元计生专项资金，用于提高人口素质、控制人口数量、稳定低生育水平等方面，区人口计生局利用财政专项资金创建新市民生育文化服务中心，构建优孕风险评估体系，深入开展违法生育集中整治专项行动，对人口计生服务站开展"规范化"服务，以创新的思维探索实践了具有A区特色的"五化"城区人口计生工作新模式。

（二）立项理由

1. 重要性

计生专项资金是一项涉及民生的资金，计生资金的分配是否恰当，使用是否符合民意，关系人民群众的切身利益，是财政资金管理中的社会热点问题。公众能感受到计生工作就在身边，计生服务站、计生宣传牌等拉近了政府和群众的关系,但是对计生专项资金管理使用情况,老百姓还是不了解不清楚,通过审计监督,促进增加计生资金透明度,评价其经济社会效益对促进社会和谐稳定有益。

2. 时效性。

区人口计生局在全省东部地区人口计生工作座谈会上作为城区唯一代表作了典型发言,为全市人口计生优质服务工作会议提供现场并作典型发言。荣获 A 市精神文明单位标兵称号,分管副市长多次给予肯定性批示。A 区人口出生统计合格率 96% 以上,全面完成了市下达的责任目标。通过开展绩效审计,进行全面分析评价,既要发现问题,也要反映成绩。

3. 可行性。

计生部门预算规模中等,专项支出 40 余项,可分为 5 大类,工作量适中。审计人员组织或参与过有关绩效审计项目,有能力按计划完成任务。经过多次沟通和协调,被审计单位表示积极配合审计工作。

二、审计目标和评价标准

(一)审计目标

围绕政府部门职能目标,摸清计生专项资金的规模、结构、资金管理现状,结合部门职责履行情况,对计生部门的"资金、资产、资源"进行绩效审计。通过审查专项资金管理使用的经济性、效率性、效果性,揭示其中存在的违法违规问题,评价分析影响资金使用效益的原因,提出完善制度和改进管理的建议,促进加强计生专项资金管理。

(二)审计评价标准

该项目采用的评价标准主要有:《中华人民共和国人口与计划生育法》、《A市人口与计划生育条例》、《A 区专项资金管理暂行办法》等法律规定以及人口计生局提供的技术服务费审批表等档案资料。考虑到审计人员知识结构、专业能力和审计风险,在审计过程中,审计组坚持谨慎原则,以定性评价为主,在资金使用方面,采用国家的有关财经法规来反映该财政资金的经济性和效率性。

三、审计步骤

(一)主要思路

把围绕政府职能目标开展绩效审计工作这一基本思路贯穿审计的全过程。对政府职能目标进行分解,细化为适合绩效评价的指标。审查申请拨款是为了达到什么目标,为实现这些目标而拟定的计划要花费多少钱,以及用哪些量化的指标来衡量其在实施每项计划的过程中取得的成绩和完成工作的情况。将资金拨付目的和使用效果进行对照,评价其行政行为是否务实、有效。

计生专项资金的投入,主要是保稳定、促发展的基础性投入,所以对其审计评价主要侧重社会效益。在对专项资金管理情况进行审查的基础上,对五大类专项支出进行结构细分,分析各个专项具体的结构比例,对使用发放程序进行审查,查找发放程序的漏洞。计生服务站是专项资金管理使用的终端,也是关键环节,作为重点进行审查。审计中关注专项资金对居民需求的实际满足程度,以评价专项资金绩效情况,促进政府规范资金管理。

(二)审计实施情况

1. 根据审前调查确定审计重点。

审前调查过程中,广泛搜集和审计相关的素材,利用网络、新闻媒体等搜集有关计生方面的信息,了解计生局基本情况,明确其职能目标,搜集和计生专项资金管理使用相关的法规和规章及区内部文件、单位内部控制制度、固定资产管理制度。通过走访计生服务站,街道办事处计生办以及部分服务对象,了解计生专项资金运作实施情况及计生资金在基层使用情况,初步掌握计生专项资金使用效果。

通过审查人口计生局提供的业务资料,走访人口计生服务站,确定了分财务管理基本情况、专项经费支出情况,人口计生服务站情况三个方面进行审计的思路。经过对审前调查所取得的资料进行初步分析性复核,确定审计重点。

2. 制订具体审计实施方案。

根据审前调查确定的重点,确定了具体实施审计过程中要坚持的原则。

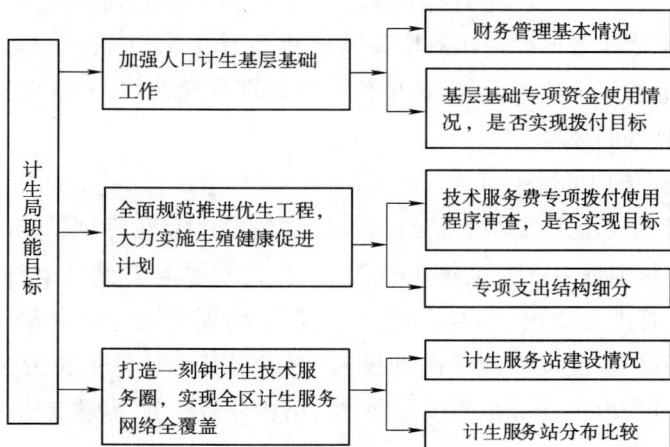

图 1 计生局职能目标分解

一是重视专项资金管理使用环境。对专项资金使用的财务管理环境进行审查,查看其内部控制制度是否完善,固定资产管理是否清晰有序,主要是通过内部控制测试,对固定资产盘点等方法,重点审查是否存在管理责任划分不清、部分职能履行不到位等内容;二是关注专项资金流向和投向。对专项资金审计,要沿着资金流向,对管理发放程序进行审查,并对专项资金实际使用情况进行分析;三是对计生专项资金使用绩效评价要客观。围绕该局主要职责和各项专项资金管理使用及内部控制等重点内容,从正、反两面客观地评价该局部门绩效履行情况,并将机构设置、内部管理、财政专项资金运用和管理等方面存在的问题落实到部门履行职责上来;四是要注意与被审计单位沟通。由于是绩效审计,除对财政财务收支合法合规性进行审计外,还要对其履行职责的经济性、效率性、效果性进行审查,审计人员对计生知识、业务流程有个熟悉的过程,所以应特别注意和被审计单位的沟通,将沟通工作贯穿于审计全过程,既要遵照法律法规办事,又要充分考虑被审计单位实际情况。

3. 对财务管理情况分析。

作为 A 区国库集中支付改革的 5 家试点单位之一,该单位国库集中支付比例较高,增加了财政资金使用的透明度;该单位建立了 12 项规章制度,将局年度目标责任层层分解,具体到每个科室、每项工作;梳理各项工作流程,建立公开、详细、规范的管理制度,方便了工作人员的操作和执行;建立了固定资产管理信息资源平台,对数量、种类繁多的固定资产进行管理,通过这一系统可以随时调阅本单位固定资产的使用状况及其他相关信息,便于资产合理配置,统筹安排资源。通过以上调查可见,该单位财务管理状况良好,为专项资金的管理使用提供了良好的环境。

4. 对资金流向的脉络审查。

(1)对专项支出进行结构细分。该局承担的人口计生专项工作类别相应较多,专项资金明细近 40 项,大体可分为五类:技术服务类支出、利益导向类支出、基层基础管理类支出、协会管理支出、宣传培训支出。计生专项资金的投入,主要是保稳定、促发展的基础性投入,所以对其审计评价主要侧重社会效益。对 2008 年、2009 年计生专项经费进行结构分析分解,专项支出结构如图:

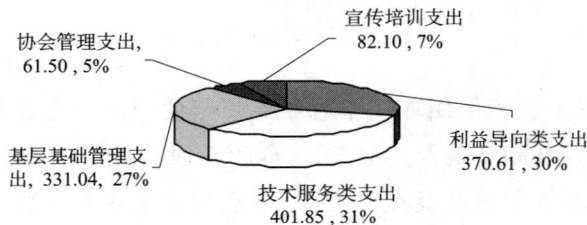

图 2　专项支出结构

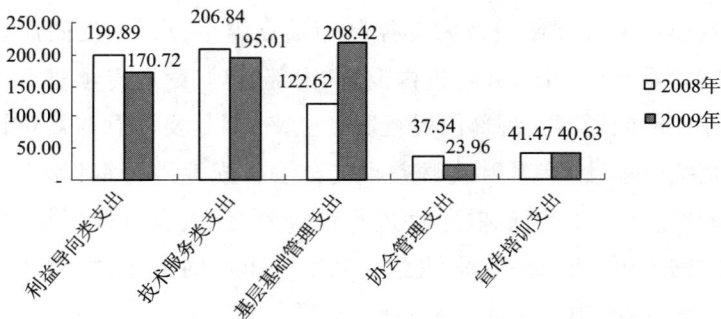

图 3　专项支出结构对比

通过结构图清晰地反映出五类专项资金所占的比例和两个年度的增加变化情况,对五类专项资金进一步细分,如技术服务类支出分优生四项病毒检测费、免费手术费、婚前检查费、早期教育、技术服务经费、服务站建设经费等项

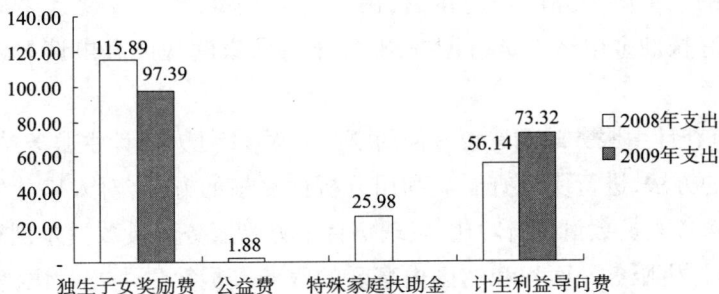

图 4　利益导向支出对比

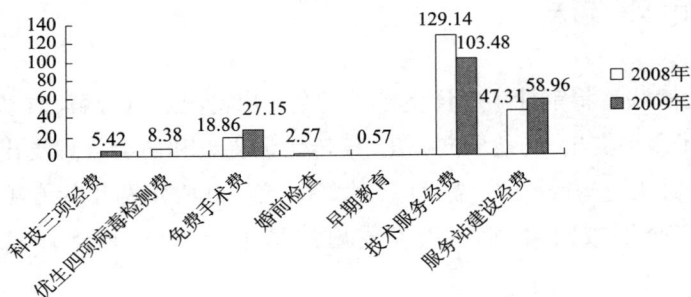

图 5　技术服务类支出

目,具体分析每项的增减变化,从而查找被审计单位在资金投入方向上是否以民生为重,各项惠民政策是否落实,各专项资金使用效果如何。通过对五大类支出细分,确定五类支出中具体是哪项专项支出所占比例较大,根据两年的对比图,分析是否每年支出额所占比例均较高。如果两年比例相差太大,查找原因。对所占比例较大的支出寻根究源,如利益导向支出,在总专项支出中所占比例达到30%,属重点支出项目,分析其结构发现独生子女奖励费、计生利益导向费、特殊家庭扶助金所占比例较大,具体来看,独生子女奖励费有下降趋势,分析原因是因为获取独生子女奖励费人数的变化导致的。特殊家庭扶助金的支付标准2009年较2008年实际有所提高,人员有所增加。

(2)审查计生专项资金发放程序。对各计生专项资金支出方向进行审查,优生四项病毒检测费、免费手术费、婚前检查费、早期教育、技术服务经费等主要支出方向是计生服务站,审计发现,计生局对该专项资金并未设立受益人档案,完全根据计生服务站所提供的资料进行拨款;独生子女奖励费、特殊家庭扶助金主要是办事处初审后,由计生局复审,审计发现计生局仅对当年特殊家庭扶助金申请人进行审查,对往年特殊家庭扶助金申请人未设立审查程序。

(3)审查计生服务站的建设和使用情况。对 11 处人口计生服务站,采用了调查走访的方法,进行实地查看。利用分析性复核的方法,对人口计生服务站的面积和医务人员数量进行对比,发现每百平方米服务人员数量差别较大等问题;将人口计生服务站面积和辖区内享受的服务人员数量进行对比,发现有的站固定成本大、收不抵支,有的条件局促等问题。

四、审计方法

(一)图表法。将审计年度计生专项资金支出情况进行分解,对基层基础管理支出、技术服务支出、利益导向支出、宣传培训支出和协会管理支出五大类支出进行结构对比,查看计生资金投向;对 2008 年、2009 年两年的专项资金进行对比,分析资金增减因素;将五大类支出结构进行分析,具体查找资金增减原因。

(二)问卷调查法。利用××路人口计生服务站查体的机会对现场××人进行问卷调查,了解周边居民对 A 区人口计生工作的评价和看法,考察哪项计生工作更符合老百姓的意愿,社区居民希望人口计生工作达到什么样的效果。

(三)分析性复核法。将计生服务站的面积和医务人员数量进行对比,对人员配比进行分析。将计生服务站的面积和需服务人员进行配比分析,直观反映计生服务站分布状况。

(四)走访调查法。深入到计生服务站进行走访调查,通过开座谈会、对相关人员进行询问等方式调查了解,为专项资金的使用情况掌握了第一手资料。

(五)实地观察法。审计人员对 10 个计生服务站工作布局情况进行实地观察,了解其运行状况,提供计生服务的医务人员数量,受益人群情况,和医务人员、受益人群进行详谈,了解计生服务站功能发挥的情况,对 10 个计生服务站各要素进行相互对比,分析在整个 A 区的分布状况。

五、审计结果和建议

（一）审计评价

两年中，人口计生局坚持以人为本的工作理念，从提高 A 区居民素质的大局出发，关注居民的实际需求，强化社区服务，创建新市民生育文化服务中心，构建优孕风险评估体系，深入开展违法生育集中整治专项行动，对人口计生服务站开展"规范化"服务，以创新的思维探索实践了具有 A 区特色的"五化"城区人口计生工作新模式。

（二）审计发现的问题及原因分析

1. 专项资金管理发放程序中存在的问题。

（1）对以前年度特殊家庭扶助金申请人是否仍然符合条件未进行复查。

（2）下拨资金时仅根据 A 区妇幼保健所提供的汇总表和登记表进行审批，根据该局提供的材料，审计人员不能判断登记表上登记的人员是否属于免费的范围，是否真正做过手术及做过手术类型对应的金额。

2. 各人口计生服务站分布不均衡，面积和设备配备差别较大。

（1）百平方米服务人员数量差别较大。

表1 计生服务站面积和医务人员数量对比

指标 ＼ 街道名称	A	B	C	D	E	F	G	H	I	J
服务站面积（㎡）	520	210	500	100	200	1400	210	147	200	140
医务工作人员数量（个）	26	6	3	2	2	7	5	3	2	3
每百平方医务人员数（个/100m²）	5.0	2.9	0.6	2.0	1.0	0.5	2.4	2.0	1.0	2.1

（2）人口计生服务站面积和辖区内享受服务的人员数量不成正比（见图6）。

3. 流动人口管理有待改善，相关部门需要进一步加强协作。

（三）审计建议

1. 严格专项资金支出程序。对医疗支出费用应审查人员身份资格及其所

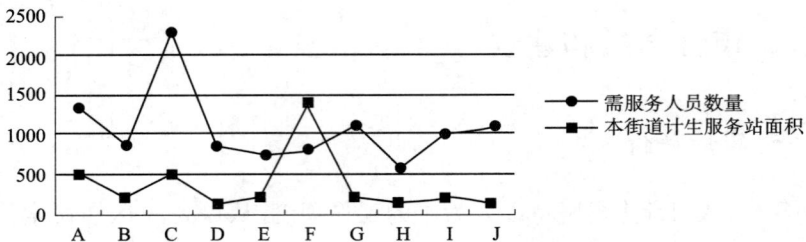

图6　计生服务站分布情况

做手术类型、金额;对接受人口计生专项资金救助的人员进行抽查和随访,降低财政资金使用风险。

2. 加强人口计生服务站的监督和管理。加大对人口计生服务站的投入,确保事业经费及时足额到位,根据辖区所需服务人员数量确定建站规模和标准,配备一专多能的技术人员,规范工作流程,进一步提高社区服务水平。

3. 继续加大宣传力度。以社区和辖区单位为依托,让育龄群众真正掌握人口政策,自觉实行计划生育,切实稳定低生育水平。

六、审计成效

区人口计生局对存在问题进行了认真整改,采纳审计建议,对计生专项资金发放的各个环节进行了梳理和细化,严格了发放程序等。根据本项目撰写的文章《A市A区围绕政府职能目标开展绩效审计》被《中国审计报》采用。

（本案例执笔:刘霞）

E 市失业保险基金"三资"绩效审计

案例简介：该项目以检查评审失业保险基金效益情况为主线，采用多种审计方法，对 E 市失业保险基金收缴、管理和使用情况进行了全面审计。审计建议得到市领导批示和被审计单位采纳，促进了 E 市失业保险基金管理工作。

一、审计项目概述

（一）项目概况

E 市的失业保险基金征缴、管理和使用由 E 市劳动和社会保障局统一领导，企事业单位失业保险费的征缴工作由其所属的社会劳动保险事业处、国家机关事业单位社会保险事业办公室分别负责执行，失业基金的发放由其所属的就业服务中心负责执行。

E 市审计局在审查 E 市失业保险金内部控制制度健全有效性、电子信息数据控制的安全性以及失业保险基金财务收支真实性、合法性基础上，对该市 2008 年 1 月至 2010 年 5 月末失业保险基金征缴、管理和使用情况进行了绩效审计，揭示了其中存在的薄弱环节，并对改进基金管理使用提出了审计建议。

（二）立项理由

1. E 市审计局根据 2010 年审计工作计划，要求所有业务科室必须至少开展一个独立型绩效审计项目。

2. 失业保险基金是为了保障失业人员失业期间的基本生活，促进其再就业，事关群众的切身利益。对失业保险基金的绩效情况进行审计，对于保障失业人员权益和促进就业具有较好的社会意义。

3. E 市失业保险基金规模适中、内容适合，开展"三资"绩效审计的条件具备,具有可操作性。

二、审计目标和评价标准

(一)审计目标

摸清基金的收支规模,通过审查基金的征缴范围,查找基金管理方面存在的问题,促进基金规范管理以及保值、增值,提高基金的使用效益,推进依法行政,切实维护失业人员的合法权益。

(二)评价标准

《失业保险条例》及国家、省市制定的其他相关政策;国家相关财经法规;行业考核指标;目标责任相关文件;单位管理制度;批复的预算;调查问卷反馈的结果等。

三、审计的内容和重点

从基金的征缴范围、征缴金额等方面入手,核查基金收支的真实性、合法性,重点查处有无擅自扩大征缴范围;缴费人员是否符合《失业保险条例》规定;是否存在重复领取失业金的现象;是否存在违规发放或冒名申领失业保险金的问题。以揭示失业保险金征缴、发放方面存在的薄弱环节,提出改进管理的建议。

从基金管理方面入手,摸清基金的收支规模,审查基金是否专户储存、专款专用,有无挤占挪用、损失浪费情况,对冗余基金形成原因进行分析,以提高基金的使用效益。

从基金的发放方面入手,审查基金发放的真实性、合法性,分析基金对失业工人生活的影响以及在和谐社会建设方面的作用。

四、审计的步骤和方法

(一)审计步骤

1. 实施审前调查,了解相关单位职能和年度工作目标,形成审计实施方案。

（1）获取有关失业保险基金的法律法规文件，进行研究分析；

（2）获取劳动和社会保障局审计年度的工作重点及工作总结，了解单位履行职能情况；

（3）获取被审计单位与本次审计相关的会计资料及业务资料，并要求其对资料的真实性、完整性作出承诺。

2. 通过询问有关人员，编制调查表，对内部控制制度进行初步分析和符合性测试，确定有关制度是否健全有效，进一步确定审计重点环节和内容。

3. 以失业保险金的征收、管理和支出为主线，对相关数据资料进行汇总、筛选、归类、分析、对比，研究分析失业保险基金的效益。

（二）审计方法

审计过程中，采用了计算法、分析法、复核法、查询法、问卷调查法等多种必要的审计方法，通过查阅资料、分析测算、实地座谈、实质性测试等审计手段，保证了审计结果的真实性、有效性、客观性、公正性。

一是调查表法。根据审计目标设计了一系列调查表。

表1　E市就业服务中心力量资源情况调查表

一、人数	核定人员编制：		干部编制：	工勤编制：
	现有人数：（其中:男： 女： ）		干部人数：	工勤人数：
二、年龄	35岁以下：		36～45岁：	46岁以上：
三、学历	研究生： 本科： 大专： 中专： 高中以下：			
四、专业	财会： 经济： 工程： 法律： 计算机： 政工： 其他：			
五、职称	高级职称： 中级职称： 初级职称：			
六、业务分工	从事 业务工作人员： 人,从事 业务工作人员： 人, 从事 业务工作人员： 人,从事 业务工作人员： 人, 从事 业务工作人员： 人。			

表2　E市就业服务中心岗位设置情况调查表

调查问题	调查结果		
	是	否	不适用
1. 是否较合理地安排了每个职工的工作？			
2. 是否存在机构臃肿、人员闲置、人浮于事的现象？			

续表

调查问题	调查结果		
	是	否	不适用
3. 是否制定了详细的岗位人员组织制度？			
4. 职工的岗位工作安排是否与职工的技能与爱好相适应？			
5. 每个岗位工作人员是否有着高标准的工作要求和明确的目标？			
6. 在工作安排上，是否考虑了职务与能力的关系？			
7. 选拔人才的措施是否适当？			
8. 职工的劳动热情是否普遍高涨？			
9. 激励措施是否合理有效？			
10. 是否重视非物质奖励措施？			
11. 是否有干部职工的中长期培训计划？			
12. 管理人员的素质是否符合本单位的发展要求？			
13. 管理人员的结构是否合理？			

通过问卷调查，发现人员过剩问题较为突出，有关内部控制制度尽管较为健全，但是在现金支付、有关费用开支标准控制等方面存在薄弱环节。

二是对比分析法。

表3　缴纳失业保险费企业的经济状况

企业类型状态	正常	注销	暂停	中止	破产
数量（户）	1248	467	98	69	8
比　　例	66.03%	24.71%	5.19%	3.65%	0.42%

从上表可以看出，E市缴纳失业保险费企业状态分布不尽合理，正常类企业仅占66.03%，注销企业占24.71%。

表4　失业金领取情况

失业金领取类型	城　合　工			农　合　工
领取月份（月）	24	12～24	1～12	
数量（户）	334	951	637	1549
比　　例	9.62%	27.40%	18.35%	44.63%

从上表可以看出,全市享受失业金人员农民合同制职工占44.63%,城镇合同制职工占55.37%。

表5　城镇合同制职工应领取失业金月数分布

城合工应领月数分布	等于 24 个月	大于 12 小于 24 个月	小于等于 12 个月
人　数	334	951	637
比　例	17.38%	49.48%	33.14%

从上表可以看出,全市城镇合同制职工享受失业保险待遇大多集中在13~23个月之间,所占比为49.48%。

表6　农民合同制职工应领取失业金月数分布

农合工应领月数分布	1~4	5~8	9~12	10~16	17~20	21~24
领取人次	709	497	146	71	69	57
比例	45.77%	32.09%	9.43%	4.58%	4.45%	3.68%

从上表可以看出,全市农民合同制职工享受失业保险待遇大多集中在1~8个月,占77.86%。

五、审计发现的问题与建议

(一)审计发现的主要问题

1. 企业单位欠缴失业保险费×××万元

根据 E 市社会劳动保险事业处提供的企业信息资料,E 市纳入网内统筹管理的企业共计××户。审计组根据企业的状态类型、经济性质等,有重点地对企业单位失业保险费欠缴情况进行了抽样审计,结果如下:

(1)"三无"企业欠缴失业保险费××万元。审计组按照登记的企业信息进行分类,发现其中无"联系人、地址、法人代表"(简称"三无")企业共××户(×××名参保人员)。审计组以此为基础设计了调查表,由失业保险经办机构有关人员进行了填写,重点掌握了这些企业的失业金缴纳情况。经调查和数据计算,其中有××户企业(×××名参保人员)自 2001 年 6 月纳入社会劳动保险事业处社会统筹以来共欠缴失业保险费金额××万元(个人应缴部分未计算在内)。

(2)"中止"企业欠缴失业保险费××万元。审计组按照登记的企业信息进行分类,其中单位状态为"中止"的企业共××户(×××名参保人员)。审计组以此为基础设计了调查表,由失业保险经办机构有关人员进行了填写,重点掌握了这些企业的失业保险费缴纳情况。经调查和数据计算,其中有××户企业(×××名参保人员)自2001年6月纳入社会劳动保险事业处社会统筹以来共欠缴失业保险费金额××元(个人应缴部分未计算在内)。

(3)外商投资企业欠缴失业保险费××万元。根据E市社会劳动保险事业处提供的企业失业金缴纳情况信息资料,2008年1月至2010年5月,全市外商投资企业未缴纳失业保险费共计××人次,欠缴企业失业保险费××元(个人应缴纳部分未计算在内)。

2. 事业单位欠缴失业保险费×××万元

根据E市国家机关事业单位社会保险事业办公室提供资料,自2001年以来,E市共有××个事业单位存在欠缴失业金的问题,单位及个人欠缴总额××万元。按照欠费时间划分:2008年以前××万元,2008年××万元,2009年××万元,2010年1~5月××万元。欠费涉及参保人员共计×××人。欠费20万元以上的××户,欠费额××万元、涉及参保人员××人。

3. 失业金领取人员信息登记不全

通过对2008年1月至2010年5月期间全市领取失业保险金人员信息进行分类排序和数据分析,发现部分人员信息登记不全。其中:经对农民合同制职工失业金领取情况数据资料进行分类排序,发现有×××笔(人)失业金领取业务资料中领取人员"住址"栏为空,×××笔(人)业务共涉及××个单位;经对城镇合同制职工失业金领取情况数据资料进行分类排序,发现有×××笔(人)失业金领取业务资料中领取人员"住址"栏为空,这×××笔(人)业务共涉及××个单位。由于信息填写不全,容易为失业保险金政策执行带来一定的安全隐患。

(二)审计建议

1. 加大对社会失业保险费的征管和监督检查力度。建议市劳动和社会保障局认真履行征缴管理和监督检查职责,严格按照规定应收尽收,保证社会保障基金安全完整。

2. 扩大失业保险基金使用范围,提高基金使用效益。截至 2010 年 5 月末,全市失业保险基金结余达×××万元,较 2008 年初翻了一番。建议 E 市劳动和社会保障局切实落实上级关于延长扩大失业保险基金支出范围试点政策有关问题的通知,充分发挥失业保险制度在预防失业和促进就业方面的作用,进一步提高基金的使用效益。

3. 加强电子信息系统管理,确保失业金领取人员信息渠道畅通。建议市就业服务中心严格电子数据信息系统管理,完善数据填写手续,提高电子信息系统管理质量和水平。

六、审计成效

被审计单位按期对审计反映的问题进行了整改,加强了内部管理。E 市劳动和社会保障局先后与市财政局联合下发了《关于 2010 年度公益型岗位认定与补贴发放有关问题的通知》和《关于产业能力培训补贴与产业岗位开发补贴发放管理有关问题的通知》。根据该审计结果撰写的《E 市审计局提出加强全市失业保险金管理的三点建议》得到常务副市长的批示,《E 市劳动和社会保障局积极落实审计建议拓宽失业保险基金使用渠道》被《E 市信息》和《政府信息》等采用。

（本案例执笔:张厚亮）

B 市城镇居民医疗保险基金绩效审计

案例简介:该项目围绕城镇居民医疗保险基金这一主线,在财务审计的基础上,扩大审计外延,通过对各项定性、定量指标的审查,对基金征缴管理和使用的经济性、效率性、效果性进行了绩效评价,从宏观管理着眼,提出了进一步健全完善制度的建议,全部被市政府采纳,充分体现了审计的建设性作用。

一、审计项目概述

2008 年 8 月,B 市启动城镇居民医疗保险(以下简称城居医保)工作,将全市未纳入城镇职工基本医疗保险和新型农村合作医疗保险(以下简称新农合)范围的本市城镇居民以及在本市各类学校就读的学生全部纳入城居医保政策覆盖范围,从制度上实现了全市基本医疗保险的无缝隙全覆盖。自 2008 年 10 月 1 日起,投保的城镇居民开始享受待遇。市劳动和社会保障局将参保人员信息情况纳入动态数据库,并与××家定点医疗机构联网,实现了实时结算。

二、审计目标和评价标准

(一)审计目标

通过审计和审计调查,全面掌握 B 市关于城居医保方面的有关政策,查清城居医保的规模,摸清基金的运行情况,审查基金的支付、使用是否合规,相关制度是否存在缺陷、执行是否有效,分析基金产生的效益,揭露资金管理和使用方面存在的问题,提出改进建议,为政府和领导宏观决策提供依据。

(二)审计评价标准

1. 市财政局批复的年度城居医保基金预算,以评价资金使用的真实性。

2. 国家和省市有关城居医保基金使用方面的法规制度,主要有:《关于城镇居民基本医疗保险医疗服务管理的意见》(劳社部发〔2007〕40号)、《A市城镇居民基本医疗保险暂行办法》、A市《关于城镇居民基本医疗保险若干问题的处理意见》、《B市城镇居民基本医疗保险实施意见》,以评价资金使用的合法合规性。

3. 设定的各项绩效评价指标,以定量加定性指标评价资金的使用程度以及使用效果。

4. 座谈、访谈及调查问卷反馈结果,以评价资金的社会效益。

三、审计内容和重点

(一)建立定性指标与定量指标结合型评价体系。对城居医保管理机构的责任机制是否健全、是否执行有效、是否建立健全了各项内部控制制度、是否存在因管理不到位而带来的损失浪费等进行定性分析,结合计算机辅助审计分析的各项定量指标,坚持定量分析定性化、定性分析定量化,建立完整的定性、定量指标结合型评价体系,全面评价基金运行绩效。

(二)审查城镇居民基本医疗保险基金征缴管理和使用的经济性。通过对城镇居民基本医疗保险基金个人投入受保障程度、人均筹资水平、城居医保基金结存率、重复参保情况的分析,以及对享受财政补贴的特殊人员身份的筛查,来判断参保人员在能够得到基本医疗保障的情况下,筹资总额是否保持在最经济的水平上,基金的征缴管理和使用是否符合经济性原则,是否存在基金的损失浪费问题。

(三)审查城镇居民基本医疗保险基金征缴管理和使用的效率性。通过对A市及B市两级财政配套资金的拨付到位情况以及对基金使用效率的分析审查,来审核确认基金的征缴管理和使用是否符合效率性原则,评价基金的运行是否经济有效。

(四)审查城镇居民基本医疗保险基金征缴管理和使用的效果性。通过对

数据整理

步骤1

步骤2

步骤3

步骤4

步骤5

被审计单位原始数据

资料整理/准备

城镇居民基本医疗保险政策

城镇居民征缴情况信息表

新农合参合情况信息表

优抚人员信息表

科目余额表

最高受保障系数分析

人均筹资水平分析

重复参保(合)套取财政资金分析

虚假优抚对象套取财政资金分析

医保基金结存率分析

审计结论

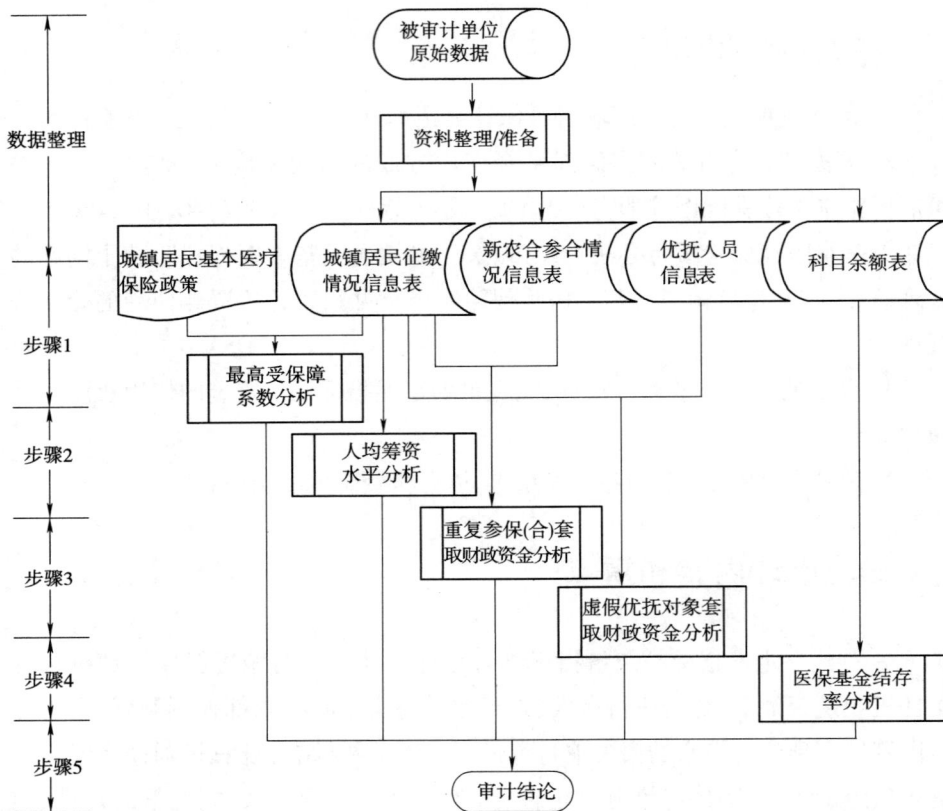

图1 城镇居民基本医疗保险基金经济性审查流程图

适保人群参保率、基金平均补偿率、受益人群的分析以及与新型农村合作医疗受益率的对比分析,评价基金的运行是否达到预期效果,是否达到了"应保尽保",实现对医疗保障群体的无缝隙全覆盖。

(五)抽取定点医疗机构延伸审计。根据前期计算机辅助审计分析的疑似问题,抽取定点医疗机构进行核实:一是检查当天城居医保在院人员,审核是否"挂床"、"空床",核实病人信息是否与录入医保报销系统的信息一致;二是聘请专家,抽取病历,检查治疗病种与实际报销信息是否相符,开具药品是否合规。

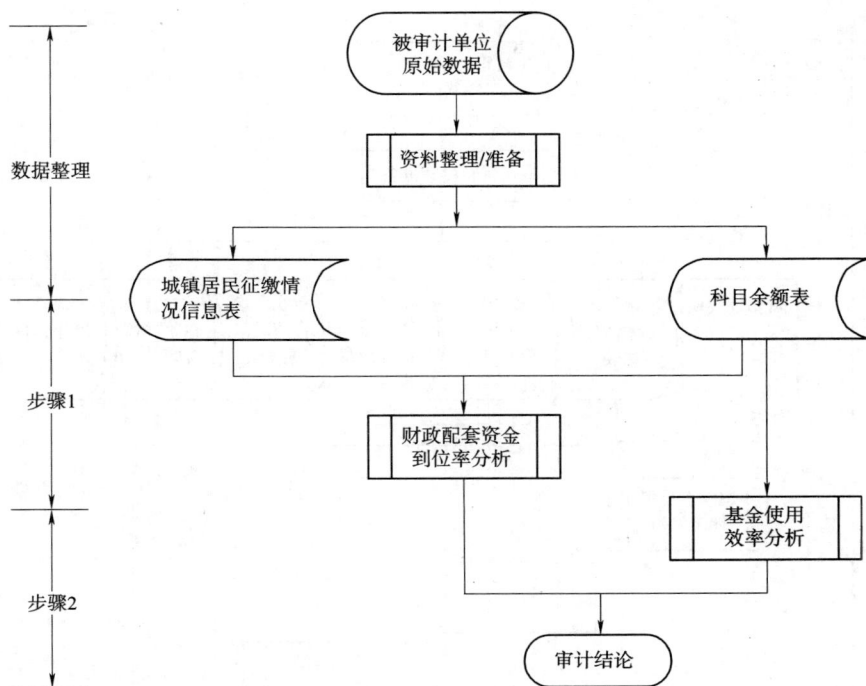

图2　城镇居民基本医疗保险基金效率性审查流程图

表1　居民基本医疗保险调查表

调查单位:市审计局　　　　　　　　　　　　调查日期:2010 年　　　月　　　日

被调查人姓名		性别	
居住地		联系电话	
参加居民基本医疗保险时间			
个人缴费金额			
投保地			
是否享受过居民医保待遇	□住院　　□门诊		
病因			
治疗医疗单位			
诊疗时间			
个人自付金额			
对居民医保政策的意见和建议			

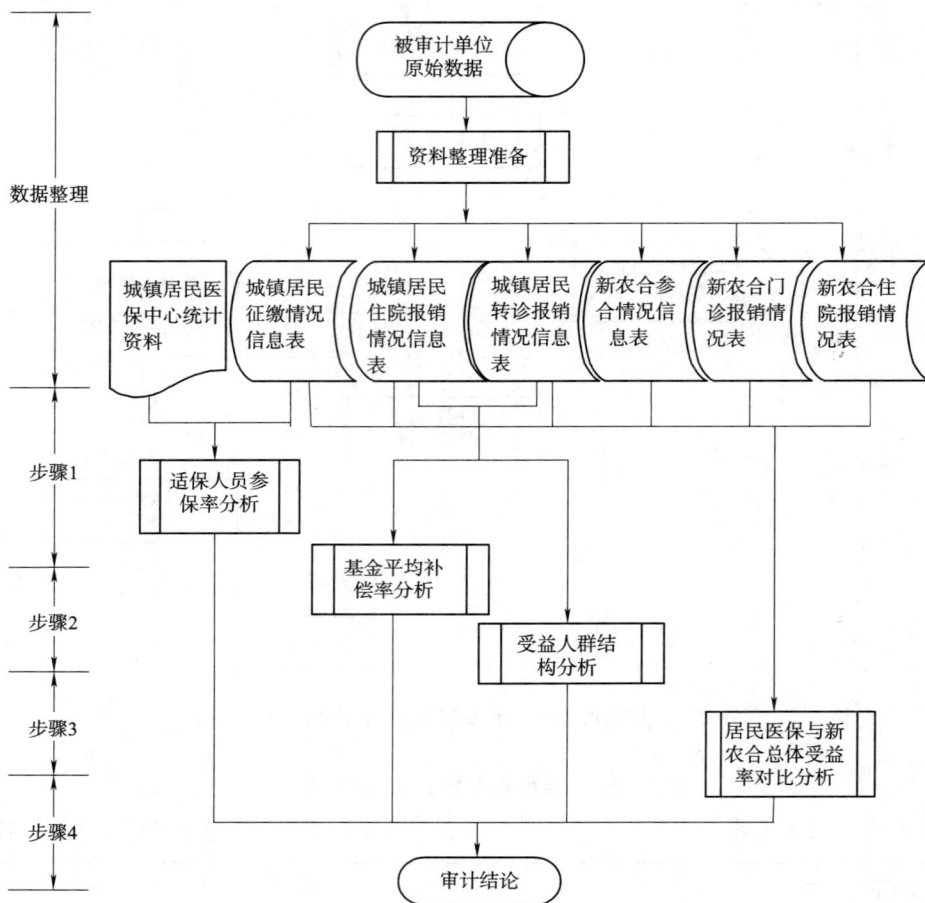

图3　城镇居民基本医疗保险基金效果性审查流程图

四、审计步骤和方法

(一)审计思路

围绕2008年8月至2010年6月期间城居医保基金的征收、管理和使用三个环节,以财务数据为基础,扩大审计外延,重点关注业务数据,从基金的征收环节入手,对各实施单位的管理机制、管理程序、管理结构的健全性、有效性进行测评,从而发现基金在征收、管理、使用三个环节的关键点及控制薄弱点,分析基金的经济性、效率性、效果性,提出具体可行的改进措施和有针对性的审计建议。

（二）审计步骤。

1. 开展审前调查工作。一是与医保中心财务人员对接,采集2008年开征以来至审计日的财务电子数据,了解基金的征缴总量、基金管理模式、支出总量;二是与医保中心的领导及业务科室人员座谈,了解基金的运行模式、具体政策;三是到医保定点医疗机构调查,了解基金的流转模式、报销模式等;四是走访市劳保局和财政局,了解各部门对医保中心基金管理及使用的考核情况;五是查阅财政局对医保中心基金使用情况的专项督察报告,了解医保中心在管理基金中存在的问题。

2. 编写审计实施方案。在充分调查准备之后,审计组制订了详细的审计实施方案,重点审计基金的政策制定、资金管理、定点医疗机构报销等资金流程环节。根据审计总目标,采用逐层分解的方式,从经济性、效率性、效果性三个方面来设定绩效审计评价指标体系。

3. 按照审计方案实施审计。一是以财务数据审计为基础,审核财务收支的合规性。二是整合数据开展计算机辅助审计,在采集B市城镇居民医疗保险基金征缴、支付业务及财务数据的同时,采集了新农合及优抚对象等业务资料,按照"先总体后个案、注重数据关联"的思路,进行关联分析、疑点验证和问题核实。三是根据实施方案设定的绩效指标进行调查分析。

4. 合理作出绩效审计评价。在审计实施的基础上,充分听取了医保中心、财政局、卫生局等相关部门的意见,从管理体制、资金收支流转等方面对医保基金作出绩效评价,提出改进管理的审计建议。

五、审计结果

（一）审计评价意见

审计调查结果表明,B市城镇居民基本医疗保险制度自2008年8月启动以来,参保范围、参保受益面不断扩大,全市已有××××人次享受到了医疗保险待遇,其中:在本市就诊××××人次,转诊或异地急诊×××人次,参保患者得到了及时诊治和费用报销,减轻了经济负担。市劳动保险事业处高效地做好基金征缴工作,市医保中心采取多项措施,加大对基金支付的监管力度,保障了B市城居医保基金的安全完整。

1. 城居医保基金经济性分析。城居医保基金收支结构还不太合理,结存率过高,基金使用率较低,经济性不强。2008年和2009年两个年度城居医保基金的结存率分别为××%、××%,基金使用率分别为××%、××%。说明城居医保基金没有被充分使用,有悖于制度设计之初所制定的"收支平衡、略有结余"的原则,这与有关部门刚开始执行居民城居医保政策没有经验,担心基金入不敷出而把报销比例控制得比较严格有关。

2. 城居医保基金效率性分析。调查认为,城居医保的内控制度健全,业务流转顺畅。市医保中心制定了《关于进一步规范医疗费报销工作流程的通知》等多项制度,规范内部工作流程,大力提升业务经办能力,医疗费报销办结天数由公示的15个工作日,缩短到10个工作日,提高了办结效率和基金运行效率。但普通门诊受益面偏窄,群众知晓率较低。为了体现对老年居民、重度残疾人、非从业人员的照顾,B市专门建立了门诊统筹金,由参保人自主选择一家医保定点医疗机构作为本人的普通门诊定点单位,在一个医疗年度内发生的普通门诊医疗费按照30%报销,报销限额为100元。作为这样一种普惠制的医疗救助模式,自开始执行城居医保政策至2010年6月末,仅报销了1.31万元的普通门诊费用。随机抽取20位成年人进行调查,对此项制度的知晓率仅为5%。

3. 城居医保基金效果性分析。城居医保已有较大的覆盖面,弱势人群从中受益,但据全覆盖目标尚有一定差距。审查市医保中心提供数据发现,2008年度适保人员参保率为79.30%,2009年度适保人员参保率为71.24%。自执行城居医保政策以来,已经为参保群众报销医疗费×××万元,受益人群以老年居民和少年儿童居多,报销医疗费用金额分别占整个城居医保统筹支付额的59%和31%。

(二)审计发现的主要问题

1. 存在居民重复参保现象。城居医保和新农合分别由市劳动保障部门和卫生部门经办,按照规定参保人员只能选择其中一种,不能同时参保,重复享受。利用计算机技术对这两个险种征缴的业务电子数据进行分析后发现,截至2010年6月末,重复参保使财政多补贴了××万元。部分重复参保居民在城镇居民医保中和在新农合中同时报销,其中2009年共有××人次。

产生新农合与城镇居民医保重复参保报销现象的主要原因:一是两种医疗保险信息数据未能共享,形成了管理上的漏洞。现行的两种医疗保险各行其是,城镇居民医疗保险归属于劳保局管理,而新农合则归属卫生局管理;新农合、城镇居民医保与定点医疗机构实行实时结算的联网系统都是各自独立的,两套系统之间信息不共享。二是保费支出相对于医疗报销费用较小,受大病报销最高限额的限制,部分人员设法重复参保。特别是一些大病号、老病号,更会想办法投上两种保险,为将来医疗费用报销留出选择空间。

2. 定点医疗机构中存在个别重复报销现象。经抽查,发现市第×医院将Z某住院费用分别录入新农合和城镇居民城居医保报销系统,使其分别报销×××元和×××元,共计×××元,比实际住院费用还多报销了×××元。

出现上述问题的原因是,该院在内控管理上有漏洞,财务人员同时经办医疗保险相关业务,未执行严格的内部牵制制度。

3. 提供虚假优抚对象信息套取财政配套资金现象。将民政部门提供的优抚对象信息与市劳保事业处提供的征缴信息进行关联分析,发现存在提供虚假优抚对象信息套取财政资金的情况,共套取财政资金×万元。

4. 实际报销水平偏低。《B市城镇居民基本医疗保险实施意见》规定,对城镇居民的住院治疗费用实行分档累加计算的报销比例,最低报销比例为60%,最高报销比例为90%,根据政策测算的平均报销比例为80%左右。但据市医保中心提供的数据统计,至2010年6月末,城居医保统筹支付额占医疗费用总额的比例仅达到48.67%,距应该达到的平均报销比例尚有约30个百分点的差距。

出现上述问题的主要原因是个别定点医疗机构把门诊病人转化为住院病人,诱导病人超范围用药和检查。根据报销情况统计,纳入统筹范围的医疗费用占医疗费用总额的比例为72%,意味着超范围用药占到了28%。在72%的统筹范围内,再根据相关规定享受60%~90%的报销待遇。医疗机构的行为降低了参保人员报销比例,增加了病人的负担。

六、审计成效

针对审计发现问题,市审计局向市委、市政府报送了《B 市城居医保基金运行平稳,总体利用率偏低》、《B 市基本医疗保障存在重复投保重复报销问题亟待关注》两篇审计专报,得到领导重要批示。根据审计提出的建议,市领导专门召开了协调会,市财政局、市卫生局、市劳保局、市审计局等部门参与,共同商定出台了《关于做好 2011 年度新型农村合作医疗资金筹集工作的通知》和《关于城镇居民基本医疗保险政策调整的通知》,推进 B 市城镇居民医疗保险事业持续健康发展。对审计发现存在的重复报销问题,相关部门联合行文,完善基金报销支付流程,保障了基金的安全完整。有关该审计项目的 AO 审计实例及审计方法在审计署评比中获奖。

(本案例执笔:戚峥)

G 区海洋渔业专项资金绩效审计

案例简介：该项目对 G 区海洋渔业专项资金管理使用绩效情况开展了审计，以财政性专项资金及其配套资金为出发点，充分关注资金形成的相关资产以及所涉及公共资源的管理使用情况，深入分析海洋渔业专项资金管理中存在的根本性问题，并提出建议措施。该项目审计报告得到时任 G 区区长的批示，相关信息被区政府网站等采用。

一、审计项目概述

（一）基本情况

G 区海洋渔业专项资金是指区级财政安排的用于全区海域综合治理、海洋环境保护、水产品开发、渔业安全生产等项目的资金，区海洋渔业主管部门和区财政部门共同负责管理项目资金。海洋渔业专项资金的拨付采用直接拨付制，项目资金直接拨付项目单位。2009 年度全区确定 9 个海洋渔业专项资金项目，总投资 1630 万元，另外预留 141 万元用于海上抢险救生、上级项目配套以及其他扶持渔业渔村经济发展项目。

（二）立项理由

项目选择上，在遵循重要性、可行性和实效性原则的基础上，紧紧围绕"三资"（资金、资产、资源），结合工作实际，关注民生，注重服务，关注热点，重点考虑以下原因：

一是 G 区是一个沿海大区，海岸线 116.3 公里，海域面积 1281 平方公里，76% 的人口居住在临海区域，海域环境与海洋资源同 G 区居民生存、发展环境息息相关，本次审计一定程度上是对 G 区贯彻落实中央关于发展"蓝色经济区"

和市委、市政府"环湾保护、拥湾发展"战略的检验,通过对海洋渔业资金的审计,引起各方面的高度重视,促进加强管理,以实现提高海洋渔业专项资金管理使用效益的目的。

二是该项目有较大的社会影响力。G区现有从业渔民3万余人,占全区常住人口的10%,渔业生产状况与渔民生活状况密切相连,是影响G区社会稳定的重要因素。同时,工委管委各级领导及全社会都对渔民转产转业和生活改善情况非常关注。该项目的选择紧密围绕关注民生、构建和谐社会的主题。

二、审计目标

通过审计,摸清2009年度G区海洋渔业专项资金管理使用绩效的总体情况,通过评价专项资金的运行情况、形成资产的管理情况、相关海洋渔业资源的开发保护情况,揭露海洋渔业专项资金管理使用中存在的突出问题,结合审计发现的问题提出针对性的改进意见和建议,促进有关部门严格执行海洋渔业专项资金相关政策和制度规定,合理、恰当地选择资金项目,加强对相关资金、资产、资源的监督管理,保障资金运行的真实和完整,提高海洋渔业资金的使用效益。

一是通过检查海洋渔业项目管理相关内部控制制度的健全性、有效性,揭露项目立项、审批、实施、验收以及资金管理、资产管理、资源管理等方面可能存在的薄弱环节。

二是通过检查海洋渔业资金管理、资产管理、资源管理等方面的真实性、合法性,揭露财务收支活动中可能存在违法违规问题。

三是通过检查海洋渔业资金使用中的经济性、效率性、效果性,揭露资金使用中可能存在的不经济性、效益低下等问题,客观评价海洋渔业专项资金在保护海洋环境、改善海洋渔业资源、提高渔业生产技术方面发挥的实际作用。

三、审计内容和重点

本次审计采取送达审计与现场调查相结合的方式,以资金流向为主线,对区海洋与渔业局、区财政局、各项目单位管理使用海洋渔业专项资金绩效情况进行审计调查。审计分为三个阶段,第一阶段重点审查区海洋与渔业局、区财政局的海洋渔业专项资金的项目管理情况和资金管理情况；第二阶段深入各项目单位调查了解项目立项、资金使用及项目实施情况，评价项目成果；第三阶段对沿海的 4 个街道办事处及相关社区进行审计，主要对养殖渔民和捕捞渔民进行入户走访和问卷调查。

（一）内控制度与管理方面

重点审查海洋渔业专项资金项目立项、审批、实施、验收、拨款程序是否完备，项目申报是否遵照公开、公平、民主原则；项目申报单位是否对项目进行了详尽细致的可行性研究；区海洋与渔业局、区财政局是否逐级对申报项目进行充分科学的评估、论证；区海洋与渔业局、区财政局是否对项目实施过程进行监督；区海洋与渔业局、区财政局是否对完工项目进行竣工验收；区财政局的拨款程序是否符合该项资金的拨款要求。

（二）资金方面

重点审查年度海洋渔业项目资金计划是否及时下达；财政补助的专项资金是否及时下拨到项目单位；项目单位收到财政拨款是否及时、足额入账，有无隐瞒收入，私设小金库等违规问题；项目资金管理是否建立健全内部控制制度，项目支出是否真实，有无挤占、挪用专项资金及虚列支出套取财政资金的问题；是否存在多头申报、多头申请资金，各项目单位自筹资金是否及时足额到位；各项目预定内容是否如期完成；项目完成后形成的收益是否及时入账核算。

（三）资产方面

重点审查项目相关的材料、种苗等物资的购入成本是否经济；项目建设造价是否合理，符合政府采购条件的大宗材料采购、大型设备购置是否执行政府采购，符合招标条件的建设项目是否履行招标程序；项目实际支出是否控制在项目预算范围内；项目资金形成资产的运行情况是否与预期相一致，购建的设备等固定资产是否及时入账并得到妥善管理。

（四）资源方面

重点审查项目是否实现预期目标；是否对 G 区海域环境、海洋渔业资源、水产品质量、渔业安全生产等海洋渔业各项工作起到改善促进作用；项目建成后维护管理是否到位,是否最大限度发挥项目效益。

四、审计程序与方法

本次审计采取全面调查与重点抽查相结合的方法,对海洋渔业专项资金投入管理使用情况,沿资金流向纵横展开、点面结合进行审计,并重点审查了海洋渔业专项资金各级管理部门和项目单位对项目相关资金、资产、资源的管理绩效情况。在此基础上,针对领导关注、群众关心、社会反映强烈的海洋渔业相关的难点热点问题,通过发放调查问卷和入户调查相结合的方法进行了调查。

1. 审前准备阶段。首先,由于此前审计人员对海洋渔业的相关政策并不了解,因此在审前准备阶段,审计人员通过网络、媒体以及到相关单位查阅的方式搜集海洋渔业的基础性信息进行学习,如《S省海洋捕捞渔民转产转业项目管理办法》、《S省渔业资源修复工程规划》、《S省农产品竞争力提升计划》、《S省渔业疾病防治办法》等政策法规文件。其次,为了制订审计实施方案,编制合理全面的调查问卷。审计组首先抽取了X街道办事处某社区进行走访,到群众家中实地了解情况,获取第一手资料,制订了切实可行的审计实施方案。

2. 审计实施阶段。

(1)内部控制制度审计。

方法步骤:一是通过检查项目所在单位有关海洋渔业资金项目的会议纪要和申报材料,了解项目申报是否经过集体讨论研究;二是取得各项目可行性研究报告,检查是否针对申报项目进行详尽细致的可行性研究;三是取得海洋渔业资金各项目审批的有关材料,检查海洋渔业资金的各级主管部门是否对申报的项目进行了充分科学的评估、论证;四是询问项目单位,调查了解区海洋与渔业局、区财政局对项目实施的监督检查情况;五是取得项目验收报告,检查完工项目是否按照规定进行验收;六是取得区财政局款项拨付的有关凭证,检查核对是否履行了验收合格的各项程序后才予以拨款。

审计结论:2009年,区海洋与渔业局、区财政局较好地履行海洋渔业专项工作相关职责,认真完成专项资金的审批工作以及项目的验收工作;各项目单位申报并执行的项目真实可靠。各项相关内控制度基本健全有效。

(2)资金绩效审计。

方法步骤:一是取得项目单位与海洋渔业专项资金收入有关账面、凭证资料,检查财政拨款是否及时、足额入账;二是取得项目单位与该项资金支出有关账面、凭证资料,检查项目支出签批手续是否齐全,项目支出的合同、发票等要素是否完备,是否按照可行性方案中项目预算合理安排支出,是否挤占、挪用专项资金;三是实地抽查部分项目,查看项目是否真实,并结合支出审计,检查是否存在虚列支出套取财政资金的问题;四是取得当年度项目资金计划安排的相关文件,对比项目进度,检查项目资金计划下达的时效性;五是取得项目单位项目资金来源的有关资料,检查项目是否存在多头申报、多头申请财政资金的问题,各项目单位自筹资金是否按照要求及时到位,有无虚假配套套取财政资金的问题,财政补助资金是否及时下拨到项目单位,有无延压、滞留财政资金的问题;六是获取评审小组项目验收有关资料,检查项目是否如期完成,有无数量、规格、规模不符合预定内容,降低资金使用效率的问题;七是查阅项目单位账簿,结合可行性分析报告中的收益预测,检查项目完成后形成的收益有无未及时完整入账的问题;八是审查用于海上抢险救生、上级项目配套以及其他扶持渔业渔村经济发展项目资金的审批使用是否履行相关程序,有无随意支配的现象。

审计结论:一是根据《A 市 G 区 2009 年海洋与渔业项目资金计划安排》的规定,2009 年区财政局应向各海洋渔业项目单位拨付项目资金 1630 万元,当年实际拨付 1580 万元。通过项目预算批复与实际拨款的对比发现,区财政局向区水产技术推广站多拨付渔业疫病防治资金 50 万元,经查为区财政局把关不严,误拨款项。另外,未按照资金安排向 YHW 置业有限公司拨付掌状红皮藻工厂化养殖资金 100 万元,经查,该项目已完工,但由于未经过区海洋与渔业局和区财政局的验收,因此资金尚未拨付。

二是 G 区海洋渔业专项资金不是按照项目进度进行拨款,而是对不同单位区别对待,严重影响项目的进展。区海洋与渔业局及其下属单位均为全额拨款单位,经费支出均按年度预算执行,基本没有经费结余资金用于垫支项目支出,由于拨款时间集中在 12 月,因此导致部分项目不能如期开展,只能将项目延期至下一年度;社会单位承担的项目,由于只能在项目完工验收合格后才能收到项目资金,因此,相当一部分资金并不充裕的单位,由于无法垫支项目实施的资金,导致项目无法进行。

出现上述问题的根本性原因是年度资金计划安排时间滞后。《全区2009年海洋与渔业项目资金计划安排》下达的时间为2009年8月14日,导致上半年没有有效开展的项目,区财政向各项目单位拨款的时间集中在当年9月28日至12月25日(其中,区海洋与渔业局及其下属单位收到拨款的时间为12月11日至25日),由于拨款时间较晚影响了项目的开展进度,导致年末部分项目未能如期完成。

三是经费类项目在项目资金总额中所占比重过大。2009年全区海洋渔业专项资金计划中,海洋环境检测、水产品质量检测等各预算单位职能范围内的经费类项目资金合计938.40万元,占资金总额(不含预留费用)的57.57%,影响了海洋渔业专项资金最大效能的发挥。

四是S省渔业互保协会G区办事处经费未纳入财政监管。该单位职能及财务自2007年起由G区渔港监督站代管,2007年至2009年收到S省渔业互保协会拨入经费及相关利息收入388701.55元,同期支出201316.29元,该项资金未纳入G区财政监管。

(3)资产绩效审计。

方法步骤:一是汇总各项目材料、种苗等购买和项目建设的明细资料,通过相互对比、网上询价、询问经办人员、咨询专业人士等方式,了解各项支出是否经济,重点关注未进行政府采购的大型设备、大宗材料采购是否合理;二是取得各项目可行性报告关于项目预算的相关材料,检查核对项目实际支出是否遵照项目预算内容安排专项资金支出,有无严重超出预算,增加项目负担,影响未来收益的问题;三是现场审查项目资金形成资产的现状,以评价相关资产的管理、使用情况。

审计结论:项目资金形成的资产基本符合项目要求,但审计也发现,部分资金形成的资产管理使用状况不佳,其中:YHW公司掌状红皮藻工厂化养殖项目,其用于改造排水系统的2500升过滤器,未按照计划书要求装置于室内,而是露天安置,设备使用状况不佳,已部分出现锈蚀现象(如图1所示)。

(4)资源绩效审计。

方法步骤:一是结合G区海洋与渔业局及相关单位的年度工作目标完成情况,分析判断海洋渔业专项资金在改善促进G区海域环境、水产品质量、渔业安全生产等方面产生的效益;二是对比分析水产品生产项目投产前后收入情况,判断项目建成后是否对改善产品结构、企业增收起到了促进作用;三是取得区

图1　YHW公司2500升过滤器安置图

海洋与渔业局、区财政局等部门对海洋渔业项目年度监督检查材料,现场查看部分项目,检查是否存在项目建成后维护管理不善,影响项目长期发挥效益的问题。

　　审计结论:通过海洋渔业装箱资金项目的实施,G区海域综合治理、海洋环境保护、渔业安全生产、水产品开发等工作得到较好开展。海洋环境状况得到明显改善,即使受到浒苔大面积暴发的影响,G区4个重点海区的海域环境指标仍达到优良等级;通过对渔业技术的推广和渔业疫病的防治,渔业资源得到有效保护,渔业生产值稳步提高,较2008年提高5.51%;深水网箱吊笼养海参试验和掌状红皮藻工厂化养殖获得成功,其中,深水网箱吊笼养海参使G区海珍品养殖水平再上一个新台阶,掌状红皮藻工厂化养殖使G区海洋微生物环境得以多样化,丰富了渔业资源的饵料物种,有效改善了G区渔业资源。

　　(5)走访问卷调查审计。

　　方法步骤:一是对海洋渔业部门工作的满意度进行调查;二是找出可能存在的虚报项目套取资金的问题;三是通过走访,现场查看海洋渔业专项资金运用起到的效果;四是结合被走访群众提出的意见和建议,客观评价海洋渔业专项资金的使用效益,并提出合理化的审计建议。

调查问卷分为养殖渔民问卷和捕捞渔民问卷,主要了解海洋渔业部门组织培训、疫病防治、环境治理、资源改善等方面的工作情况以及存在的问题。

表1　调查问卷

海洋渔业专项资金审计调查表(养殖渔民填写)		
街道　　　社区　　　户		
被调查人姓名		
养殖区域	养殖面积	
养殖品种	渔船船号	
2008 年养殖收入	2009 年养殖收入	
水产技术推广站是否经常举办养殖技术培训	A. 是　B. 偶尔有　C. 从没有	
水产技术推广站的培训内容有	A. 深水网箱养殖　B. 海珍品养殖　C. 水产品质量安全　D. 养殖病害防治	
水产技术推广站是否对抽检的样品支付合理费用	A. 支付合理费用　B. 支付费用但不合理　C. 不支付费用　D. 没有抽检过	
水产技术推广站是否按照养殖户要求免费发放渔药	A. 免费发放　　　B. 收费发放　　　C. 从不发放	
G 区海洋环境是否得到改善	A. 改善较为明显　B. 不明显　C. 环境恶化	
渔港监督站是否举行过海上抢险救生演习	A. 组织过　B. 没有组织过　C. 演习流于形式　D. 没有组织过	
是否投了渔船互助保险	A. 是　B. 符合条件,但自愿不投　C. 不符合条件	
对 A 局及其下属单位的工作满意吗	A. 非常满意　B. 满意　C. 一般　D. 不满意	
您要表述的其他意见		
填表日期:		
注:区审计局会对本调查表严格保密。		
海洋渔业专项资金审计调查表(捕捞渔民填写)		
街道　　　社区　　　户		
被调查人姓名		
通常作业区域	平均每次出海时间	

续表

渔船马力		渔船船号	
2008 年捕捞收入		2009 年捕捞收入	
渔港监督站是否经常举办渔业安全技术培训	A. 是 B. 偶尔有 C. 从没有		
渔港监督站的培训内容有	A. 安全操作规程 B. 海上交通事故应急措施及处理 C. 海上救生、海上求生 D. 船舶消防		
渔港监督站是否对培训收取费用	A. 免费培训 B. 收取费用但不多 C. 收费较多		
G 区渔业资源是否得到改善	A. 改善较为明显 B. 不明显 C. 资源已经枯竭		
G 区海洋环境是否得到改善	A. 改善较为明显 B. 不明显 C. 环境恶化		
渔港监督站是否举行过海上抢险救生演习	A. 组织过 B. 没有组织过 C. 演习流于形式 D. 没有组织过		
是否投了渔船互助保险	A. 是 B. 符合条件,但自愿不投 C. 不符合条件		
对 A 局及其下属单位的工作满意吗	A. 非常满意 B. 满意 C. 一般 D. 不满意		
您要表述的其他意见			
填表日期:			
注:区审计局会对本调查表严格保密。			

本次审计重点抽查了 4 个沿海街道办事处的 22 个沿海社区、296 名养殖渔民、178 名捕捞渔民,取得有效调查问卷 474 份,其中:养殖渔民问卷 296 份、捕捞渔民问卷 178 份。渔民调查数量占全区从事渔业生产人口的 1.58%。

审计结论:调查对象对 G 区海洋渔业部门工作的满意度为 96.18%,有 82% 的调查对象表示 G 区海洋环境得到明显改善,但同时有 45% 的调查对象认为 G 区渔业资源不容乐观,92% 的调查对象接受过海洋渔业部门的渔业生产培训,认为培训作用明显,98% 的调查对象认为 G 区渔业疫病防治工作非常到位,100% 的符合条件渔民参加了渔船互助保险,但所有的调查对象 2009 年均不曾参加海上救生等安全演习,安全生产水平较差。

五、审计成效

本项目是首次对 G 区海洋渔业专项资金进行全面审计,引起了区政府和社会各界的广泛关注,区政府网站和区政府内部信息先后两次报道该项目的相关信息,区长对审计报告作出重要批示。针对资金拨付环节存在的问题,区财政局已进行了整改;针对年度资金计划安排时间滞后的问题,区海洋与渔业局、区财政局协调各相关单位,将海洋渔业专项资金的申报时间提前到上一年,并加快项目审批工作进度,争取使年度项目资金计划安排能够在当年年初下达;针对经费类项目在项目资金总额中所占比重过大的问题,区财政将该部分资金纳入相关单位的年度部门预算,提高了水产品开发、养殖苗种培育等实际项目在资金总额中所占比例;针对项目资金形成的资产管理不善的问题,YHW 公司已进行了整改,对相关设备进行了合理安置,确保项目资金形成的资产能够持续稳定的发挥作用。

(本案例执笔:纪珂)

E区某公司粮食补贴资金绩效审计调查

案例简介:该项目紧紧抓住 E 区粮食补贴资金这条主线,横向拓展审计覆盖面,纵向深入企业经营管理领域,重点关注粮食轮换目标完成情况,财政资金使用是否合法合规,粮食储备和轮换实现的社会效益和经济效益是否显著,全面评价资金、资产、资源绩效情况。调查结果得到区委区政府高度肯定,审计建议得到被审计单位认真采纳,绩效审计的成果被《中国审计报》宣传报道,绩效审计的做法和思路获审计署 AO 实例优秀奖。

一、审计项目概述

(一)项目概况

E 区地方储备粮油××××万吨,目前分布在 7 个点,其中粮食储备点 6个,花生油储备点 1 个。7 个储备点中 1 个为自有,其余 6 个均为租赁。某公司具体负责粮食的储备和轮换工作,2007 年至 2009 年期间,累计轮换粮油×××万吨,财政补贴资金×××万元。

地方粮食的购销、轮换和储备具有鲜明的行业特点,政策性强、内容复杂,储备和轮换需要大量财政资金投入。补贴资金采取包干使用的形式,年资金规模×××万元左右,具体申请拨付程序和资金的构成详见图 1、图 2。

(二)立项理由

1. 粮食储备关系国计民生,是重要的战略储备物资,区委区政府高度重视地方粮食储备轮换工作。区主要领导亟待了解财政资金管理使用的合规合法性和投入带来的社会效益,调查选取的对象与领导关心的热点领域不谋而合,审计结果更容易受到关注。

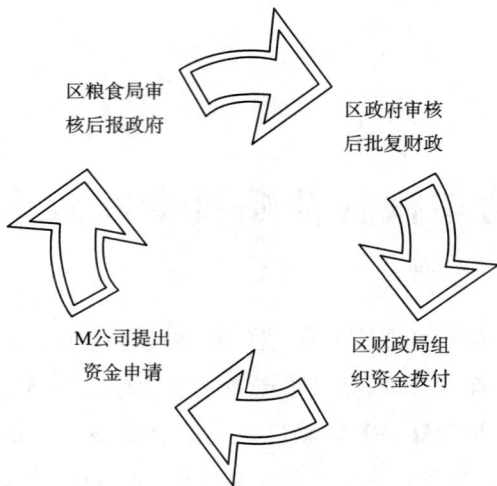

图1　粮食补贴资金申请批复流程图

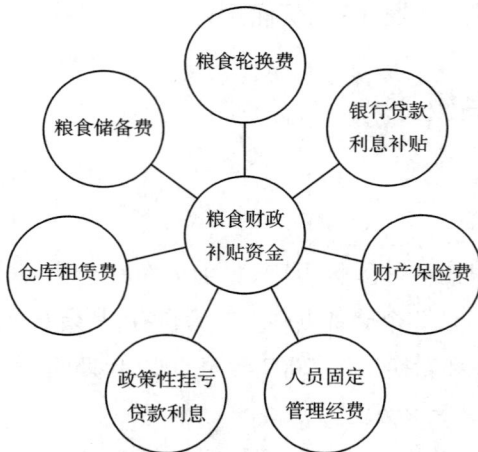

图2　粮食补贴资金构成图

2. 如何开展好国有企业审计,是县市级审计机关亟待破解的一道难题。本次审计调查紧紧围绕"绩效"主题,极大拓宽了审计的覆盖面,将审计评价的"触角"延伸到资金、资产、资源和职能履行等领域,突破了传统单纯合法、合规性审计老模式,探索专项资金和国有企业相结合的审计新模式。

3. 发挥审计"参谋助手"作用,发掘资金日常管理中存在的薄弱环节,摸清E区地方储备粮的购销存情况,向区委区政府提出切实可行的审计建议,进一步促进资金管理的规范化,提高资金使用的透明度和合理性,确保地方粮食储备工作顺利开展。

二、审计目标和评价标准

(一)审计目标

充分发挥审计"免疫系统"功能,揭露粮食补贴资金在申领、拨付、管理、使用中存在的问题,发掘日常管理中存在的薄弱环节,对查摆的问题通过深入分析,全面评价资金、资产、资源管理使用中的经济性、效率性和效果性,从体制机制层面为区委区政府提出建设性意见,为稳定粮食市场,保障粮食安全,保持社会稳定作出积极的贡献。

(二)评价标准

本次审计调查根据储备粮油的政策法规、公认的或良好的行业标准、专项资金预决算资料、某公司内部管理标准等建立了如下评价标准:

表1 粮食补贴资金绩效评价指标和标准

审计内容	指标分类	具体指标	参考依据
资金	粮油轮换盈亏指标	1. 轮换粮油单位售价趋势	《关于转发省财政厅等七部门〈关于进一步做好国有粮食购销企业政策性财务挂账管理和消化处理工作的通知〉的通知》、《S省国有粮食购销企业财务管理办法》、《S省粮食风险基金管理办法》
		2. 同行业单位轮换费用对比	
		3. 粮食风险基金增长率	
		4. 新增粮油亏损增长率	
		5. 政策性亏损剥离率	
		6. 政策性亏损消化完成率	
资产	仓储硬件指标	1. 自有仓储储备容量	《S省规范化储备粮单位标准》、《S省地方储备粮管理办法》
		2. 外租仓储储备容量	
		3. 自有仓库信息化程度	
		4. 粮油检测设备配置完整度	
		5. 自有仓储率	
		6. 自有仓库达标率	
		7. 外租仓库达标率	

续表

审计内容	指标分类	具体指标	参考依据
资源	储备规模指标	1. 常规粮食储备规模达标率	《A市人民政府办公厅关于下达我市地方粮食储备规模的通知》、《关于E区食用油和成品粮储备的通知》
		2. 常规食用油储备规模达标率	
		3. 应急粮食储备规模达标率	
		4. 应急食用油储备规模达标率	
	粮油存储指标	1. 储存粮油种类	《中央储备粮油轮换管理办法》、《财政部关于中央储备粮费用包干有关问题的通知》、《S省规范化储备粮单位标准》和企业内部制定的粮油存储管理操作规程
		2. 储存费标准	
		3. 熏蒸频率和规程	
		4. 通风频率和规程	
		5. 粮油存储年限	
		6. 粮食存储耗损比例	
	粮油轮换指标	1. 粮油轮换的频率	《中央储备粮油财政、财务管理暂行办法》、《财政部关于中央储备粮费用包干有关问题的通知》、《A市人民政府关于做好粮食购销市场化改革工作的通知》、区政府批复同意的粮油轮换年度计划和粮油轮换协议
		2. 粮油轮换目标完成率	
		3. 粮油轮换费用标准	
		4. 粮油轮换损耗率	
		5. 轮换粮油的质量指标	
		6. 粮油轮换的形式	
内部管理	内部管理指标	1. 储备粮油业务与其他经营业务分离执行	企业内部控制管理制度
		2. 日常粮油统计考核结果	
		3. 业务流程和制度的制定和执行	
		4. 财务核算办法的制定和执行	
		5. 专业检测人员配备和后续培训	
		6. 仓库业务进出数量台账健全、真实性	
		7. 仓库业务质量检测台账健全、真实性	

三、审计内容和重点

本次审计调查贯彻"三资"绩效审计思路,关注的重点内容、重点领域以及要害环节涉及该公司经营的各个层面,从粮食财政补贴资金的申报立项、预决算批复、资金流向、管理活动、制度运作、资金资产使用、资源效益产出等各个环节进行全过程、全方位的全面审计。概括总结为以下四个方面:

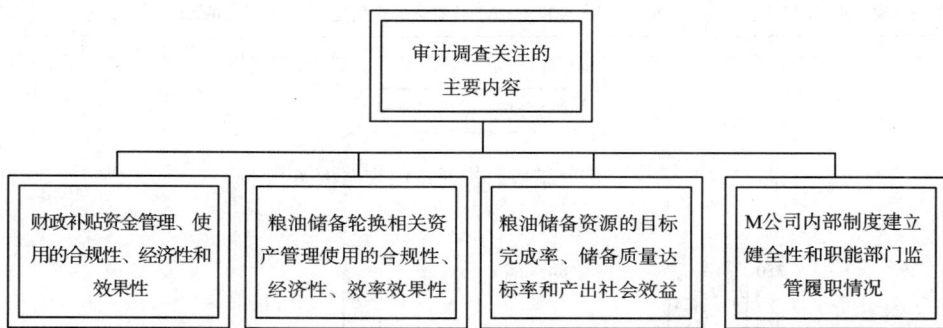

图3 粮食补贴资金审计调查主要内容图

四、综合绩效分析及发现的问题

紧紧围绕粮食补贴资金、粮油储备资产、粮油资源三个核心主题,从多个层面,多个视角,全面评价地方粮油储备和轮换的经济效益和社会效益,进行综合绩效分析。详见如图4所示。

(一)经济效益分析

1. 单位粮食轮换补贴费用过高,制定不科学。审计调查发现,2007年至2009年,E区财政对地方储备粮油轮换给予的补贴标准远远超出了A市级和中央级轮换补贴标准,单位财政资金轮换产出指标过高,具体见图5所示。

2. 政策性亏损长期未消化,增加财政利息负担。经调查,E区先后两次对地方储备粮政策性亏损进行剥离,共计5640000元。自2000年至2009年,政策性亏损本金一直未进行消化,累计支付利息2781000元,仅2007年至2009年期间就负担利息761000元,极大增加了财政支出负担。

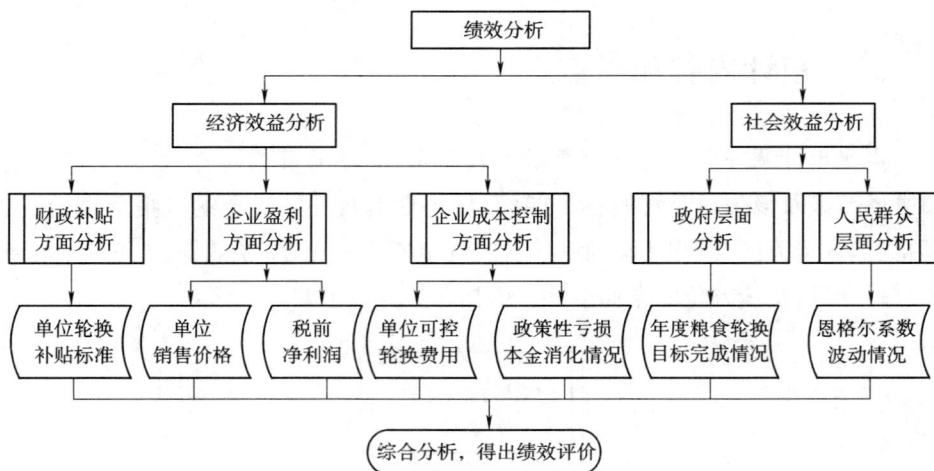

图 4　综合绩效分析评价内容结构图

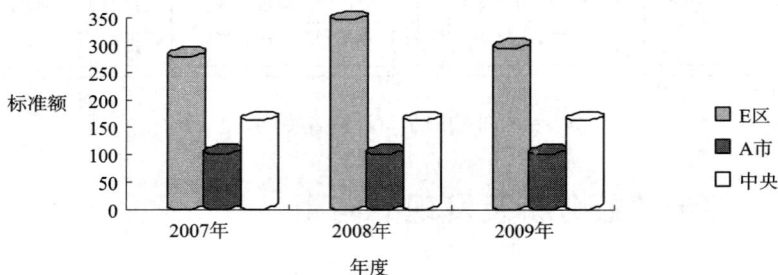

图 5　粮食轮换补贴标准对比图

3. 粮食销售价格逐年走高,企业盈利性增强。从国际和国内两个市场看,2007 年至 2009 年农产品销售和收购价格逐年走高,尤其进入 2008 年以来,初级农产品的价格涨势迅猛,比 2007 年上涨了 14.42%;2009 年在 2008 年的基础上又增长 5.83%。这直接带动了该公司企业利润的增长,虽然企业账面近三年税前利润不高(尤其是 2008 年和 2009 年),但经过审计调整,该公司近三年连续实现了较大的企业净利润,详细情况见下表:

表 2　2007 年至 2009 年税前利润趋势分析

内　　容	2007 年	2008 年	2009 年
平均销售单价(元/吨)	1477.04	1689.99	1788.50

续表

内　　容	2007 年	2008 年	2009 年
销售收入(元)	16297469.02	12793260.2	19112007.5
税前利润(元)	×	×	×
调整后税前利润(元)	×	×	×

4. 外部可控单位轮换费用逐年降低。在人工、燃油、原材料等价格不断上涨的趋势下,该公司单位粮食轮换费用中的过磅、搬运、装卸、麻袋等费用降低比较明显。其中 2008 年比 2007 年降低 60.69 个百分点,2009 年又在 2008 年的基础上降低 33.56 个百分点,实现了近两年连续下降的良好态势。具体情况见下图:

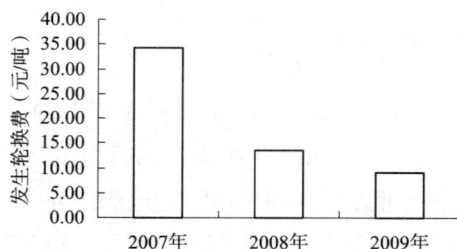

图 6　粮食单位轮换费用趋势图

(二)社会效益分析

1. 当地物价水平波动性分析。确保了××万吨储备规模,为社会稳定和又好又快发展提供坚实的物质保障。2007 年至 2009 年,E 区地方粮食储备始终确保××万吨的储备规模"红线"不动摇,近三年的恩格尔系数一直维持在35%～39%,为当地物价的稳定作出积极贡献。详细见图 7。

从反映的数据看出,2008 年,E 区恩格尔系数出现较大的波动:其中 A 区波动 4.43%,A 市波动 1.08%,而 E 区波动 11.78%。正是鉴于物价波动较大,E 区政府积极调整储备数量和储备品种,新增加了××××吨应急储备小麦和×××吨食用油,使 2009 年的恩格尔系数维持到 37%。

2. 粮食轮换目标履行情况分析。完成年度粮食轮换计划,实现储备粮 4 年轮换一遍的目标。2007 年至 2009 年,该公司在《中央储备粮油轮换管理办法》规定的时间范围内(长江以南小麦 3～4 年,长江以北 3～5 年),圆满完成了区

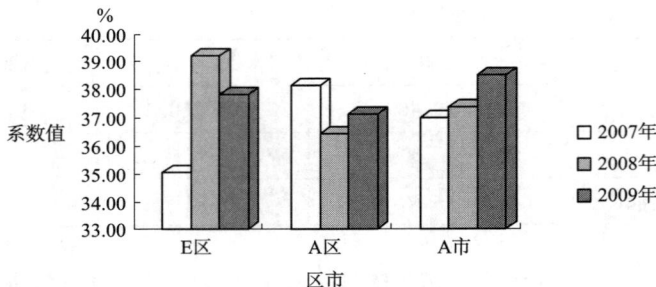

图7　2007年至2009年恩格尔系数对比图

委区政府下达的年度轮换计划,基本实现了不到4年轮换一遍储备粮食的目标,保持了储备粮食的成新率。

(三)储备粮库资产分析

1. 区地方储备70%在外存储,粮食安全存在较大隐患。目前E区地方粮食储备规模为××××万吨,仅××仓库适合储备小麦,容量为××××万吨,存在的70%多缺口靠在外租赁仓库来弥补,远远满足不了当前和长远的需求。由于外租仓库不是标准粮食仓库,无法常驻专业人员进行维护管理,粮食储存期较短,粮食陈化速度加快,地方粮食储备的安全性也存在重大隐患。

2. E区地方储备库建设严重滞后,与A市和其他区市存在较大差距。从审计组获取的A市及其他区市储备库基本资料来看,E区的仓储硬件建设已经严重滞后。

五、审计成效

本次审计发现的一系列问题引起了区政府和有关部门的高度重视,区领导作出重要批示,要求职能部门认真落实审计意见。区政府召集财政、发改、监察等部门召开专题会议,重新规范了财政补贴标准和补贴范围,粮食储备企业重新规范了财务核算模式,仅此一项每年为财政节约资金100多万元。区粮食局认真落实审计意见,完善政策性亏损挂账账务设置,积极研究并落实政策性亏损消化政策。根据本次审计调查所发现的主要问题和有关工作成果提炼的审计信息,被《中国审计报》报道。该项目获得了审计署2010年AO实例优秀奖。

（本案例执笔:杜长波、高会伟）

A 市土地资源和国有土地使用权
出让金绩效审计

案例简介: 该项目围绕国家土地宏观调控政策的贯彻落实情况,对 A 市本级和 3 个区市的土地资源管理利用和土地使用权出让金绩效情况进行了审计,重点关注土地资金、土地资产及土地资源的合规性、经济性、效率性和效果性,深入分析土地资源管理的体制性和制度性问题,对审计内容作出科学合理的评价。审计专报多次被市领导批示,促进政府出台了规范制度。

一、审计项目概述

(一)项目概况

国有土地使用权出让收入是政府以出让方式配置国有土地使用权取得的全部价款,包括受让人支付的征地和拆迁补偿费用、土地前期开发费用和土地出让收益等。A 市财政部门负责土地出让金的征收管理工作,国土部门是具体执收机关。从 2007 年 1 月 1 日开始,土地出让收入实行"票款分离"非税收入收缴管理制度,应交纳的土地出让收入一律通过非税收入征收系统征缴。土地出让收入全额纳入地方基金预算管理,收入全部缴入地方国库,支出一律通过政府基金预算安排,并在地方国库设立专账,专门核算土地出让的收入和支出情况。

随着土地价格的上涨,A 市的国有土地出让金在地方财政中的收入和支出中的比重越来越大。2007 年至 2009 年 6 月,A 市本级国库基金预算收入科目的国有土地使用权出让金收入、国有土地收益基金收入和农业土地开发资金收入共×××亿元;2007 年至 2009 年 6 月,市本级土地使用权出让金支出×××亿元。

（二）立项理由

1. 从国家层面来看,随着调控力度加强,各地普遍加强了对土地市场的管理,土地资源的管理利用逐步规范。但仍然存在土地违规协议出让、建设用地闲置、违规减免出让金、"以租代征"农民集体土地等严重损害土地资源合理利用的问题。

2. 从地方层面来看,A市近年国有土地使用权出让收入占地方财政收入的比重越来越大。大量的资金收入与支出需要经常性的监督检查,才能确保国有土地资产收益的安全。

3. 有关土地出让问题受到人民群众关注,绩效审计成果易引起政府领导重视。

二、审计目标和评价标准

（一）审计目标

调查政府开发、利用、保护土地资源和征收、管理、使用土地出让金的情况,了解节约集约征用土地的措施及其成效,查处重大违法违规问题,提出完善制度、加强管理的建议,促进落实十七届三中全会精神和其他关于土地管理与调控的相关政策法规,维护土地资产的安全完整,促进土地资源的合理利用,规范土地资金的使用支出,维护被征地农民的合法权益,充分发挥审计保障国家经济社会运行的"免疫系统"功能。

（二）评价标准

1. 法律法规:《土地管理法》、《土地管理法实施条例》、《城市房地产管理法》、《物权法》、《城镇国有土地使用权出让和转让暂行条例》(55号令)等。

2. 国务院文件:国务院关于加强土地调控有关问题的通知(国发〔2006〕31号)、国务院办公厅关于规范国有土地使用权出让收支管理的通知（国办发〔2006〕100号）、国务院关于促进节约集约用地的通知(国发〔2008〕3号)等。

3. 部门规章:招标拍卖挂牌出让国有土地使用权规定(国土资源部令第11号)、协议出让国有土地使用权规定(国土资源部令第21号)、闲置土地处置办法(国土资源部令第 5 号)等。

4. 司法解释:最高人民法院关于审理涉及国有土地使用权合同纠纷案件适用法律问题的解释(法释〔2005〕5 号)等。

5. 其他规范性文件:财政部、国土资源部、中国人民银行关于印发《国有土地使用权出让收支管理办法》的通知(财综〔2006〕68 号)、国土资源部关于发布实施《全国工业用地出让最低价标准》的通知(国土资发〔2006〕307 号)等。

三、审计内容和重点

(一)土地资源管理和利用情况

将土地资源的管理利用作为"三资"绩效审计中的资源类别进行重点关注,从合规性、经济性和效率性的角度设定重点关注内容,如图:

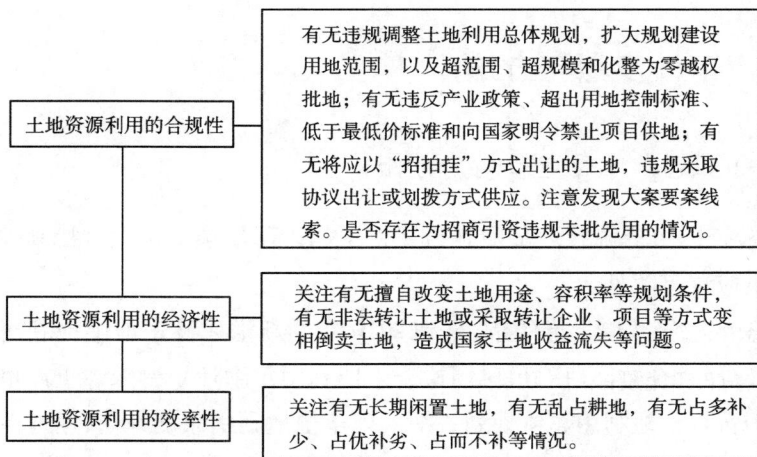

```
                          ┌─────────────────────────────────┐
                          │ 有无违规调整土地利用总体规划,扩大规划建设 │
                          │ 用地范围,以及超范围、超规模和化整为零越权 │
┌──────────────────┐      │ 批地;有无违反产业政策、超出用地控制标准、 │
│ 土地资源利用的合规性 │──────│ 低于最低价标准和向国家明令禁止项目供地;有 │
└──────────────────┘      │ 无将应以"招拍挂"方式出让的土地,违规采取 │
                          │ 协议出让或划拨方式供应。注意发现大案要案线 │
                          │ 索。是否存在为招商引资违规未批先用的情况。 │
                          └─────────────────────────────────┘
┌──────────────────┐      ┌─────────────────────────────────┐
│ 土地资源利用的经济性 │──────│ 关注有无擅自改变土地用途、容积率等规划条件, │
└──────────────────┘      │ 有无非法转让土地或采取转让企业、项目等方式变 │
                          │ 相倒卖土地,造成国家土地收益流失等问题。   │
                          └─────────────────────────────────┘
┌──────────────────┐      ┌─────────────────────────────────┐
│ 土地资源利用的效率性 │──────│ 关注有无长期闲置土地,有无乱占耕地,有无占多补 │
└──────────────────┘      │ 少、占优补劣、占而不补等情况。          │
                          └─────────────────────────────────┘
```

(二)国有土地使用权出让金收支情况

将国有土地使用权出让金作为"三资"绩效审计中的资金类别进行重点关注,主要对出让金收支环节的合规性进行审计,主要内容如下:

1. 土地出让金征收、管理情况。重点关注有无违规减免或变相减免、有无对改变规划的土地不按规定和市场价补征土地出让收入。审查是否存在拖欠土地出让金价款。

2. 土地出让金支出情况。主要检查是否按照国家和省关于国有土地使用权出让收支管理办法的规定安排支出,支出是否用在征地和拆迁补偿支出、土地开发支出、支农支出、城市建设支出以及其他支出;是否通过政府基金预算安排支出,是否在地方国库中设立专账核算;分配使用土地出让收入是否合规。

(三)被征地农民权益保护情况

1. 征地补偿安置情况。主要检查是否严格执行征地补偿安置方案,重点关注有无非法、强行征地,有无降低标准补偿,有无挪用、截留、拖欠征地补偿费和安置措施不落实,有无滥占土地或克扣补偿资金等损害农民利益的问题。

2. 被征地农民社会保障情况。主要检查是否建立了被征地农民社会保障制度,是否足额落实社会保障资金,基本生活和养老保障水平是否能够做到"被征地农民生活水平不因征地而降低,长远生计有保障"。重点关注有无挪用、截留、拖欠被征地农民社会保障资金。

四、审计步骤与方法

(一)土地资源管理和利用方面

1. 检查国土资源管理部门是否坚持了建设用地预审制度。特别关注对具体宗地供应预审意见。

2. 索取上级政府批准的市、县到 2010 年的新增建设用地土地利用总体规划指标和分年度的计划指标,对照检查土地利用年度计划台账。重点审查所批土地是否符合土地利用总体规划并纳入当年土地利用年度计划;用地单位使用土地是否按程序申请报批;土地管理部门是否在自己的职权范围内按程序审批,有无越权批地的行为。

3. 现场检查实际供地情况,查看是否存在突破指标情况。

4. 对土地档案进行重点审查。土地档案的审查是土地审计中的主要环节,土地档案的分类见下图:

注意审查其中的政府批文、计委立项、规划档案、地籍档案是否合法。审查档案资料是否保存完整,有无资料不齐、遗漏情况;每宗出让土地的档案资料能否做到真实、全面反映土地出让明细情况。

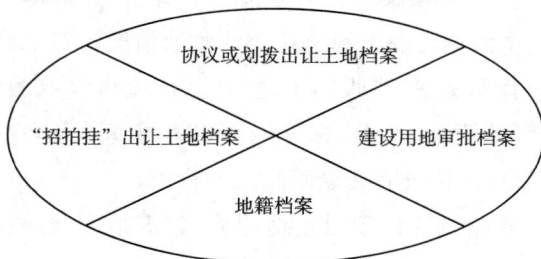

土地档案分类图

5. 重点审查土地出让是否符合规定的程序。出让计划、出让公告及出让结果是否按照规定公布。出让底价是否经过评估、是否经过集体决策。宗地的出让价格是否低于最低价标准。签订出让合同是否规范。注意以低价甚至零地价出让土地问题。用地单位以各种优惠政策取得工业用地后,用于经营性房地产开发等问题。注意先行立项、先行选址定点,先行确定地价,假招拍挂或陪标、串标,领导干部违规干预和插手经营性用地和工业用地使用权出让问题。

(二)土地出让金征收管理方面

1. 首先要明确土地出让金收入范围。具体构成包括八项:招拍挂出让、协议出让收入;划拨土地费用;原划拨土地改变用途补缴;改变土地使用条件补缴;转让房改房、经济适用住房补缴;土地出租、划拨土地上房屋出租;变现处置抵押划拨土地补缴;定金、保证金、预付款(抵顶)。

2. 将国土部门实际征收土地出让金与土地档案反映的应征数据相核对,重点审查违规减征、免征、欠征土地出让金的问题。为保证审计质量,国有土地使用权出让合同抽审量应达到90%以上。首先,根据宗地位置、面积大小、土地用途、土地级差、评估地价以及出让金征收办法等,对应收取的土地出让金进行严格审核。若有疑点应到现场实地查看,从中发现在测算土地出让金过程中有无混淆土地级别和用途、套用比率有误、改变土地使用年限等违纪违规情况。其次,对土地出让金减免情况进行审计。在实际工作中,特别注意了土地出让金的减免缓是否通过集体研究决定,有无正式的会议记录。针对地方政府为招商引资、培植税源、促进地方经济发展而出台的一些减免缓政策,分析研究其减免依据的正确性,审查是否存在越权审批和减免缓的问题。

3. 审计土地管理部门是否按合同规定的土地出让金数,开具缴款单据,及时、足额解缴财政专户,解缴渠道是否合规。财务报表、账簿、凭证勾稽关系是否平衡,能否真实、全面地反映土地出让金的收取情况。对照合同编号、交款单位、交款时间,检查有无遗漏、错收的土地出让金,或将收取的土地出让金不纳入单位财务核算,转移资金、私设"账外账"和"小金库"等问题。同时,对单位的往来账户要重点审计,检查有无隐瞒收入的行为。

4. 将国土部门审批的建设项目土地用途、建筑密度、容积率与规划部门审批的控制性详细规划指标相核对,将土地供应前后规划设计指标相核对,审查是否存在私自改变土地用途、容积率而未补缴土地出让金的问题。在核实土地出让金应缴、实缴数的基础上,对土地出让金的欠缴数进行审计,查明欠缴土地出让金的金额,分析原因,提出切实可行的处理意见。

5. 根据土地评估报告书和土地标准地价,结合相关法规,查看是否存在低价出让土地的问题。

6. 到建设部门查看项目建设验收报告,到房管局查看房产证,到现场查看,特别对正在建设的项目要查看施工图以便确定是否改变土地用途及容积率。供地后宗地使用情况,要特别注意土地转让中的问题。

7. 查看是否取得土地使用权后,未经开发,违规转让土地,以获取非法利益。

(三)对征地补偿方面的审查

1. 对照国家或省政府批复的征地审批文件、国土部门执法监察机构的违法案件统计台账、应用卫星遥感监测开展土地执法检查的工作报告,审查征用土地是否经过合法审批。

2. 对照国家补偿安置标准,审查征地合同和补偿安置协议及征地补偿费支出明细账,关注有无降低标准补偿,截留、挪用、拖欠征地补偿费和安置措施不落实等问题。

五、审计发现的主要问题

(一)土地资源利用的合规性方面,××宗土地的出让程序不符合规定,××宗土地的出让价格低于最低标准地价,×××公顷土地在出让手续不全的情况下开工建设。

(二)土地资源利用的经济性方面,××宗土地变更土地使用条件未补交土地出让金的情况,涉及金额××亿元。

(三)土地资源利用的效率性方面,××宗房地产用地闲置。

(四)土地出让金收支合规性方面,×亿元出让金支出不符合规定。

六、审计成效

针对发现的审计问题,提出了完善制度、加强管理的相关建议。市政府主要领导对有关专题报告非常重视并作出批示,各区、市政府积极整改审计反映的问题并全面进行自查。根据市领导批示及审计建议,A市人民政府办公厅下发了《关于进一步加强国有土地出让收支管理的意见》,审计结果进入了政府决策。

(本案例执笔:姜林海)

A市固体废物处置运行绩效审计调查

案例简介:该项目以经济性、效率性和效果性审查为目标,审计调查了A市固体废物的处置运行绩效情况。重点调查了A市执行国家固体废物的处理政策情况、固体废物产生总量,固体废物处理厂建设地点是否合理、是否存在重复投资建设或投入不足,固体废物处置运行、处置标准是否符合国家的有关规定、有无造成新的污染,应急措施是否得当、有无存在扰民等。在揭露固体废物运行处置方面问题的基础上,从宏观和微观两个方面提出了审计建议,所提建议得到了市政府的高度重视,对进一步提升A市生态环境质量起到了积极的推动作用。

一、审计调查项目概述

(一)基本情况

2001年以来,A市陆续成立三家固体废物集中处置公司,三家公司总投资×××万元,总设计处置能力×万吨/年,其中焚烧能力×万吨/年。

2005年至2009年,A市固体废弃物产生总量××××万吨,其中:一般工业固体废弃物总量××××万吨,危险废物总量×××万吨。固体废弃物处置总量×××万吨,其中:一般工业固体废弃物总量×××万吨,主要为粉煤灰、冶炼渣、炉渣、尾矿四大类,处置方式主要为综合利用,综合利用率××%;危险废物总量××万吨,综合利用××万吨,焚烧处置××万吨,综合利用和焚烧处置率××%。

(二)审计调查目标

围绕固体废物和危险废物的产生、综合利用、监管等方面,摸清A市固体废物处置总体情况及集中处置地点的分布情况；揭示固体废物处置运行管理中的低效率、管理不到位问题；查找固体废物集中处置在体制机制方面存在的薄弱环节；评价固体废物集中处置预期目标的实现程度；剖析影响固体废物处置效益和效果的主要原因，有针对性地提出改进意见和建议，为政府宏观决策提供信息和依据。

（三）立项理由

选择固体废物处置审计调查，推动固体废物处置的规范化、科学化管理，既是环境综合治理的内在要求，也是发挥审计机关宏观服务作用的有效途径。同时，由于固体废物处置是既有国债资金支持又有国外资金赞助的公益环保项目，其环保效益、社会效益具有较大的影响力。

二、审计调查评价标准

1.《中华人民共和国固体废物污染环境防治法》、《医疗废物管理条例》和《危险废物转移联单管理办法》及省市有关法规、制度；

2. 项目可行性研究报告和环境影响报告；

3. 城市区域功能规划。

三、审计调查程序和方法

（一）审计调查思路

1. 沿着固体废弃物处置流程，从收集、储存、运输、处置等各环节确定审计重点。

2. 对照无害化处理目标和评价标准，对固体废物处置绩效情况进行评价，分析影响原因，为领导决策提供参考。

3. 从体制、机制等方面分析，对如何进一步提高固体废物收运和处理绩效提出针对性、可行性和长效性的建议。

（二）审计调查步骤与方法

1. 组织学习与固体废物处理相关的法规、制度、文件资料，了解固体废物控制标准和技术标准。

2. 实施现场审计调查。重点调查了 A 市执行国家固体废物的处理政策情况、固体废物产生总量,固体废物处理厂建设地点是否合理、是否存在重复投资建设或投入不足,固体废物处置运行、处置标准是否符合国家的有关规定、有无造成新的污染,应急措施是否得当、有无存在扰民等。

3. 通过发放审计调查表、召开座谈会和走访专家等方式,了解固体废物处置单位经营运行状况,固体废物从产生到处置的流程,固体废物控制标准和处置技术标准等,客观评价固体废弃物处置的经济性、效率性和效果性。

4. 分析固体废物处置地点布局的合理程度,揭示影响固体废弃物处置绩效的风险因素,提出改进建议。

四、审计结果与建议

(一)A 市固体废物集中处置的总体情况

2005 年至 2009 年,三家公司累计焚烧处置固体废弃物×万吨,平均每年×万吨,占设计能力的××%,三家公司累计亏损×××万元,经济性和效果性指标均没有达到预期目标。

(二)A 市固体废物集中处置存在的问题

1. 固体废弃物集中处理的基础保障体系脆弱,处置能需之间的矛盾日渐突出。

A 市三家固体废弃物集中处置单位中,目前只有 XD 公司在连年亏损中维持经营,LJ 公司 2008 年末因省环保厅停止向其核发危险废物经营许可证,一直处于停产状态,ZY 公司现已清算。而 XD 公司 2009 年焚烧处置危险废物达×万吨,已超过设计能力近××%,逐年增加的需焚烧的危险废物与有限的处置焚烧能力的矛盾逐步显现。

2. 污水处理厂污泥尚未得到有效处置。

目前市内四区污水处理厂每天产生污泥××多吨,这些污泥一直没有采取有效措施进行无害化处置,存在环境二次污染隐患。

3. 政策导向不尽明显,监管体系不够完善。

一是固体废弃物综合利用、危险废物集中处置尚没有建立切实有效的奖惩激励及优惠扶持政策,一定程度上影响了处置单位的积极性和经营发展。

二是固体废弃物综合利用、危险废物集中处置尚未形成全过程监管体系。固体废弃物监测的信息、技术和仪器设备等建设不足,导致不按程序转移危险废物案件呈逐年增加趋势。据 A 市环保局统计,2007 年至 2009 年,由环保部门立案查处的案件分别为××件、××件和××件。

三是医疗废物收费价格缺乏动态调整体系。市固体废弃物集中处置单位医疗收费价格仍执行 2004 年物价部门核定的标准,与其他城市相比标准偏低。

4. ZY 公司规划选址不当,造成国有投资损失。

ZY 公司由于没有充分考虑当地农民生产生活需要和发展空间,焚烧设施刚刚试运行就遭到当地农民强烈反对和阻挠,生产经营不到一年便被迫停产直至公司解散,导致国有投资损失××××万元,也使固体废弃物环境治理目标及社会和环保效益无法实现。

5. 污水处理厂污泥处理后的废渣处置方式、经济性等方面存在不足。

(三)审计调查建议

1. 加快城市污水处理厂污泥处置设施建设,尽快投资建设改造 LJ 公司"100 吨/日活性污泥处理技术改造项目",缓解市区污水处理厂污泥处置困境。

2. 市环保、发改、规划、市政等有关部门,应按照"环湾保护、拥湾发展"战略布局和城市区域功能定位,对污泥处理项目选址统一规划和论证,从优化污泥处置项目建设布局,加快推进污泥处置基础设施建设入手,尽快有效解决污泥处置设施建设,妥善解决好废渣的处理问题。

3. 环保部门应会同有关部门积极规划构建 A 市固体废物处置保障体系和机制,完善固体废物处置管理与监督制度。加强固体废物综合利用、危险废物集中处置的管理协调和政策引导,加大固体废物处置政策法规宣传力度,加大对违法单位责任追究力度,遏制和打击在危险废物收集、运输、处置环节中的违法行为。

4. 物价部门应进一步研究改进医疗废物焚烧处置收费标准动态调整管理机制,合理调整医疗废物收费标准,形成较为完善的固体废物污染防治收费管理制度。

五、审计成效

（一）市领导对审计结果作出批示，由环保局牵头，市政、发改、物价等部门共同协作，对固体废物处置问题进行了专题研究，提出了具体的落实意见和措施。

1. 出台的《A市人民政府关于加快我市再生资源回收体系建设的意见》，将逐步建立起比较完善的覆盖城乡、多品种的再生资源和固体废物回收体系，实现规范化管理和产业化发展纳入了意见中。

2. 环保局将严格新、改、扩建设项目的环保审批，配合开展清洁生产审核。积极推动固体废物和危险废物综合利用，严格环境执法，完善监管机制，加强危险废物和医疗废物产生、收集、运输、储存、处置的全过程的管理，严格落实危险废物转移联单和申报登记制度，严格查处非法收集、运输、处置危险废物的违法行为。

3. LJ公司将投资××万元对"100吨/日活性污泥处理技术改造项目"进行技术改造，缓解市区污泥处置困境。

4. QJ集团就在××污水处理厂西北侧建设污泥处置项目开展研究评估，办理有关审批手续，尽快开工建设污泥干化焚烧项目。

5. 区、市未建立污泥处置设施的，根据当地实际情况，尽快制定具体措施于2011年底前实现污泥无害化处置。

6. 研究制定污泥处置设施建设和运行的财政支持政策，制定污泥处置及相关产品价格补偿机制，协调推动污泥焚烧发电上网电价核定，开展与热电等企业的合作，促进污泥处置市场化发展。

7. 市物价局根据A市的实际情况，开展医疗废物处置收费成本核算工作，在调整市非营利性医疗机构医疗服务价格的同时，调整医疗废物处置收费标准。

（二）以该项目的审计成果撰写的《完善制度、全程监管，A市加强固体废物处置管理》在《中国审计报》上进行了报道。

（本案例执笔：姜家利）

A市利用××政府贷款生活垃圾生化处理场项目绩效审计

案例简介:该项目围绕"资金、资产、资源",从多个角度入手,运用多种绩效分析方法,对A市利用××政府贷款生活垃圾生化处理场项目开展了绩效审计,较为全面地反映了项目的建设、管理和绩效情况,提出了针对性的审计建议,促进了项目绩效和管理水平的提高,取得良好效果。同时,在绩效审计和环境审计的结合方面进行了初步探索,取得了有益的成果。

一、审计项目概述

××生活垃圾生化处理场项目是A市首个垃圾堆肥项目。生化处理是依靠自然界广泛分布的细菌等微生物,人为促进可降解的生活垃圾向稳定的腐殖质转化的微生物学过程,生化处理的过程也叫堆肥,是一种无害化的生活垃圾处理方式。对该项目的审计,是在建设资源节约型与环境友好型社会、打造山东半岛蓝色经济核心区以及市委、市政府推进"环湾保护、拥湾发展"战略实施的背景下进行的。同时,也是为了贯彻审计署、省审计厅关于加强资源环境审计、促进经济社会科学发展的要求。审计过程中,采用以"三资"为主要内容的绩效审计方式,根据外资审计涉及面广、程序严密、监督连贯等特点,对绩效审计与环境审计的结合进行了初步探索。

该项目是××生活垃圾综合处理场项目的一部分,占地×万平方米,1999年经原市计委批复立项。卫生填埋场、污水处理厂、垃圾转运站及配套道路桥梁等工程已于2008年竣工并投入使用,但生化处理场项目未与其他项目一同建设,后重新办理报批手续。2007年4月,市发改委批复该项目初步设计,概算总投资为×××××万元。该项目采用"前分选+高温堆肥+后处理"的处理工艺,其中堆肥部分采用隧道式半动态高温堆肥工艺,建设规模为日处理原生生活垃圾×××吨。

二、审计目标与评价标准

(一)审计目标

按照"三资"绩效审计总体要求,对利用外资和国内配套资金管理使用的真实性、合法性和效益性进行审计,全面评估项目建设与管理状况,重点揭露项目实施过程中存在的资产损失、资金浪费等突出问题,保障项目建设资金合法有效使用,关注项目运行情况,看其是否达到预期的运营和资源利用目标,评估项目的还款能力。在此基础上,重点关注项目资金使用的经济性、效率性、效果性,分析体制、机制、政策层面存在的问题,发挥审计"免疫系统"功能和建设性作用,促进加强外资项目管理,帮助和促进项目实现预期的垃圾处理减量化、资源化、无害化的目标,提升城市环境卫生发展水平。

(二)评价标准

对该项目审计评价标准的确定,坚持从项目实际出发,重点把握"三个兼顾"原则,即兼顾全面性与相关性、兼顾可靠性与可接受性、兼顾定性分析与定量计算。依此确定的审计评价标准为:

(一)国家法律法规。

(二)签署的利用外资贷款协定与商务合同。

(三)有关批复文件等立项性资料。

(四)项目可行性研究报告、项目环评报告。

(五)《循环经济评价指标体系》及其他行业标准。

三、审计程序与方法

(一)审计内容和重点

按照"三资"绩效审计要求,确定审计重点,具体细化为"三主三辅":以项目资金的使用为主,以项目资产的整体绩效为辅;以项目建设与管理为主,以项

目后评价为辅;以项目的微观审计为主,以政策、体制等宏观内容的审计为辅。据此确定的主要审计内容如下:

1. 项目立项与建设情况。一是审查项目是否符合国家有关产业政策和可持续发展规划,是否对当地的经济、社会和环境改善起到积极作用,有无因立项决策失误、论证不科学造成盲目上项目、搞重复建设,引进设备与国情不符等问题。二是审查项目基本建设程序执行情况,审查设计图纸是否齐全、完备,有无擅自改变建设内容、扩大建设规模和提高建设标准的问题,以及招投标制度、合同制度与监理制度的落实情况。三是审查工程造价与质量控制情况,检查施工单位是否制定了施工质量、安全等控制制度并得以落实,监理单位是否对隐蔽工程、分部分项工程、单位工程进行检查和验收,质量监督部门对工程质量的监督是否到位,审查工程量的计算、分项工程单价的套用是否准确,有无重复计取项目费用的问题,工程材料、设备价款结算的真实性、合法性,设计费、监理费计取是否符合规定。

2. 项目财务管理情况。一是审查资金管理情况,资金管理制度是否健全有效,对外资的借入、使用、偿还是否符合协议要求,项目资金是否按规定用途使用,有无挪用外资和配套资金进行有价证券买卖、投资或转贷等问题。二是审查会计核算情况,主要审查是否按照国家统一会计制度进行财务管理和会计核算,会计信息是否真实,有无账外收入、账外存放的固定资产等问题,有无开支不实、虚列成本费用、挤占挪用及潜在损失等问题,有无因会计信息失真影响项目效益真实性等问题。

3. 项目绩效情况。一是项目试运行情况,审查项目是否具备运行条件,对试运行中发现的问题是否及时采取措施加以解决。二是项目建设目标完成情况,对照项目可行性研究报告、贷款协议及立项资料中确定的建设内容和应实现目标,取得项目的实际建设规模等资料,评价项目是否达到建设目标。三是从资金、管理、体制等不同层面进行分析,对项目潜在的风险进行评估,同时总结项目成功的经验,客观评价项目的绩效情况。

(二)审计思路与方法

××生活垃圾生化处理场项目属环境基础设施类项目,具有社会公共性,采用的是符合环保要求的、无害化垃圾处置方式。在组织方式上,整合"三种资源"(外资审计优势、工程审计力量和绩效审计经验),引入专家参与机制,首次采用了利用外资、工程结算与绩效审计同步进行的方式。以项目资金为主线，围绕项目的立项、建设、管理、试运行等环节开展，重点从资金使用、项目建设、资产运营及资源利用等方面综合评价资金使用的合规性和项目的经济性、效率性与效果性，提出建设性的审计建议。审计方法方面，除运用传统审计方法外，更多运用了调查、访谈、案卷研究等方法收集审计证据，通过比较分析等方式得出审计评价结论。

1. 广泛收集资料，多角度分析影响项目绩效的因素

审计组认真学习了相关法律法规，通过走访相关部门广泛收集资料，进行了充分的审前调查，制订了切实可行的审计实施方案，为项目的顺利开展奠定了良好的基础。审计中，以结果为导向，根据审计评价的需要收集有关信息，并运用网络资源了解国内垃圾堆肥行业的发展现状及存在问题等内容，对影响项目绩效的因素进行调查分析。比如：学习了《循环经济评价指标体系》、《城市生活垃圾堆肥处理工程项目建设标准》、《生活垃圾堆肥厂运行管理规范》等规章与文件；从提高项目运营效率角度，通过 A 市环境卫生监测中心取得有关垃圾成分数据，通过网络资源了解垃圾堆肥的环境效益、社会效益与经济效益情况；从更好的发挥项目环境效益角度，调查了解项目的环保措施；从资源利用角度，了解项目运行成本情况、堆肥产品质量及市场情况、项目规模与 A 市生活垃圾处理总量的匹配性等有关内容。

2. 围绕资金使用与项目执行，审查利用外资采购国外设备情况

运用资料审查与走访调查相结合的方式，对利用××政府贷款采购国外设备的情况进行了审查。主要审查了国际招投标程序、商务合同签订与变更、国外贷款资金使用等相关内容，走访调查了市政、财政、环卫科研机构、咨询代理公司等部门或单位。经查，发现在进口设备环节调整已招投标设备明细、无依据签署支付管理费的文件等问题。

3. 围绕项目建设与管理，审查项目投资、工程造价和工程管理制度执行情况

从项目立项入手，对基本建设程序执行情况、项目法人责任制、招投标制、合同管理制和工程监理制进行了检查。采用现场查看、实地测量、专家咨询等方法，使用福莱一点通、胜通等工程审计软件和现场审计实施系统（AO）对工程结算进行了审计。采用检查、监盘、分析性复核等方法对建设资金的使用进行了审查。通过审计，揭示挤占建设成本、多计工程价款、应招标未招标以及设计

缺陷、场地勘查不周及进口设备调整等增加项目投资的问题。

4. 围绕资金使用、资产运营和资源利用,对项目绩效进行分析评价

通过对项目"资金流"、"物资流"的审计,揭示了影响项目绩效的突出问题,如项目延期执行带来损失、项目未正式运行、垃圾渗沥液处理能力不足以及项目环境效益未检测确认等。考虑历史背景因素,从宏观层面对问题产生的原因进行辩证分析,对项目的经济性、效率性和效果性进行客观评价。着眼于项目资产运营、资源利用和环境效益的发挥,提出针对性的审计建议,促进加强项目管理、发挥项目绩效、推动资源利用。

四、审计结果与建议

(一)审计评价

根据既定的审计目标,以收集的审计证据为基础,围绕资金使用、资产运营和资源利用进行评价。一是对项目资金管理使用情况的评价,如该项目各项管理制度较为健全,物资设备采购基本符合规定,会计核算较为规范,但存在挤占建设成本、多计工程造价、应招标未招标等问题。二是对资产运营情况的评价,如该项目建设目标已完成,但尚未正式运行,预期的运营目标未实现。三是对资源利用情况的评价,如该项目未实现垃圾生化处理、有机物回收利用的目标,项目环保措施中存在垃圾渗沥液处理能力不足的隐患等。

(二)审计发现的主要问题

1. 财务收支方面存在的问题。一是列支非本项目支出内容,挤占项目建设成本××万元。二是多计工程价款××万元。

2. 管理方面存在的问题。一是在进口合同执行过程中,自行调整已招标设备的种类和价格等,涉及资金××××万元,造成实际执行合同与招标内容不符率达××%。二是该项目沿用原××生活垃圾综合处理场项目设计和监理单位,应招标未招标金额××万元,其中设计金额×××万元、监理金额×××万元。

3. 影响项目绩效的问题。

(1)项目延期较长,至今未正式运行。生化场项目是××生活垃圾综合处

理场项目的一部分,与综合处理场项目一同立项但延期实施。从原国家计委批复可研,到项目竣工,历时×年。该项目至今未正式运行,未实现日处理300吨生活垃圾的预期目标。

项目延期实施导致进口设备推迟采购,截至2009年9月支付国外贷款承诺费××万元;在进口设备环节,发生设备滞期、滞报费用××万元;贷款偿还中发生逾期利息、滞纳金××万元;进口设备于2006年开始分批到货,至2008年5月设备安装,期间已到货设备堆放在办公区内,设备闲置近两年,增加了设备风险与维修难度。

(2)垃圾渗沥液处理能力不足。该项目垃圾渗沥液及生活污水先排入污水调节池,再通过管道进入垃圾填埋场附设的污水处理厂处理。但填埋场附设的污水处理厂容量仅为200吨/天,而填埋场自身产生的污水每天就达300~500吨,无法对生化处理场项目新增的污水进行处理,存在处理能力不足的问题。

(3)项目环境效益未检测确认,亦未办理环保验收手续。根据项目可研等立项资料,生化处理主要是通过堆肥消除有机污染,杀死大部分病原微生物,使生活垃圾无害化,同时在分选彻底的前提下可防止堆肥产品重金属超标。目前,该项目试运行已基本生产出成品肥,正联系相关检测机构对堆肥产品进行检测。

(三)审计建议

根据审计查出的影响项目绩效的问题及其产生原因,主要从加强资金管理、提高项目资产运营效率和加强资源利用角度提出审计建议。一是按规定用途使用资金,完善财务管理制度,提高资金使用效益。二是针对项目试运行发现的进口设备存在问题尚未解决的情况,建议抓紧与外方沟通,解决设备存在的问题。三是针对项目未正式运行的现状,建议项目单位先从容易单独收集的有机垃圾着手,严格控制生产过程,确保堆肥产品质量符合国家有关标准,在此基础上逐步实现生活垃圾处理无害化、减量化和有机物资源化利用,防止出现"只堆不肥"或二次污染等情况。

五、审计成效

该项目对外资审计、绩效审计与环境审计的结合进行了初步探索,通过审计调查,搭建了项目信息的沟通平台,促进了政府部门的有效决策。项目单位对审计发现的问题非常重视,认真落实审计决定,采取切实措施进行整改。对项目未正式运行的问题,积极联系有关部门,抓紧办理有关手续,对渗沥液处理能力不足的问题,也在有关部门推动下取得积极进展。

（本案例执笔:李家民）

E区污水处理资金管理使用情况绩效审计

案例简介：该项目选取E区污水处理资金管理使用情况进行绩效审计,反映了污水处理的现状和在污水处理收费管理等方面存在的系列问题,提出了切实可行的审计建议。审计结果受到市政、财政、城乡建设、水利、环保等相关部门的重视,有关问题得以整改,较好地发挥了审计监督作用。

一、审计项目概述

（一）项目概况

1. 污水设施基本情况

目前,E区辖区内污水处理设施主要有污水管网、污水泵站和污水处理厂。污水处理设施主要分布在A街道办事处和B街道办事处沿海部分区域。截至2009年末,A街道办事处辖区（不含F新区和滨海大道以东区域）铺设污水管网总长约160公里,委托GK市政公司维护;B街道办事处J社区至S桥沿海地区铺设管网长度约7.12公里;C街道办事处辖区正在铺设崂山水库上游区域污水管网,长度约20公里;受规划等原因的制约,D街道办事处无污水管网。E区辖区内建有2座污水处理厂,一是S污水处理厂,采用BOT模式建设,污水处理能力为二级,2006年11月正式投入运营,负责处理S一泵站和二泵站收集的污水以及部分管网收集的污水,区城乡建设局负责运行费用的审核,区财政负担费用;二是M污水处理厂,由市财政投资建设,市财政负担费用。

2. 污水处理资金管理使用情况

2007年至2009年,区财政累计投入污水处理资金×××万元,其中污水处理厂支出×××万元、泵站运行支出××万元、管网维护支出××万元,设施建设支出××万元。

3. 污水处理费收缴情况

E区按照区物价局、财政局、水利局、城市管理局 2005 年下发的《关于调整 E区集中供水价格的通知》要求，有污水处理条件的地域，污水处理费与供水水费一并收取，并上缴财政专户管理。目前区供水办向其供水的中心城区的单位和居民收取污水处理费，并缴区财政专户。

（二）立项理由

1. E区审计局按照年度审计计划开展污水处理资金审计，同时认真贯彻上级绩效审计工作有关精神，全局普遍推广、开展绩效审计。

2. E区城市化进程的不断加快，污水排放与处理的矛盾逐渐凸显，E区每年投入大量资金用于污水处理项目，区相关领导及社会各界普遍关注污水处理资金的管理使用情况。

3. 通过开展独立型绩效审计，查找污水处理资金使用中不足，对其经济性、效率性和效果性作出评价，推动全区污水处理资金管理不断完善，审计效果比较显著。

二、审计目标和评价标准

（一）审计目标

开展污水处理资金专项审计调查，了解 E区污水处理资金管理现状和使用情况，对其管理体制及使用程序进行分析和评价，对使用过程中存在的问题进行剖析和披露，提出切实可行的建议，进一步促进资金管理的规范化，提高污水处理资金使用效益。

（二）评价标准

本次审计调查的评价依据主要是省、市和 E区政府有关职能部门制定的相关政策和资料。具体标准如下：

1. 政策执行绩效评价。主要有执行国家法律法规情况、执行地方法律法规情况、执行部门规章情况、执行行业标准情况。

2. 符合性达标情况评价。主要有项目建设与国家大政方针符合率、项目建设与地方发展政策方针符合率。

3. 管理绩效评价。主要有污水排污费年增长率、污水管网建设、污水处理设施实施效果、污水处理费管理制度的完善程度。

4. 污染控制绩效评价。主要有污水处理率、污水收集率、污水排放标准。

三、审计内容和重点

本次审计调查涉及污水处理费征收、使用及管理情况,排水工程建设项目及设备维修项目的计划、预算、执行、决算等环节的真实、合法情况,综合分析污水处理费支出结构是否科学合理以及资金使用效益情况。重点关注了与污水处理有关的资金、资产、资源管理运营情况,特别是污水费收费情况、资金管理和使用情况、污水业务流程、设备维护管理情况。

四、审计发现的问题

(一)资金审计发现的问题

1. E 区未明确污水处理费收费主管部门或代征部门,未办理收费许可。按照《S省城市污水处理费征收使用管理办法》(以下简称管理办法)规定,E 区应制定污水处理费管理的实施细则。目前,E 区尚未制定收费政策,造成管理缺位。

2. 漏收污水处理费。因 E 区对符合收费条件地域的认定缺位,2005 年以来区供水办只对中心城区用户收取污水处理费,未向使用 S 污水管网的用户收取。根据区供水办提供的供水数据测算,仅第×啤酒厂 2007 年至 2009 年 6 月应缴污水处理费约××万元。

3. E 区未向自备水源用户征收。根据区水利局提供的资料,仅 A 街道办事处××家自备水源用户,2007 年和 2008 年用水×××万吨,经测算应缴污水处理费×××万元。

4. 按最低标准收费。按照用水单位性质不同,收费分为 4 个标准,即居民用水每吨 0.7 元、工业用水每吨 0.8 元、餐饮用水每吨 0.9 元、建设用水每吨 1元。中心城区部分社区,除居民用水外,还存在工业、餐饮和建设用水。因各种原因,区供水办根据社区用水总量,按照最低标准——居民用水收费标准收取污水处理费。

5. 2007 年区财政部门将收取的污水处理费×××万元缴入国库,未专户管理。

(二)资产审计发现的问题

1. 区投资建设中心城区以外的管网,缺乏维护单位。如 B 街道管网一直无维护单位,管网使用现状不明;F 新区污水管网由市财政投资建设,未向 E 区办理移交手续,应不属于 E 区维护范围,但是该处污水管网出现问题时,由 E 区负责维护。

2. 部分污水管网不能使用。因建设时道路属于"断头路",市财政投资建设的香港东路、滨海大道大部分污水管网(已移交 E 区管理)未与 E 区其他管网衔接,无出口,一直不能使用。

3. 部分污水管网维护困难。中心城区污水主管网中 4#和 19#线从社区穿越,长度约 3.5 公里,因社区居民在管网上方违章建设,管网维护困难。

4. 部分资产未办理登记、部分资产未进行财务决算。E 区投资建设的污水管网、扩建改建的泵站形成的资产,未进行资产登记。因工程土地征迁、规划滞后等原因,S 泵站至今未办理项目规划许可证、施工许可证等相关手续,也未进行财务决算。

(三)资源审计发现的问题

2007 年以来,E 区在中心城区河道和沟渠实施了截污措施,提高了中心城区现有管网利用效率,减少环境污染。但也存在以下问题:

1. 污水管网建设滞后,制约了其他污水设施处理能力。除中心城区主要道路外,中心城区部分社区和其他街道办事处污水管网建设滞后,影响了泵站和污水处理厂的使用效率。其中,S 街道管网少,收集能力弱,影响了污水处理厂的处理能力。具体情况见表1。

表1 各泵站三年日均污水处理能力和设计能力比较表　　单位:吨

泵站名称	H 泵站	S 一泵	S 二泵
设计日处理能力	54000	20000	8600
实际日处理能力	21857.60	6164.30	2165.80
实际占设计的比例	40%	30%	25%

2. 泵站污水处理设计能力远超实际处理能力

E区三个泵站设计日处理污水能力分别为:H泵5.4万吨、S一泵2万吨、S二泵为0.86万吨。2007年至2009年污水处理日平均水平为H泵站21857.6吨,是设计能力的40%、S一泵6164.3吨,是设计能力的30%、S二泵2165.8吨,是设计能力的25%。目前设计能力远远超过实际处理能力。具体情况见图1。

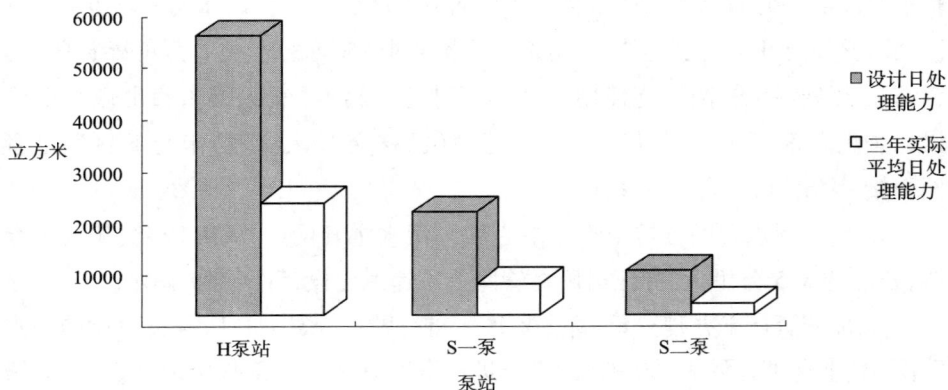

图1　各泵站2007～2009年日均污水处理能力和设计日处理能力比较

3. 污水处理能力低,处理标准待提高

一是污水处理能力低。S污水处理厂日处理污水不足设计能力的50%。根据国家节能减排指标考核办法,对于实际处理量不足设计能力50%的污水处理厂,其污水处理量不纳入节能减排的考核范围,这将直接影响上级对E区节能减排指标完成情况的考核结果。二是污水处理标准亟待提高。调查了解到,目前S污水处理厂污水处理标准为2级。根据《2010年A市城市排水整治工作方案》文件规定,该污水处理厂处理标准应由2级提升到1级。污水处理标准亟待提高。

五、审计建议

（一）制定政策,保证污水处理费收取和使用。鉴于E区污水处理费管理存在的问题,建议区相关部门在充分调研的基础上,制定出台E区污水处理费管理办法,明确有关部门和单位在征收、使用、管理、监督等方面的职责,保证污水处理费及时完整的收取、合理使用。

(二)完成管网规划,完善现有管网,提高污水收集能力。一是尽快完成 E 区城市控制性规划,确定污水管网规划长度、流向、收集和处理;二是按照规划,加快城市配套设施建设,铺设污水管网;三是加快中心城区村庄的改造,做好污水管网的配套铺设工作,完善现有管网;四是对无出口的管网应尽快予以打通,提高管网收集污水能力;五是区相关部门采取河道沟渠临时截污措施,尽快提高 S 污水处理厂处理量,达到考核要求。

(三)统筹安排污水处理费,提高资金使用效益。区相关部门应遵照专款专用原则,编制污水处理费收支预算,统筹安排,合理使用资金,提高资金使用效益。

(四)进一步明确管理职责,提高污水设施维护水平。针对管网管理存在中心城区以外管网无维护单位、F 新区管网未移交管理、泵站委托管理已过期的情况,相关部门应尽快明确管理责任,运用市场管理手段,不断提高设施运行效益,降低运行成本。

(五)加强国有资产管理,提高资产使用效益。按照 E 区资产管理要求,尽快完成泵站工程财务决算,登记资产,保证资产完整性。对企业使用国有资产,应收取资产有偿使用费,提高国有资产使用效益。

六、审计成效

区领导高度重视审计调查发现的问题,要求职能部门认真落实审计意见。有关部门认真研究采纳审计提出的建议,对 S 污水处理厂进行了改扩建,提高了运行效率。区相关部门积极行动,在出台的《E 区农村环境综合整治目标责任书实施方案》中进一步明确了相关部门的职能,加强了污水处理的管理工作。

(本案例执笔:张子琪、李军、马飞飞)

G区退耕还林资金绩效审计

案例简介:该案例是对 2005 年至 2008 年 G 区退耕还林资金的管理使用情况专项审计项目,审计人员以退耕还林资金使用为主线,紧紧围绕资金管理使用的经济性、效率性、效果性和合规性,结合财务审计及绩效审计方法,做出了客观、公正的审计评价,从制度、决策、管理三个方面分析了资金管理使用中存在的问题,提出了审计建议。项目结果受到了区政府的高度重视,相关部门积极采纳审计建议,进一步建章立制,规范管理,绩效审计的作用得以充分体现。

一、审计项目概述

(一)基本情况

G 区退耕还林资金是指列入区年度农业重点项目计划,区财政安排专门用于退耕还林农户生活费补助的专项资金,补贴标准为 600 元/亩,其中:区财政负担 500 元/亩,街道办事处负担 100 元/亩。截至 2008 年底,全区退耕还林补贴面积××××亩。2005 年至 2008 年区财政拨付退耕还林资金××××万元,各街道办事处应配套负担××万元。具体资金流程为:区财政按计划和审批程序将资金拨付至街道办事处,由其负责配套并拨付所辖社区,社区负责直补到户。区林业主管部门会同区财政局负责退耕还林具体审批管理工作。

(二)立项理由

1. 退耕还林工作事关广大农民当前收入和长远生计,政策性强。对退耕还林资金进行审计,可以发现政策执行中存在的问题以及政策本身的不足,通过分析,提出完善政策和规章制度的建议;可以纠正工作中可能存在的损害退耕户利益的问题,保护退耕农民退耕还林的积极性,促进退耕还林工程的顺利实施。

2. 探索有关生态建设方面绩效审计模式。生态环境建设是财政专项资金绩效审计的一个方面。退耕还林是一项重要的生态建设工程,同时又事关农民利益和产业结构调整。组织对退耕还林资金进行绩效审计,有助于进一步探索对生态建设工程资金的绩效审计模式。

二、审计目标与评价标准

(一)审计目标

本次审计把绩效审计理念引入退耕还林项目审计中来,根据退耕还林项目管理的特点和要求,把资金审计、项目审计和绩效审计三者有机结合起来。以合规性、合理性、效益性、效率性、效果性和环保性审查为目标,揭露资金管理及使用过程中可能存在的虚报冒领、挤占挪用、效率低下、效果不明显问题,促进提高资金使用效益,提出进一步完善政策、制度和加强管理的建议。

(二)评价标准

根据审前调查的有关资料,确定了三个方面的评价标准:

1. 法律法规。主要有《中华人民共和国环境保护法》、《中华人民共和国森林法》、《中华人民共和国水土保持法》、《中华人民共和国退耕还林条例》、《中华人民共和国会计法》,以及其他有关法规。

2. 退耕还林工程政策、规章制度。主要有《国务院关于进一步做好退耕还林试点工作的若干意见》、《退耕还林试点粮食补助资金财政、财务管理暂行办法》、《基本建设财务管理若干规定》、《区退耕还林暂行办法》等。

3. 技术类标准。主要有《退耕还林工程建设检查验收办法》、《退耕还林生态林与经济林认定标准(试行)》,以及林业主管部门等被审计单位行业制定的专业标准等。

三、审计的内容和重点

退耕还林项目申报和立项审计。申报环节审计主要检查程序是否规范,是否如实编报项目计划,有无虚假申报、多头重复申报、随意盲目申报及其他违背科学的问题。立项环节审计主要检查是否符合有关方针政策,投放方向是否正确,立项的项目是否符合条件,是否进行可行性论证。

退耕还林项目执行审计。执行环节审计主要审查项目是否按照批准的计划实施,作业设计图、作业设计表、实施地有无擅自改变计划调整项目规模和建设单位,实地检查项目实施中种植面积、套种、成活率、保存率等。

退耕还林资金拨付审计。主要检查区财政和各街道办事处将退耕还林资金是否及时拨付、配套到位,项目实施单位是否按指标、按验收结果和规定程序及时足额将补助资金发放到退耕户手中,中间环节有无滞留、截留、挪用以及损失浪费等。

退耕还林资金管理和使用审计。资金管理审计主要审查主管单位是否严格遵守专款专用、专账核算、专人管理的原则。资金使用过程审计重点检查资金使用是否按照检查的成活率、保存率结果和与退耕户签订的合同发放补助资金。

四、审计程序与方法

(一)查阅资料,了解实情。一是查阅退耕还林面积情况。在熟悉退耕还林业务流程的基础上,搜集林业部门规划、年度设计报告书、年度资金计划及检查验收资料,掌握林业主管部门、财政局等单位有关退耕还林资金核实发放的验收面积数。二是审核相关部门和单位退耕还林资金分配、管理及发放情况。主要是搜集财政、街道办事处、社区兑付资金的分户花名册资料,同时结合审计核实的面积数,审查各年度资金是否按照"退到位,发到户"的要求足额落实到农民手中。

(二)深入访谈,掌握细节。退耕还林资金管理使用涉及的环节较多,为了全面客观地掌握整体的运作情况,在每一个环节都有针对性地选取一定比例的人员访谈,从不同角度了解资金的运作情况。通过与林业主管部门、财政局、街道办事处工作人员座谈,了解资金管理过程中存在的困难及想法、建议;通过与社区负责人、财务人员及相关工作人员座谈,了解项目运作过程中的具体细节和管理方面存在的问题;另外根据审计中发现的疑点问题,有针对性地选取一定数量的农户进行访谈。

（三）抽样审计，抓住重点。退耕还林工作涉及面较广，无法全部展开审计，审计组根据资金量大小、管理规范程度、财力状况等因素，采取抽样方式对××个社区中的××个社区开展具体审计工作，再从中按照退耕还林设计要求，选择具体作业点，从林种、权属关系、管理、两率指标等选择抽样，有针对性地落实到个人，审计资金覆盖面达到80%以上，较好地解决了质量和效率的问题。

（四）实地查看，确保真实。在审核退耕还林工程资料的基础上，审计人员有选择地到工程实施现场进行查看，了解掌握退耕还林实施的实际效果，检查有无毁林复耕、间作农作物等情况，同时使用卫星定位系统等设备，实地核实退耕还林面积。最终发现部分社区未按退耕还林要求栽种树木，而是间作小麦、玉米等高秆农作物，个别社区改变林地用途，将林地出租建设厂房等问题。

图1　审计人员实地测量退耕还林面积

（五）书面调查，注重实用。审计组将退耕还林面积、补贴金额、发放标准、发放方式、存在问题等内容列入社区调查表，调查一个社区填写一张表，并及时汇总各社区的审计调查情况，避免信息疏漏。当面调查询问部分退耕农户的困难、意见等，做好采访调查记录，必要时请被调查人签章或按手印以作为证据。

（六）深入分析，巩固成果。通过对办事处与社区签订的责任状、社区与农户签订的退耕还林合同（协议）对比分析，发现二者在面积、户数等方面存在的差异；通过对退耕还林补助资金的计划拨付情况与实际发放情况比较，审查有无截留、挤占等问题；通过测算森林覆盖率、退耕还林实际完成率等指标来评价退耕还林的效果性方面问题。

五、审计结果与建议

（一）审计评价结果

审计结果表明，G区退耕还林面积由2005年的×××××亩，增加到2008年底的×××××亩，增长88.3%，森林覆盖率达到了32.6%，退耕还林取得了较好的生态效益和社会效益。但审计也发现滞留退耕还林资金、退耕还林基础管理工作不规范等问题。

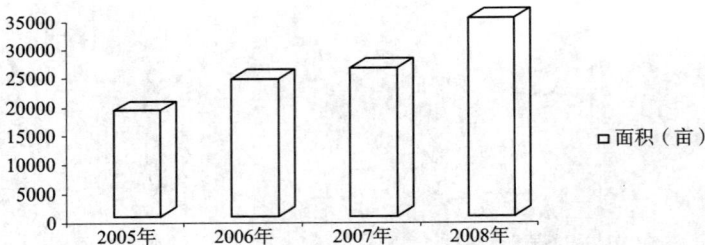

图2　2005年至2008年全区退耕还林面积情况

（二）审计发现的主要问题

1. 超范围支付退耕还林资金。有关职能部门执行退耕还林政策不严格，在社区没有按规定将××××亩（占全区退耕还林总面积的××%）村集体地重新发包情况下，仍按每亩600元标准对相关社区给予退耕还林补助，导致区财政多支付资金××××万元。

2. 滞留退耕还林资金。截至审计日，各街道办事处尚有属于以前年度的退耕还林资金×××万元未按规定拨付各社区。

表1　各街道办事处滞留退耕还林补贴情况表

截止日期:2008 年 12 月 31 日 　　　　　　　　　　　　　　　　　　　　单位:元

街道办事处	退耕还林补贴面积(亩)		退耕还林补贴金额(元)				
	计划	实际	区财政拨付办事处	办事处应配套	办事处实际配套	办事处实际拨付	办事处滞留
A 街道办事处	××	××	××	××	××	××	××
B 街道办事处	××	××	××	××	0	××	0
C 街道办事处	××	××	××	××	××	××	××
D 街道办事处	××	××	××	××	××	××	××
E 街道办事处	××	××	××	××	××	××	××
F 街道办事处	××	××	××	××	××	××	××
合　　计	××	××	××	××	××	××	××

3. 退耕还林配套资金未到位。L 街道办事处应按规定标准配套 2005 年至 2008 年退耕还林资金××× 万元,但截至审计日仍未到位。

4. 退耕户未按退耕还林要求栽种树木。部分退耕户存在栽植密度不够、在退耕还林地周边种树、中央种农作物或者间作经济作物现象,导致退耕还林没有达到预期目标,同时个别社区改变林地用途,将林地出租建设厂房。上述情况涉及面积 ××××亩、资金××× 万元,占全区退耕还林面积及年度补贴总数的 12%。

（三）审计建议

1. 结合林权制度改革,调整完善退耕还林政策。目前 G 区仍沿用 2000 年出台的《退耕还林暂行办法》,该办法规定的退耕还林土地范围和补助标准与现行实际情况不符,也未对退耕还林的施工质量、资金管理及后期养护等工作作出具体明确的规定。

2. 加强对基层的指导与管理,加大林木后期管护工作力度,搞好补植补造、林木保护等工作,确保提高造林的成活率和保存率,提高退耕还林效果。

六、审计成效

本次审计查出违规及管理不规范问题金额×××× 万元,审计结果受到了被审计单位的高度重视。林业主管部门、财政、街道办事处等单位积极整改,进一步规范了内部管理。

（一）相关审计结果写入了当年区级预算执行审计工作报告，G区区委书记针对存在的问题作出了重要批示。在区长办公会上，区领导专门听取了审计情况及整改计划的专题汇报，要求区农发局等部门抓紧整改落实，确保工作逐步规范化。

（二）根据审计报告反映的问题，区林业主管部门会同监察、财政等部门联合对退耕还林面积进行了复核，提出对退耕还林工作的管理意见。

（三）为保证退耕还林工作质量，结合林权制度改革，管委（区政府）制定了《区退耕还林管理办法》、《区退耕还林工程建设检查验收办法》等文件。

（本案例执笔：王春飞）

D区城区绿化"三资"绩效审计

案例简介:该项目结合"三资"绩效审计理论及环境绩效审计理论,根据 D 区城区绿化建设项目特点,紧扣财政资金、资产、资源,设置验证了一批审计模型及评价标准,对 2009 年度 D 区城区绿化建设工程项目开展了独立型绩效审计,并对资源环境审计方式进行了有益探索,取得了一定的成效,为后续同类项目绩效审计积累了一定的经验。

一、审计项目概述

(一)项目概况

D 区 2009 年城市绿地建设项目(以下简称城市绿地建设项目)主要工程内容包括新建、改造绿地乔灌木栽植,城区道路行道树补植,攀援植物绿化,零星绿地充实,主要绿化节点在节假日摆放花卉等。本项目计划投资为×××万元,资金来源为区配套费。该项目建设单位为 A 市 D 区城市建设管理局(以下简称建管局)。工程开工日期为 2010 年 1 月 27 日,实际竣工日期为 2010 年 2 月 26 日。该工程通过竣工验收,验收结论为合格。

由于该项目属于独立型绩效审计项目,审计的主要目的是客观科学评价投入资金使用的效果、效率及相应产出的各方面效益,找出项目建设过程中影响投资效益的环节及问题,并提出切实可行的审计建议。

(二)立项理由

1. D 区近年来开展大规模城市建设,项目点多、面广、类别繁杂,使用的财政专项资金日益增多,参与工程建设的单位性质复杂多样,如何建立健全完善的建设项目管理体系,使有限的财政资金发挥最大的效益是摆在区政府和各工程建设单位面前的一道难题。对区政府投资建设项目开展独立性绩效审计,全面稽核、评价建设项目从立项、土地、规划、可研、环评、招标、施工及竣工全过程资金使用流转脉络,查找项目建设和资金使用过程中的漏洞及低效情况,调查项目建成后的效益产出情况,辨析优质、高效投资及立项盲目、效益低下的情况,为区政府城市建设开拓思路建言献策,为基建项目的具体实施提出增效建议。

2. 投资兴建城区绿化建设项目是 D 区政府的一项战略性、试点性、示范性的环境工程,项目投入财政资金较大,近三年计划投资约×××万元,社会公众对建设项目期待值较高。此项目建设效益的高低可能影响到后续类似项目建设的决策及实施。开展环境相关建设项目绩效审计,有助于在体制上引导和促进地方政府积极转变发展理念,改变过去以经济增长来衡量政绩的唯一考核指标。通过实施环境绩效评价,激励、促进和规范政府向公众和社会提供优质高效的环境服务,并在更高一个层次上对政府部门履行环境管理责任的情况进行监督和评价,从而保证经济的可持续发展。

有鉴于此,D 区审计局选取 2009 年度城区绿化建设项目作为资源、环境型绩效审计的开展对象。

二、审计目标和评价标准

(一)审计目标

1. 总体目标。规范政府投资建设项目管理、强化政府投资建设项目建设效果,提高建设资金使用效率和建设项目的经济效益、社会效益,发现影响建设项目绩效的问题并提出相应解决方案。

2. 具体目标。一是从绿化工程的建设程序入手,梳理 2009 年度城区绿化建设项目的各项建设程序的履行情况,关注建设项目从立项到竣工决算全过程资金计划的审批及执行情况。二是审查绿化工程施工建设工程中的资金使用情况,审计施工支出的真实成本,查找资金损失浪费问题,并探查问题产生的根源。三是以现场调查及综合指标分析为切入点,综合评价城区绿化工程建成后产生的社会效益,量化评价建设项目投入资金及其相应产出综合效益价值之间的对比关系。四是发挥宏观服务性审计职能,根据绩效审计的成果,以点透面,综合分析汇总全区建设管理存在的问题,提出相关后续管理建议,形成相应的审计科研成果报区政府,以促进政府建设项目的决策、实施及考核,充分发挥财政资金使用效益。

（二）评价标准

城区绿化的投资效果,受林木生长周期的影响较大,有些项目的生态效益和景观功能要在建成后的几年甚至更长时间才能得以充分反映。因此,其绩效评价不仅要分析计算直接的、有形的、现实的投入和产出,还要计算分析间接的、无形的、预期的投入与产出。其绩效,既反映为可用货币衡量的经济效益,又反映为大量的无法用货币度量的生态效益、社会效益。因此,园林绿化的绩效评价不仅包含了经济效益,也包含了社会效益、生态效益,甚至是政治效益,是各种效益的综合体现。它由评价目标、评价主体及客体、评价标准、评价方法等要素组成,各个要素相互联系,相互作用,相互依赖。

其绩效评价应遵循以下原则:一是全面性与特殊性相结合原则。鉴于园林绿化政府投资项目的绩效表现形式和表现载体具有多样性特征,客观、公正地评价园林绿化绩效需要全面衡量,从诸种效益的相互结合中得出能达到社会福利最大化的综合绩效评价结果,同时也要充分考虑不同类别的项目所产生效益的特殊性。二是统一性和差别性相结合原则。按照绩效审计评价的一般要求,要充分考虑园林绿化的差别性,结合各自的功能特性,选择相应的指标和标准来进行,使绩效评价更具有实际意义。三是定量计算和定性分析相结合原则。

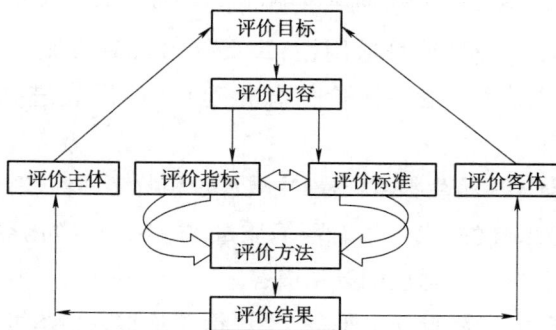

图1　城区绿化绩效审计程序

（三）评价内容

城区绿化绩效评价的内容主要包括:项目实施内容、投资控制与支付、功能实现、生态效益、社会效益五个方面。其中前两个方面内容是对项目实施过程进行的评价,其余内容是对项目实施投入使用后的效果进行评价。几方面评价内容相互独立,共同说明项目的效益情况。

（1）项目实施内容。包括建设目标总体实现程度、工程项目管理、项目运营管理和廉政建设四个方面内容。其中,建设目标总体实现程度主要评价项目面积完成率、绿地面积完成率以及投资完成率是否达到设定目标。项目建设管理,是从建设程序的合规性、项目管理的科学性、工期控制、质量及安全文明控制四方面进行评价。项目运营管理主要评价:一是运营管理团队综合素质是否较高,管理经验是否丰富;二是运营管理制度是否齐全,运营模式是否符合政策导向,管理成本是否集约;三是项目(包括绿地、水面等)的维护制度是否建立,维护情况是否良好。而廉政建设主要评价廉政制度是否建立健全,项目在建设过程中有无发生违纪违规现象。

（2）投资控制与支付。包括实施阶段的投资控制与财务管理、费用管理、竣工过程投资控制及财务管理四方面内容。其中,实施阶段的投资控制与财务管理主要评价投资控制规范性和有效性、施工招标有效性以及财务管理规范性;费用管理主要评价动拆迁费用,勘察、设计、监理等其他费用,建设单位管理费用;竣工过程财务管理主要评价竣工结算审核、工程竣工决算编制、交付使用财务管理;项目运营财务管理则主要评价项目运营财务制度的规范性,包括各项财务制度是否齐全,是否符合国家有关规定。

（3）使用功能。一是项目适用性,主要评价规划方案、绿地景观和功能设施;二是科技先进性,主要评价信息化建设、应用先进技术和绿地服务功能。

（4）生态效益。一是生物多样性,主要评价植物多样性、新优品种应用数量及效果、野生动物多样性;二是生态环境质量,主要评价净化空气、降低热岛效应、公园水体质量、大气舒适度四方面内容。

（5）社会效益。一是服务水平,主要评价年均接待游客量和游客满意度。二是社会贡献度,主要评价项目促进城市发展和参与社会活动情况。三是文化与学术交流,主要评价项目文化成果和开展学术交流情况。

三、审计内容和重点

(一)项目实施内容

1. 项目计划。

```
                    城区绿化建设项目
    ┌──────────┬──────────┬──────────┬──────────┐
  新建、改造绿地。  城区行道树补     城区攀援植物栽    节日草花摆放
  改造前垃圾成堆、  栽。部分道路两    植。在板桥坊和    和零星绿地充
  露土情况严重,原  侧行道树由于     308国道沿线、    实。渲染节日气
  有绿化破坏严重,  各种客观原因     重庆路沿线、现    氛,将区政府等
  不仅对周边群众   已经枯萎,不能    状挡墙、排水沟,   17 处地点在重
  生活造成困扰,   发挥原有作用。    栽植扶芳藤、爬    大节庆日摆放
  而且干扰交通干   重新栽植法桐、    墙梅等植物,美    草花,对于部分
  线通行。      垂柳、银杏等美    化进出A市的迎    区域绿化损坏
            观乔木,营造多    宾路,营造城市    严重的进行补栽
            条林荫大道。     绿带。       及充实,提高居
                                民生活质量。
```

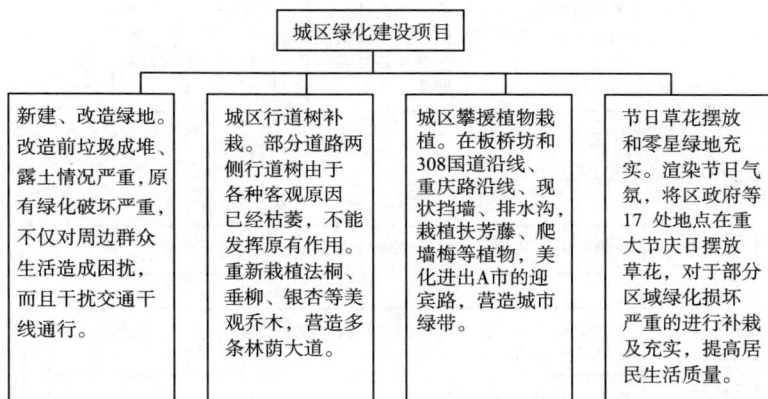

2. 审计内容和重点。

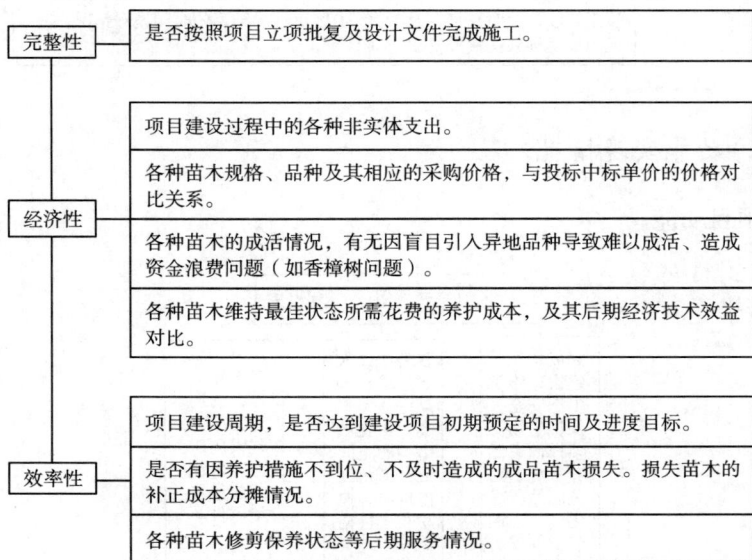

完整性	是否按照项目立项批复及设计文件完成施工。
经济性	项目建设过程中的各种非实体支出。
	各种苗木规格、品种及其相应的采购价格,与投标中标单价的价格对比关系。
	各种苗木的成活情况,有无因盲目引入异地品种导致难以成活、造成资金浪费问题(如香樟树问题)。
	各种苗木维持最佳状态所需花费的养护成本,及其后期经济技术效益对比。
效率性	项目建设周期,是否达到建设项目初期预定的时间及进度目标。
	是否有因养护措施不到位、不及时造成的成品苗木损失。损失苗木的补正成本分摊情况。
	各种苗木修剪保养状态等后期服务情况。

(二)投资控制与价款支付

1. 投资构成。

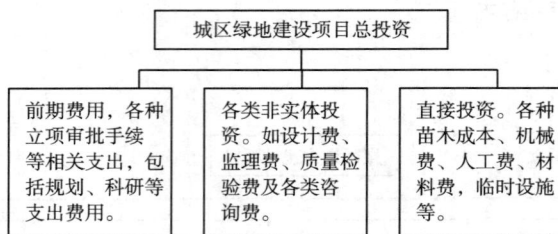

2. 审计内容和重点。

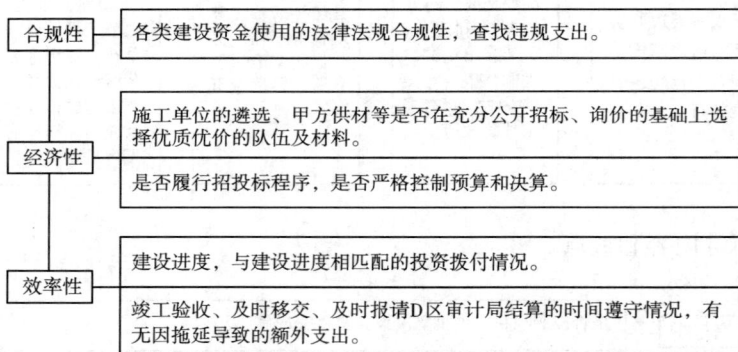

(三)功能实现情况

1. 项目功能。

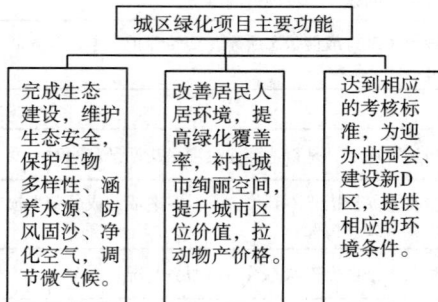

2. 审计内容和重点。

通过现场勘查,引入相应技术检测手段,量化分析各种功能的实现情况,通过广泛征求社会公众的直接感受及问题诉求,反映城区绿化建设项目功能实现的总体情况,揭露未完全达到建设目的的原因。

(四)效益产出情况

在综合评价本项目的项目实施内容、投资控制及功能实现情况的基础上,从生态景观效益、社会效益等方面审查建设项目的产出情况。

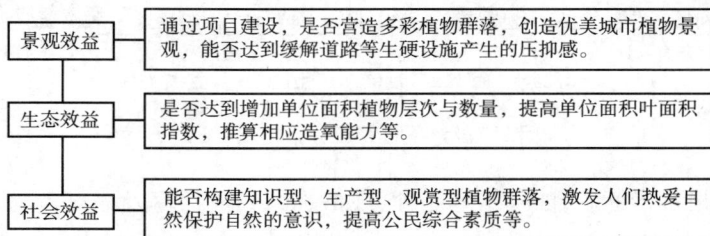

景观效益	通过项目建设,是否营造多彩植物群落,创造优美城市植物景观,能否达到缓解道路等生硬设施产生的压抑感。
生态效益	是否达到增加单位面积植物层次与数量,提高单位面积叶面积指数,推算相应造氧能力等。
社会效益	能否构建知识型、生产型、观赏型植物群落,激发人们热爱自然保护自然的意识,提高公民综合素质等。

四、审计方法和步骤

(一)项目实施绩效方面

根据本项目的具体情况,将本项目分为新建绿地、补栽乔木、攀缘植物、节日摆花及补绿四个模块进行分类审计评价。

1. 主要方法

一是调查收集资料法。包括利用现有资料法、访谈法、专题调查会、抽样调查,采用上述多种方法对同一调查内容相互验证,以提高调查成果的可信度和准确度。

二是分析研究法。包括定量分析法、定性分析法和逻辑框架法。分析项目原定的预期目标和目的、各目标层次、目标实现程度及其原因,以分析原定的项目目标是否合理,通过投入、产出、直接目的、宏观影响四个层面对项目活动进行分析和总结。

三是对比法。根据绩效评价调查得到的实际情况,对照立项时所确定的直接目标和宏观目标以及其他指标,找出偏差和变化,分析原因,得出结论和经验教训。对比法应包括前后对比、有无对比和横向对比。

2. 审计步骤

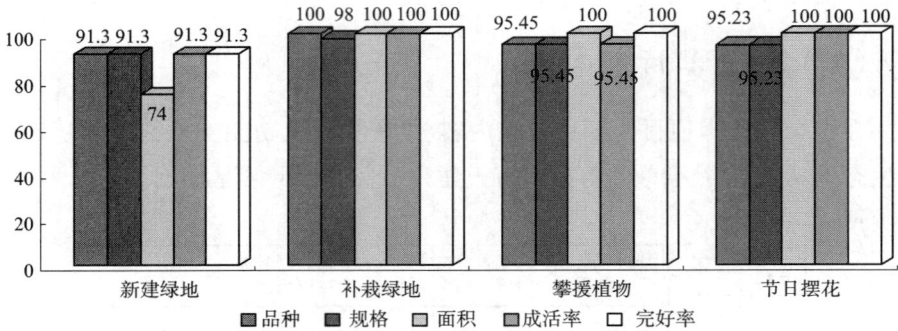

图2 设计项目完成合格情况(%)

从合格率指标看,四种绿地品种、规格、面积、成活率及完好率完成情况很好,补栽乔木、攀援植物、节日摆花的合格率均超过95%,部分项目完全合格,完成情况相对较差一点的新建绿地合格率也基本在91%左右。

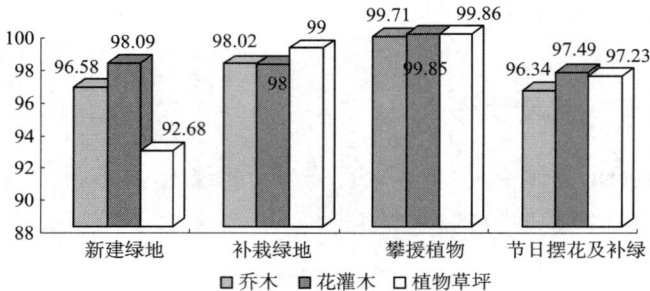

图3 到期保存率指标图(%)

从保存率指标看,四种绿地除新建绿地植物坪保存率为92.68%外,其他各类植株保存率均达到了96%以上,绿地保存情况良好。

从覆盖率指标看,补栽乔木、攀援植物、新建绿地三块绿地的草坪以及其他地被的覆盖率均保持在97%以上,节日摆花草坪以及其他地被的覆盖率也达到了95%,说明四种绿地基本达到了原定的计划目标。

3. 审计发现的主要问题

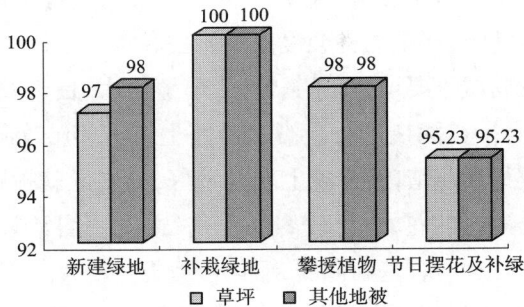

图4 目标区域覆盖率指标图(%)

(1)绿化队伍良莠不齐,施工管理水平有待提升。

就目前承担城区绿化工作的施工单位人员结构看:一是部分企业非专业人员多,专业人员少。专业人员与非专业人员比例倒挂现象严重。二是绿化施工管理人员多,懂栽植绿化技术的人员少。在绿化过程中,绿化企业从经济效益出发,大多聘用临时人员,这些人员有的虽具有一定的栽植绿化经验,但缺乏全面绿化知识和专业技术。这种专业技术不是体现在绿化管理工作的每一个方面,如拔草、浇水、保洁等日常工作,体现不出专业技术性,只要是种过地的人都会做这些工作,但是,在土壤成分分析、肥料的配施、疑难病虫害的防治、绿化新品种新技术的引进和开发等方面就突出了专业技术性,要做好这方面的工作,需要雄厚的专业技术人才做基础,需要大量的人力、财力和物力的投入,这是把城区绿地管理推向市场后,部分企业盲目追求利润所难以做到的。三是技术工人和初级职称人员多,中、高级职称人员少。绿化工作效果具有延时性,绿化工作所产生的效果并不是一两天就可能体现出来,需要有一个较长过程,这个过程可能是几个月,也可能是几年。一旦出现绿地效果由好向坏发展趋势,当坏的效果显示出来时,往往已经无法弥补,绿化企业所受到的损失仅仅是经济上的,而城区绿化效果所受的损失却是无法估量的,产生的影响也是比较大和无法挽回的。

(2)公共绿地生存条件差,绿化管理难度比较大

SL路、CQ路、HLJ路所属绿化带大多夹在人行道与机动车道之间,四周是水泥路或柏油路,由于道路绿地中的花草树木就生长在车道旁,汽车尾气往往对其直接喷射,特别是道路堵车时,高温尾气长时间喷射,有毒有害气体必然导致本来品种就趋于老化的许多树木枝枯叶黄,生长不良,严重的会造成脱水死

亡;另外,厚厚的粉尘落满了枝叶,阻碍了树叶正常的光合作用,堵塞了叶片气孔致使其无法正常呼吸,严重的也会慢慢地死亡。

由于上述路段属城市要道,交通繁忙,人车流量大,白天及初夜根本无法浇水,浇水工作只能安排在深夜进行。沿途道路上有许多公交站台,车站附近侧石边上的花常常被行人践踏,经常晚上刚补种好,第二天就被踩光,人行道上自行车停车点附近花钵内的花,也比较容易受伤,边上一圈常常被碰伤。绿化带地理位置特殊,自然条件差,基础薄弱,绿化管理难度较大。

(3)部分公众公德意识淡薄,绿化破坏率较高

城区绿化施工地域均为开放式景观绿化带,要么地处城区繁华、繁忙地段,要么已成为社会公众休闲娱乐的广场,人口密度大,因而承受人为活动的数量、频率就高,部分市民公德意识不强,践踏草坪、绿地的事件屡见不鲜,有意无意地损害树木、花坛的现象时有发生,乱扔垃圾、破坏园林设施的行为禁而不止。

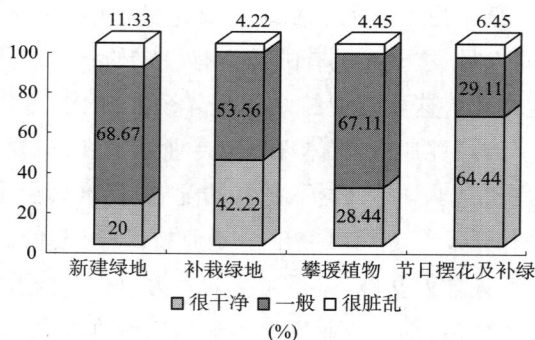

图5 卫生保洁问卷调查公众满意度

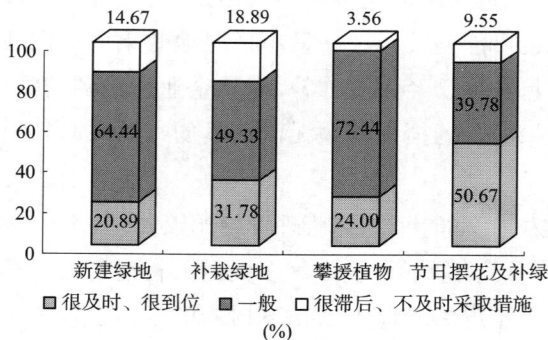

图6 园林设施维护满意度

从社会公众对绿地卫生保洁、园林设施维护满意度调查结果看,绿地卫生保洁情况不容乐观,园林设施破坏率极高。受人为因素影响,绿地绿化、维护、防范的工作量增多,绿化成本加大,一定程度上影响了成品保护质量。

（二）投资控制及支付方面

1. 多计工程结算价款。该工程项目送审金额为×××万元,审定金额为×××万元,因工程量计算不准确、部分材料价格偏高等原因造成施工单位多计工程结算价款×××万元,综合审减率××%。

2. 合同签订违反 D 区规定。

（三）城区绿化完工后产生的效果性方面

2009 年度城区绿化建设项目完工后,产生了良好的社会和经济效益。审计组设计了公众满意率调查问卷,拟定了十个方面的问题向社会各界和公众征求对绿化工作的意见,并分别在建设绿地周围向过往市民随机发放调查问卷各763 份,具体调查结果如下:

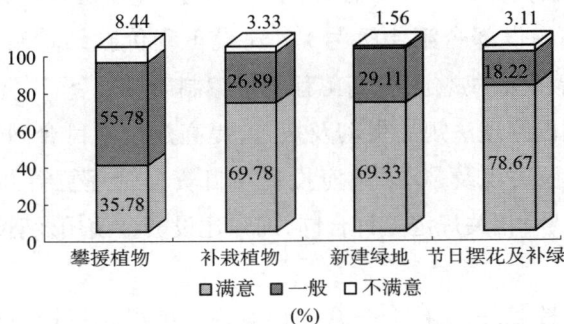

图 7　项目总体满意度

社会公众对绿地建设管理的总体满意度较高,除攀援植物满意率为35.78%外,其余绿地的满意率均在 69% 以上,节日摆花的满意率达 78.67%。

认为绿化水平较高,绿化质量较好的首推节日摆花,其绿化水平、绿化质量满意率为 72.67%,然后依次为新建绿地、补栽乔木、攀援植物,分别为 50%、49.78%、24.22%,但攀援植物不满意率达 6%。

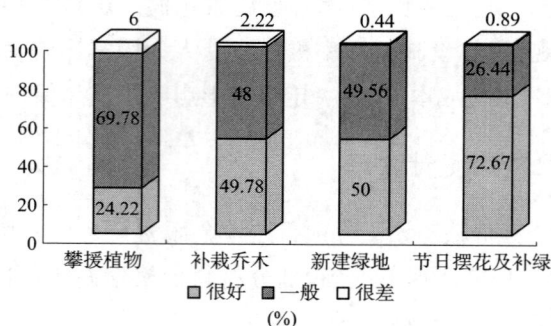

图 8　建设水平、绿化质量满意度

(四)审计建议

1. 加强预算控制、工程发包、合同管理等环节工程造价管理,项目施工过程中对施工现场签证等要严格把关,对工程材料应充分结合同期市场价格,采取多方询价的方式确定,对工程量的计量应详细准确,重点审查现场工程量及规格是否与设计图纸相符合。督促施工单位严格遵守《建筑工程施工发包与承包计价管理办法》(建设部令第 107 号)、《建设工程价款结算暂行办法》(财建〔2004〕369 号)等法规的规定,提高工程结算编制质量。

2. 加强区建设管理法规的贯彻及执行,提高建设项目合同管理水平,严格按照各级建设工程法规及《D 区政府投资项目资金管理暂行办法(试行)》(D政发〔2007〕××号)相关规定签订合同,加强建设资金使用及管理,保证财政资金安全。

3. 加强宣传教育,树立社会公众公德意识。把绿化保护与环境保护、市民公众道德素质建设与遵纪守法结合起来,转变市民对公共绿地绿化管理观念,树立绿化树木花草光荣、破坏树木花草可耻的公德意识,形成绿化家园、人人有责的社会风气,开展对绿地的认养等活动。同时,加大绿化的监察及执法处罚力度,做到有法必依,执法必严。

4. 加强队伍建设,强化监督管理。园林管理部门要充分发挥绿化管理职能部门的作用,加强绿化人员专业技术培训,提高绿化管理技术水平。要改革现行的单纯行政式的专业评价考核方式,采用专业评价与群众评价相结合的考核方式,避免考核流于形式和"走过场"现象。

五、审计成效

根据城区绿化绩效审计结果,D区审计局结合相关政府投资建设项目发现的问题,深层次地剖析原因,从体制、机制和制度建设层面提出建议,向区委、区政府提报专题调研报告,得到领导的批示,相关部门共同研究制定了规范措施制度。针对审计发现的问题,各被审计单位积极进行了整改,改进了内部管理。

(本案例执笔:仲维鑫)

B市排污费征收、管理和使用绩效审计调查

案例简介:该项目是一个独立型绩效审计项目,审计人员在对B市排污费征收、管理和使用情况审计调查中,沿着排污资金的来龙去脉,重点调查征收、管理和使用各环节的相关单位,从财务数据和业务数据两方面入手,采用分析性复核、抽样调查、比较分析、调查问卷和计算机辅助审计等方法,对资金管理使用绩效进行了评价。3篇审计专报均得到市党政领导批示,相关部门根据审计建议进行了整改。计算机审计方法和实例分别被审计署评为优秀奖和应用奖。

一、审计项目概述

(一)项目概况

排污费是依据《排污费征收使用管理条例》的有关规定,向环境排放污染物的单位和个体工商户(以下简称排污者)征收的一种费用,包括排放污水排污费、排放污气排污费和排放噪音排污费。征收的排污费应当全部专项用于环境污染防治,任何单位和个人不得截留、挤占或者挪作他用。

B市环保局下设的环境监察大队具体负责排污费征收工作,运用《排污费征收管理系统》软件,根据上年末对排污者申报资料的核定结果收取排污费,2007年至2009年排污费征收全面实行"票款分离"。市财政局国库科负责排污费管理工作,征收的排污费设立专户,全部上缴国库,实行"收支两条线"管理,排污费入库情况定期与征收部门进行核对。B市排污费主要用于环保部门自身能力建设、节能减排、企业扶持和在线监控设施补助。

(二)立项理由

1. 环境污染形势严峻,每年征收的排污费数量较大,其征收管理及绩效情

况深受各方面关注。

2. 排污费征收各项衔接点数据关联,自环保、建设、工商、税务等相关部门取得基础数据,运用计算机辅助审计手段,便于开展绩效分析。

3. 审前调查中发现征收管理中存在诸多不足,有待于进一步完善和提升,审计可以发挥建设性作用,提出改进意见,能够取得更大成效。

二、审计目标和评价标准

(一)审计目标

通过审计调查排污费征收、管理和使用绩效情况,揭示各个环节存在的问题,提出审计建议,以规范资金管理,提高资金使用效益,促进环保政策贯彻落实。

具体目标:一是以征收管理履行情况为核心,突出关注排污费征收管理绩效,客观评价征收管理实绩;二是揭露征收活动中可能存在的各类问题,推动征收管理工作的制度化、规范化;三是注重从体制、机制和制度层面分析问题,提出改进和完善的对策和建议,为相关部门加强征收监管工作提供服务。

(二)评价标准

1. 定量评价标准。通过污染源监测数据、污水排放量和处理数量计算、分析、比较评价审计对象,客观反映审计结果。

2. 定性评价标准。对评价对象进行客观描述和分析来反映评价结果。

具体指标见表1:

表1 各项指标评价标准

指标类别	具体内容
合规性指标	定量标准:财经法规、环境保护等法律法规中可量化的部分。
	定性标准:财经法规、环境保护等法律法规中不可量化的部分。
经济性指标	定量标准:排污费征收管理和使用方面的定额指标,财政拨入进行污染环境治理的专项资金指标,专项用于环境整治的数额占财政拨入数额的比例等指标。
	定性标准:排污费征管等法规制度中不可量化的部分。

续表

指标类别		具体内容
效率性指标		定量标准:排污费征收、欠收率;监控设备闲置、使用、毁损率;污水排放和处理率等。
		定性标准:主要是与排污费征管、使用有关的内部控制制度规定;审计人员对排污费征管使用状况、在线监测设备使用、污水处理系统使用等进行了查看后的专业判断。
效果性指标	经济效益	定量标准:(1)财务指标。排污费征收增长率、污染源和排污指标监测设备利用率。(2)经济指标。与环境保护和民生有关的各项投入金额以及增长率指标,如财政拨入污水处理设备补助、在线监控设备补助、污染监测设备补贴、减排奖励等。
		定性标准:审计人员对环境整治的调查问卷结果。
	社会效益	定量标准:排污量、污水、污气处理量等考核指标,如污染源排放降低率、海水、淡水的达标率等。
		定性标准:审计人员对环境整治的调查问卷结果。

三、审计程序与方法

(一)准备阶段

1. 审前调查。调查中注重把握"一个方针,两个环节,四个结合"。"一个方针",即坚持"全面调查,突出重点"的指导方针。全面调查是明确审前调查目的,全面收集与排污费相关的情况资料,有点有面;突出重点是沿着排污资金的来龙去脉,重点调查其征收、管理和使用各个环节的合法、合规性,避免审前调查走形式、走过场。"两个环节",即"广泛收集资料,科学制订审前调查提纲"、"综合调查情况,分析疑点确定审计重点"。"四个结合",即"内外调查相结合"、"座谈了解与理性分析相结合"、"总体分析与专题研究相结合"、"传统方法和计算机技术相结合"。

一是了解排污费征收、管理和使用各环节工作由哪些单位具体承担;二是全面了解排污企业的覆盖面、排污资金使用的辐射面、污染治理的需求量、所辖范围近几年污染源指标的变动趋势;三是对环保部门的排污费征收业务数据和排污费征收财务数据,地税部门纳税人行业性质登记数据,工商部门企业登记数据，财政部门的排污费入库数据和安排支出财务数据，污水处理厂在线监测系统检测数据，排污企业污水检测数据等基础数据进行处理。

2. 拟定审计调查实施方案。根据审前调查了解到的情况确定审计内容，审计调查重点、范围和目标，并对审计人员进行分工。

（二）审计调查实施阶段

1. 排污费的征收环节。

对排污费的征收环节运用了分析性复核、抽样调查、比较分析、调查问卷等方法进行了调查。一是针对审前调查了解到的排污费申报缴纳户数偏低问题，先后到环保部门、工商部门、地税部门采集了 2007 年至 2009 年排污企业信息数据，运用 AO 现场审计实施系统功能和计算机辅助审计方法，将三部门的数据进行关联，掌握了 B 市排污企业的规模，依此来反证排污费申报和征收的真实性；二是采用调查问卷和电话询问的方式选取有代表性的已申报缴纳排污费、欠缴排污费、未申报缴纳排污费的 25 家企业进行延伸审计调查，进一步了解 B 市排污费的征收现状及存在的问题。

2. 排污费的管理环节。

对排污费的管理环节运用了查账、查证、核对等方法进行了审计调查。一是采集环保部门排污费的征收数据，进行分析，查看是否账证、账实相符，是否全额缴入国库设立的专户；二是采集财政部门收入入库数据，运用计算机审计方法将二者数据关联比对。

3. 排污费的使用绩效。

对排污费的使用绩效情况运用了抽样调查、重点调查和分析性复核等相结合的方法进行了调查。一是沿着排污费的使用去向，抽取了 8 家使用排污费购买在线监控设备的企业，通过分析监测数据、实际查看设备运行情况，反映排污资金使用绩效情况；二是沿着财政国库拨款去向，重点对环保部门的排污资金使用情况进行了调查分析；三是运用分析性复核方法，延伸调查了建设部门的排水监测站、环保部门的监测站和 3 家污水处理厂，通过对监测数据和 B 市目前污水处理能力的分析，进一步揭示排污资金的使用效益。

四、审计结果与建议

（一）审计调查结果

1. 排污费征收、管理情况

2007 年至 2009 年,共征收排污费××××万元,排污费征收实行"票款分离",并全额上缴入库。

2. 排污费使用情况

（1）市财政本级安排排污费支出情况

2007 年至 2009 年,市财政本级预算安排排污费支出×××万元,其中:用于环保局运行费用×××万元,占总支出的××%;用于企业节能减排和扶持资金×××万元,占总支出的××%;用于企业在线监控安装补助×××万元,占总支出的××%。详见表2:

表2　2007 年至 2009 年市财政排污费支出明细表

项　　目	年度			总计	所占比例（%）
	2007 年	2008 年	2009 年		
环保局运行费	××	××	××	××	××
某化工公司节能减排		××	××	××	××
某化工扶持资金			××	××	××
企业在线监控安装补助费	××		××	××	××
合　　计	××	××	××	××	100

（2）对排污费的使用情况

经对环保部门排污费的使用情况进行检查、分析发现,排污费列支情况详见表3:

表3　2007 年至 2009 年环保部门排污费支出明细表

项　　目	年度			总计	所占比例（%）
	2007 年	2008 年	2009 年		
会议费、招待费	××	××	××	××	××

续表

项 目	年度			总计	所占比例
	2007 年	2008 年	2009 年		(%)
车辆、财产保险费	××	××	××	××	××
环境监测经费	××		××	××	××
监测仪器购置费			××	××	××
培训费、规划费、宣传经费	××	××	××	××	××
交通工具、办公设备购置费	××	××	××	××	××
日常办公经费	××	××	××	××	××
合 计	××	××	××	××	100

3. 排污费使用绩效情况分析

近三年,B市污染物总量减排工作取得明显成绩,污水处理工程和脱硫技术进一步提升,污染指数得到有效控制,总体环境有了很大的改善。检测数据显示,B市空气、地表水和地下水的质量评价指数相对稳定,而入海口的评价指数有升高的趋势,入海口水质状况趋向恶化(有关检测数据变动趋势见图1、图2、图3、图4)。

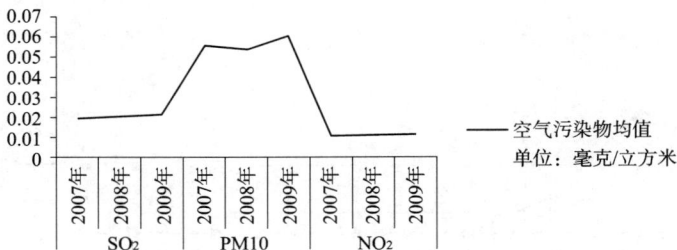

图 1　2007 年至 2009 年 B 市的空气污染物变动趋势图

(二)审计调查发现的主要问题

1. 排污费征收环节存在的问题

(1)排污企业申报和环保部门对排污申报的审核未实行动态化。2007 年至 2009 年,B 市环保部门对排污企业只实行一年一度的年审,均是根据上一年的第四季度审定结果来确定下一年度污染物的排放情况,这样可能导致排污费

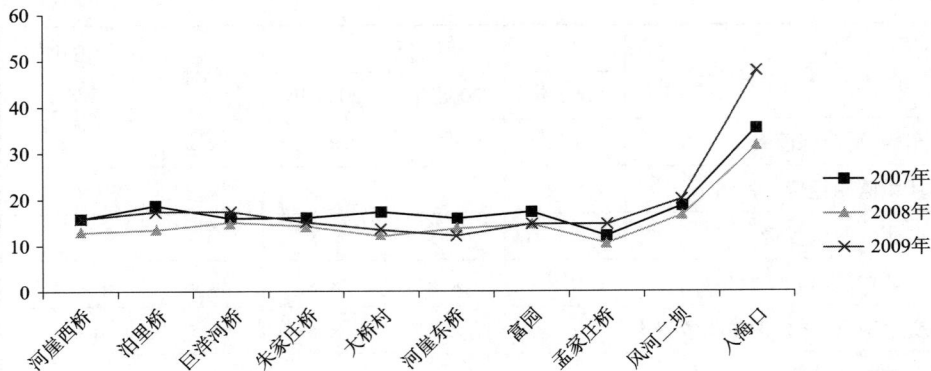

图2　2007年至2009年 B 市主要河道水质综合指数变动趋势图

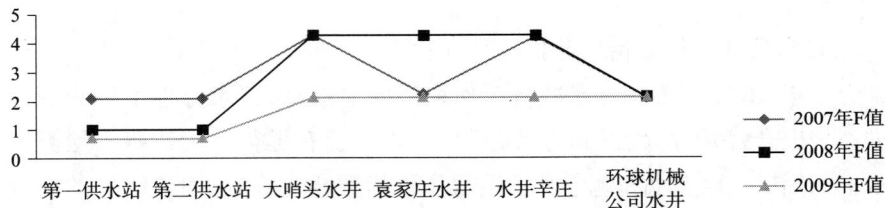

图3　2007年至2009年 B 市地下水质综合指数变动趋势图

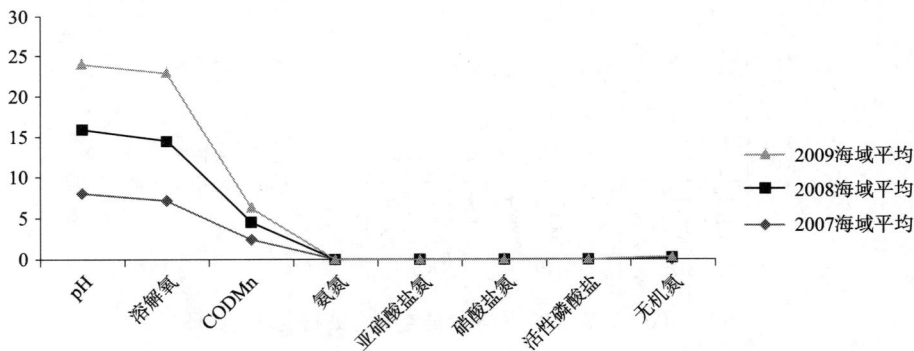

图4　2007年至2009年 B 市海域污染物变动趋势图

的申报情况与污染源的实际变更情况不匹配,影响环保监督效率。

（2）排污申报登记不到位、不全面,导致企业存在漏审、漏报、少缴排污费问题。

根据国家环保总局《关于排污费征收核定有关工作的通知》要求,负责征收排污费的环境监察机构应要求所辖行政区域内凡有工商登记的排污单位都要进行排污申报。但通过延伸审计调查 25 家制造企业发现,应申报缴纳排污费的 23 家,占调查数的 92%,不需申报缴纳排污费的 2 家,占调查数的 8%;已申报缴纳排污费的 13 家,占应申报数的 57%(已申报缴纳排污费企业欠缴排污费的 9 家,占申报缴纳企业的 69%);应申报未申报缴纳排污费的 10 家,占应申报数的 43%;申报不实的有 2 家,占应申报数的 8.7%。

(3)排污费征收环节内部控制薄弱,市环保局的财务数据与业务数据不一致。

B 市环保局提供的 2007 年至 2009 年财务数据反映共收取排污费××××万元,而业务数据反映共收取排污费××××万元,二者存在差异××万元(该问题引起市环保局的重视,在审计调查期间已建立完善了内部管理制度,将发票管理工作移交给了规划统计站,由财务、监察、统计三部门相互监督核对排污费的征收情况)。

(4)市环保局未按规定对拖欠排污费的单位采取征收滞纳金、罚款等措施。截至 2009 年末,虽已申报但欠缴排污费的有××家,欠缴排污费共计×××万元。

(5)排污费征收系统软件存在缺陷。表现在:一是不能正确反映欠费情况,征收软件对后期补缴的欠费信息不识别,欠缴记录不能自动消除,致使实际欠费不能真实反映;二是征收软件不能单独反映申报、缴纳、欠费、开单信息,导致业务数据之间勾稽关系不正确,无法动态显示缴费、欠费情况。

2. 排污费使用绩效方面存在的问题

(1)现有污水处理能力不能满足需要。

①城郊污水管网铺设未能全面覆盖。甲净水有限公司污水处理范围是某街道办事处辖区,其设计污水处理量为 0.5 万吨/日,而实际处理量为 0.2 万吨/日。造成污水处理量不足的原因是由于该区域排污管网仅为三个企业铺设,其余企业和居民生活排放的污水由于未铺设污水管网,未经处理直接排入大海,使海水受到了污染。

②城区现有污水处理公司超负荷运转,存在污水溢流问题。通过对乙污水净化有限公司(以下简称乙公司)、丙环保科技有限公司(以下简称丙公司)两个城区污水处理公司实地察看和数据分析发现:两公司设计污水处理量分别为 6 万吨/日和 3 万吨/日,从排污流量表记录数据看,两公司日处理量存在超负荷

运转情况,不能处理的污水溢流后直接排入河流进入海域。两公司超负荷运转的天数详见表4。

表4　城区污水处理公司超负荷运行天数

年　　　度	乙污水净化有限公司 超负荷运行天数	丙环保科技有限公司 超负荷运行天数
2007	201	133
2008	202	329
2009	198	346

③现有污水处理设备存在局限性,对部分有害化学污染物无法处理。通过对乙公司2007年至2009年的污水入口、出口流量的监测数据进行分析发现:入口污水有时超标流入管网,特别是有些化工污染物严重超标,进入管网后乙公司污水处理设备却无法处理而直接流入海域,造成海水污染,有些具有腐蚀性的化工污染物对污水处理净化系统也造成了破坏。

(2)排污费支出结构不合理。

从财政安排排污费支出情况看,用于B市环保局自身运行费用占总支出的46%,用于企业节能减排、扶持企业资金占总支出的31%;用于企业在线监控安装补助占总支出的23%,没有真正按《排污费征收使用管理条例》第十八条规定用于重点污染源防治、区域性污染防治、污染防治新技术和新工艺的开发及示范应用、国务院规定的其他污染防治项目。

(3)享受排污费补贴的部分在线检测设备已出现问题。

①部分在线监控系统没有及时升级。由于2006在线监控处于发展时期,监测项目、类型报表都不规范,数采仪不稳定,导致现在在线监控系统平台不能满足总量报表和日常监察的需要。主要表现在:一是在线监控系统参数不完善,导致市控在线企业报表时缺少参数;二是数据可以查询但是不能报表,历史数据不能按现省、市统一格式报表;三是总量要求的减排企业没有联网和报表,目前总量在线监控的数据是最重要的数据之一,如果长时间无数据将直接影响全市总量控制;四是系统维护期已过,系统出现的程序错误、通讯校时不准确等问题不能及时得到解决。

②部分在线监控设备低效运转,甚至闲置、出现故障。

从调查的8家享受排污费补贴安装在线监控设备的企业发现,存在设备出现故障或闲置破损未及时进行维护的有 6 家。

③部分在线检测设备虚设或未及时校验，部分企业污水直排海域或河道无法适时监控。

审计调查发现，B 市 2008 年有××家、2009 年有××家企业的工业废水直接排入海域或河道。某化工有限公司、某针织有限公司等企业的在线监测设备已安装，但由于有的发生故障未运行、有的设备未及时校验，致使排污监测行为失控。

存在上述问题的主要原因：

一是由于排污企业面广量多，大多数排污企业又未安装在线监测仪器，缺少监测数据，环保部门审核审定工作繁重，精力集中于重污染源，而放松了面广量大的一般污染行业、第三产业和小型企业的申报登记，致使监管力度不够。

二是环境保护宣传力度不够，排污企业又缺乏主动申报的积极性，导致出现排污费少报、欠缴、瞒报甚至流失现象。

三是欠缴排污费的追溯期缺乏法律法规依据，制约了处罚力度，加之环保部门执法力度不够，导致排污费不能做到应收尽收。

四是排污费征缴不足，无力扩大治污规模、提高处理能力。

五是排污在线监控设施后续运行维护费用缺少监管，造成设备出现故障或闲置破损，影响排污监控效果。

（三）调查结论

调查结果表明，2007 年至 2009 年 B 市排污费的征收程序基本符合《排污费征收管理条例》的有关规定，排污费的征收实行了"票款分离"，做到了"环保开票，银行代收，财政统管"，排污费的缴纳全面实行了"收支两条线"。但目前排污费征管方面仍存在未实行动态申报审核核定、漏申漏报、征收面窄以及欠缴排污费等问题，排污费使用方面存在支出结构不合理、使用效益低下等问题。

（四）审计建议

1. 环保部门应严格贯彻《排污费征收使用管理条例》，提高排污费征收程序的规范化，按规定、按程序、足额征收排污费。一是扩大申报范围和数量，努力增加开征户数；二是加大排污费追缴力度，对拖欠排污费的单位进行排查和督促；对拒不缴纳的，应当按规定及时地给予处罚或申请法院强制执行，确保排污费依法征收、应收尽收;三是充实人员力量,解决征收工作中工作量大与人手少的矛盾。

2. 加强环保、建设、计划、统计、工商、税务等相关部门之间的协作力度,构建资源共享平台。尽快成立全市费源清查小组,对全市的所有排污企业进行清查,充分掌握 B 市排污企业信息,建章立制,让所有排污企业按规定进行动态申报,确保排污费征收基础数据真实完整。

3. 财政部门应加强对排污费专项支出的预算管理,将排污费主要用于污染专项治理、郊区污水管网铺设;同时,应加大对污染治理资金的投入,进一步保护环境,最大限度地发挥环保资金的使用效益。

4. 建立健全排污征收管理内部控制制度,健全排污费征收台账,完善排污者档案管理,尽快对排污费征收系统软件进行升级,单独设定排污费申报、征收、欠费模块,确保业务数据之间关系明确、数据真实。

5. 切实提高系统运行和管理水平,充分发挥在线监控系统作用。严格执行对污染源自动监测设备的比对监察,对新建项目、年度减排工程安装在线监控设备进行验收,避免出现在线设备成为摆设。

五、审计成效

根据审计结果撰写的《B 市排污费征缴面窄力弱影响全市治污工作》、《B 市排污企业在线检测设备"带病运行"或闲置问题亟待解决》、《B 市污水处理能力不足问题仍很突出》三篇审计专报均被市委书记和市长作了重要批示,相关部门进行了整改。《排污费征收、管理和使用计算机方法》被审计署和山东省评为优秀奖并入选审计署方法库,《排污费征收、管理和使用 AO 应用实例》被审计署评为应用奖和山东省优秀奖。

(本案例执笔:徐建玲)

C市污水排放在线监测系统"三资"绩效审计

案例简介:该项目对C市污水排放在线监测系统实施了绩效审计。通过对有关资金、资产、资源的合规性、经济性、效率性的审计,指出了环保主管部门和污水排放企业存在的问题,提出了有针对性的建议,审计报告得到了市委市政府的高度重视和肯定。该项目在促进提高C市污水排放在线监测系统的使用效益、降低水污染、维护市民切身利益等方面取得了明显的成效。

一、审计项目概述

(一)项目基本情况

随着C市企业个数的不断增加,纳入排污费征收范围的企业由2007年的141家增加到2010年的407家,提高对企业排放污水的水质监测、购置并有效使用污水排放在线监测系统显得尤为重要。2006年11月,C市环境部门投入×××万元采购了污水排放在线监测系统,并投资××××万元建成了环境监控中心站,该中心站具有自动监控系统的视频监控、超标预警预报等功能,实现了对C市17家重点污水排放企业的实时在线监测。2008年,根据山东省环保厅要求,全市安装污水排放在线监测系统的4家重点水污染企业与省监控平台实现了在线联网。

(二)审计目标

一是关注资金征管情况、资金使用的经济性和效果性;二是关注资产取得的合法性、资产成本的经济性、资产管理使用的效率性;三是揭露在使用污水排放在线监测系统过程中存在的问题,进而评价污水排放在线监测系统的使用效果,并针对审计发现的问题,从政策、制度、管理等方面分析问题产生的原因,提出审计意见和建议,促进水污染防治相关政策的贯彻落实。

(三)立项理由

近年来,C市加大了对环境保护的投入,三年共投入3000余万元对环境进行了综合整治,其中在污水排放方面就投入了2000多万元,该项资金的使用情况及资产的管理情况成了市委市政府和市民关注的焦点。污水排放在线监测系统已使用4年,该系统使用后是否对水质改善等起到了积极的效果,系统是否有陈旧老化甚至无法使用、是否需要更新,这也是市委市政府关心的问题,该项目具备了开展绩效审计的条件。

二、审计评价标准

本项目的评价标准主要有:《中华人民共和国环境保护法》、《中华人民共和国水污染防治法》、《中华人民共和国海洋环境保护法》和《造纸工业水污染物排放标准(GB3544-92)》、《纺织染整工业水污染物排放标准(GB4287-92)》的有关规定,国家和省级经济发展规划,地方制定的水污染防治规划和年度计划,地表水环境质量标准,重点污染源在线监测率、污水集中处理率、集中式饮用水源水质达标率等。

三、程序与方法

本项目先对C市环境保护局污水排放在线监测系统进行审计调查,然后选择3家企业进行延伸审计,包括安装省控污水排放在线监测系统的××纺织有限公司、安装市控污水排放在线监测系统的×××纺织有限公司、未安装污水排放在线监测系统的××调味品有限公司。在审计过程中,紧扣"三资"绩效审计的主题,加强对资金、资产、资源的审计。

(一)资金方面

1. 审查排污费征管情况。运用盘点、审阅、计算机辅助审计等审计方法,分析C市环境保护局对排污费的征收范围和比例,查看是否按照国家相关政策及污水排放标准收取排污费,有无无故减收、免收或缓收排污费的现象;是否全部纳入预算管理,有无采取不入账、少入账等手段隐瞒收入的现象;征收的排污费是否全部纳入财政预算,有无截留排污费、侵占财政资金的现象;是否列入环境保护专项资金进行管理,有无将排污费用于弥补部门人员和公用经费支出或其他非环保支出的现象。

2. 审查财政投入的环保治理资金使用的经济性。运用比较分析法,通过对相关年度财政投入的环保治理资金使用情况及相关项目的对比,检查资金的使用效益。

(二)资产方面

1. 审查资产取得的合法性。运用实地查看、询问等审计方法,对污水排放在线监测系统资产关注其取得的合法性,审查是否办理了资产购置的审批、招投标等相关手续。

2. 审查资产成本的经济性。运用目标分析法,将建设项目的决算金额与预算金额进行比较;借助 C 市审计局工程审计方面的专业人员,通过到建设现场进行查看、查看决算资料等,审查建设项目成本的经济性。

3. 审查资产管理使用的效率性。通过实地查看、走访询问等审计方法,检查资产管理使用情况。查看其是否建立了资产台账,是否制定了相关的资产管理使用制度;是否能定期对资产进行维护,有无因维修不及时导致资产无法正常运行而造成国有资产流失的现象;是否充分使用资产,有无将资产放置不用的现象;是否能够充分利用资产分析出的数据,及时收取排污费等。

四、审计结果

(一)C 市环境保护局存在的问题

1. 排污费征收程序不规范

(1)无依据减少排污费征收金额。经统计得出,2007 年至 2010 年征收排污费的企业个数分别为 141 个、269 个、332 个、407 个,征收排污费总额分别为 643.66 万元、846.60 万元、807.09 万元、818.45 万元,在征收排污费的企业个数逐年递增的情况下,年收费总额却基本保持不变(如图1),出现了减少收取排污费的现象。

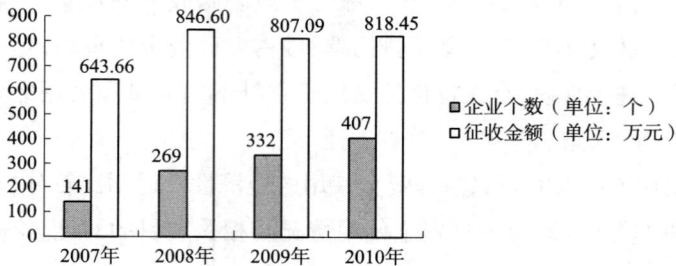

图1　2007年至2010年企业个数和排污费征收情况

（2）征收企业补缴排污费的金额、时间随意性大。经审计发现，C市环境保护局将当年征收企业补缴的排污费也算入当年的收费任务。如抽查发现，××调味品有限公司2010年4至6月每月缴纳排污费×万元，其中就包含企业补缴的排污费，在排污费征收系统中也算作2010年收入。环保部门在完成当年收费任务的情况下，具体让哪些企业补缴、补缴多少、何时补缴都有较大的随意性。

（3）排污费征收不及时。截至2010年12月，××家企业的排污费未及时征收，共计××万元。

2. 排污费征收系统存在的问题

C市环境保护局排污费征收系统的后台数据库为SQL数据库，该系统软件属单机版系统，对录入的每个企业进行自动编号。现在系统中总编号为××××81000486，表示已有486家企业被录入，但实际征收排污费的企业为407家，存在断号现象。经审查，该系统中的企业信息等可随意删除，2006年以来该局将××家企业的基本信息和缴费情况全部删除，这些企业也无须再缴费。另外，由于系统设置问题，对排污费的征收时间可通过对本机系统时间的改变而改变，对跨年度收费的情况容易出现错误。

3. 市监测系统无法正常使用

由于污水排放在线监测系统购买时间较早，为C/S结构，而省监测系统为B/S结构，两系统无法实现数据对接与交互，无法将监测数据进一步上传，且系统升级又需要较多资金，就一直没有对市监测系统进行升级改造。陈旧的系统在运行过程中已不能满足在线自动环境监管的要求，已闲置不用。

4. 部门沟通不到位

安装污水排放在线监测系统的企业，在对污水进行初步处理后，将污水排放到城市管网,进而到达污水处理厂,实现对污水的二次处理。由于 C 市环境保护局和 C 市城乡建设局是相对独立的两个部门,部门之间缺少及时沟通,部分企业在对污水进行处理后,因城市管网堵塞导致污水回流,从处理池中溢出,直接将污水排放到了厂区中,无法实现二次处理。

（二）抽查企业情况

1. 市控系统陈旧成摆设

企业安装市控污水排放在线监测系统后,面对设备超过质保期、故障频繁发生、维修费用高等问题,没有及时邀请第三方进行系统维修,致使污水排放在线监测系统的部分零件已损坏,设备无法正常运转,不能正确显示经初步处理的污水中 COD 等指标的含有量。如抽查 XX 纺织有限公司发现,该公司污水排放在线监测系统的超声波明渠流量计探头已损坏,流量计仍显示数字,错误的数字没有任何参考价值。

2. 设备运行资金严重不足

安装市控污水排放在线监测系统的企业,在购置了近××万元的污水处理设备后,每年支付污水处理设施和污水处理在线监测系统的运行费数额较大。如抽查××纺织有限公司发现,该公司每年仅支付污水处理设施和污水排放在线监测系统运行的电费就××余万元,企业负担较重,难以保证设备的正常、有效运行。

3. 污水处理过程不严格

企业自行对污水进行初步处理时,需要添加处理剂。抽查安装市控污水排放在线监测系统的××纺织有限公司发现,该公司在向污水加入 DC491 脱色剂时,没有根据具体的污水处理量添加,而是每次添加相同的剂量。

4. 未健全设施运行记录表

抽查安装市控污水排放在线监测系统的企业发现,企业未建立健全污水处理设施运行记录表,环保部门也没有建立污水处理设施停止运行报告制度。如抽查××纺织有限公司发现,该公司没有对污水处理设施每天的运行情况进行记录,存在漏记现象,停产天数较多,记录不全,也没有及时向环保部门报告。

5. 未安装污水排放在线监测系统的企业隐患多

抽查未安装污水排放在线监测系统的××调味品有限公司发现,该公司没有安装污水排放在线监测系统,企业自行购置了一套污水处理设施,对部分污水进行处理后,污水没有确认是否达标,直接排放。企业将未达标的污水排放到企业旁边的河流中,造成了环境污染。

五、审计建议

一是进一步规范排污费征收程序,对欠缴、缓缴排污费企业应严格按照《排污费征收使用管理条例》的相关规定收取。二是加强与相关部门的沟通协作,对企业污水排放过程中出现的情况及时发现、及时改善,保证污水处理过程的顺利、有效进行。三是争取财政资金的支持,完成对市监测系统的升级改进,保证与省监测系统的同步运行,实现对企业的有效监督。对纳入市控监测系统的排污企业给予设备购置和设备运行费等补助,减少水污染问题发生。四是加大对安装污水排放在线监测系统企业的监管力度。五是对未安装污水排放在线监测系统的企业加强管理。六是对乡镇企业将污水排入河道的现象进行治理,防止污染问题的发生。

六、审计成果及利用

(一)市主要领导高度重视审计报告并作出批示,要求做好治污工作;市委市政府召开专题会议,研究部署加强污水排放监测的具体工作,要求进一步提高对污水排放在线监测系统的利用程度,确保企业污水达标排放。

(二)C市环境保护局根据市委市政府要求,制定了《C市环境保护局排污收费集体审核制度》等规定;加大了资金投入,对污水排放监测系统进行了维护或更新;采取积极整改措施,充分利用污水排放在线监控系统,组织专项治理检查,共查处污水排放不达标企业十户,切实把好污水排放在线监测质量关。

(三)自审计项目结束至2010年12月,C市已有××户企业进行了污水排放在线监测系统的维护或更新,总投资约×××万元,为进一步提高所排污水的质量奠定了基础。

(四)《C市审计局加大污水排放在线监测系统"三资"绩效审计》等文章在有关刊物上发表。根据该项目的审计经验,C市审计局研究出台了《C市资源环境审计实施意见》。

(本案例执笔:王东)

F区水土资源管理及相关规费
征收职责履行情况绩效审计

案例简介：该项目以规费资金的收缴、使用情况为突破口，通过对水土资源管理部门履责情况的审查，揭露水资源费、水土保持设施补偿费、河道工程修建维护管理费等重要资金的收缴管理方面存在的突出问题，分析查找水土资源监管方面存在的薄弱环节，提出针对性、可操作性较强的审计建议，取得了较好的审计成效。

一、审计项目概述

（一）项目概况

F区水利局属财政全额拨款正处级事业单位，主管全区水行政工作，内设具有行政审批、收费职能的部门（科室）有区水资源管理办公室、区水土保持监督管理站、区水政监察大队，分别承担水资源的统一管理，水土保持方案的审批，收取水资源费、水土保持设施补偿费、河道工程修建维护管理费等工作。2005 年至 2008 年 5 月期间，征收水资源费总计×××ｘ万元；征收水保费总计×××ｘ万元。2006 年至 2008 年 5 月期间，稽查补征河道工程修建维护管理费总计×××ｘ万元。

（二）项目选择理由

一是随着环保意识的普遍增强，水土资源的管理情况越来越受到政府、群众的关注；二是上述职能部门（科室）行政审批、收费职责的履行情况涉及我区招商环境以及内外资企业的切身利益，针对此方面开展审计调查，对审计发现的苗头性、倾向性问题提出宏观审计建议，有利于发挥审计"建设性"、"免疫性"作用;三是该项目年限跨度长且财务、业务资料比较齐全,便于进行对比分析;四是相关法律、法规和规范性文件比较健全,便于审计和综合评价。

二、审计目标和评价标准

(一)审计目标

围绕水土资源的使用现状,审查资金的管理使用情况,评价水行政部门职责履行情况。全面掌握水资源费、水保费、河道工程修建维护管理费等规费征收、管理的总体情况,查找职能职责履行过程中存在不到位、不规范的情况,对水利系统内部管理进行全面分析评价,将审计发现的规费收缴、行政审批各环节存在的突出问题进行深层次的原因分析,提出科学、合理、可操作性强的审计建议,促进被审计单位完善内部管理,提高资金的使用效益。

(二)评价标准

一是相关法律、法规和方针政策,国家、行业和地区性的正式标准;二是专业机构研究和制定的专业标准或公认的良好的实践标准,历史评价指标;被审计对象自行制定的标准;三是被审计单位提供的相关资料。如:内部规章制度汇编、部门工作目标、各类文书登记簿、业务档案等。

三、审计内容和方法

(一)审计内容

1. 水土资源管理的相关政策法规执行情况。主要审查该单位是否认真执行国家相关水法律、法规及规章制度,有无政策制度执行不到位或未完全履行的情况。

2. 审查各项规费资金的收缴管理和使用情况。检查各项收费是否办理了收费许可,并按核定标准执行,规费减免是否经过严格审批,有无违规减免情况;是否做到应收尽收;用水大户特别是水利局下属供水单位是否足额缴纳了水资源费;收费票据是否使用专用票据;有无擅自扩大收费范围、提高收费标准、乱收费、乱摊派的情况;审查各项规费收入是否足额上缴财政专户;是否存在未及时上缴并形成损失浪费的情况。

3. 水土资源监管审批职能履行情况。从职能科室职能职责入手,通过业务资料的审核,落实该单位内部控制制度健全及执行情况。审核档案资料的真实性,内部控制制度健全程度及执行情况,业务档案资料是否妥善保管。审查该单位行政审批职能履行是否到位,审查该单位是否存在不相容职务由一方承担的情况,审查该单位行政审批程序制定是否合理;是否存在漏洞,审查该单位资产资源监管过程中是否存在逐级复核、监督。

4. 专项资(基)金的管理和使用情况。审查专项资金是否做到专款专用,有无截留、挤占、挪用问题,使用情况如何,有无损失浪费等情况。有特定用途的收费是否首先用于特定方面;有无利用规费资金为个人牟利的情况;结余资金是否真实、完整、合法地进行了反映。

5. 罚没款物管理情况。审查罚没收入是否符合有关财经法规,有无违反规定乱收乱罚或以罚代处的问题。是否实行了收缴分离制度,是否开具财政部门印制的专用罚没票据,有无白条收款或收款不给票据,是否及时足额上缴财政,有无自行坐支、提成、截留等问题,有无收入不入账、私设"小金库"或私分罚没款项的问题,有无将罚没收入与经费收入混账,造成挤占挪用罚没收入的问题。罚没物资是否进行登记,有无专人保管,有无完整的会计记录,有无丢失、损坏、私分挪用等问题;处理、拍卖是否有财政部门、主管部门等共同进行,有无故意压价私分等问题。

(二)审计方法

审计过程中,我们结合运用财务审计中的审阅、计算、核对、分析性复核等方法的同时,运用了大量的访谈、实地观察、时间序列分析、统计分析、计算机辅助审计等方法。以时间序列分析法为例,审计组以 2005 年度各项规费征收数为基数,对 2006 年至 2008 年度水资源费、水土保持设施补偿费、河道工程修建维护管理费的征收发展态势进行纵向对比分析。审计发现,除水资源费征收金额呈略微上升态势外,水保费、河道工程修建维护管理费的征收金额均呈逐年下降趋势。其中,水保费 2006 年度较 2005 年度下降××%。审计组针对规费征收存在逐年下降的情况,深入分析原因,查找问题存在的线索。

四、审计发现的主要问题

（一）F区水土保持监督管理站职责履行缺乏有效监督,行政审批、收费职责履行不到位

1. 水保费征收率偏低

根据区发改部门提供2005年至2007年的××个备案或核准的开发建设项目中,有××个开发建设项目未按规定审批水土保持方案和征收水保费,水保方案审批率和水保费征收率仅为××%。未审批、收费项目涉及占地面积总计××万平方米,以法定收费标准进行测算,上述项目应收水保费约计××万元。

2. 部分项目水保费减免无依据且未履行规定程序

（1）2005年至2008年5月期间,有××个开发建设项目的实际征费面积较区水保站审批核准的收费面积减少××万平方米以上,减征面积共计××万平方米,减征金额约计××万元。针对上述情况,该单位未能提供相关减免依据。

（2）2005年至2008年5月期间,有××个开发建设项目实际征费面积较区发改部门提供的备案或核准占地面积减少××万平方米以上,征费面积变更累计××万平方米。对于上述项目,区水保站大部分以其自行编制并审核的水土保持方案报告表注明的占地面积为征费依据,平面布置图多已遗失,业务资料的真实性和收费金额的完整性难以确认。针对上述情况,该单位未能提供各项目征费面积发生变更的依据。

3. 违规为建设单位编制水土保持方案

根据该单位提供的水土保持方案报告表,方案编制单位均为A市水利勘测设计研究院。但调查发现,上述资料实际是由区水保站自行编制,部分项目甚至无建设单位的盖章确认。在缺少监督的情况下,编制、审批水保方案、征收水保费等多项不相容职务由区水保站一方承担,项目方案的科学性和业务资料的真实性审计组难以确认。针对上述方案编制行为,该站承诺未收取建设单位相关费用,也未支付设计单位相关费用。

4. 水土保持方案审批率和验收率偏低

《中华人民共和国水土保持法》明确规定,建设项目中的水土保持设施,必

须与主体工程同时设计、同时施工、同时投产使用。建设工程竣工验收时,应当同时验收水土保持设施,并有水行政主管部门参加。但调查发现,2005年至2008年5月期间,区水保站仅对×××普通商品房项目、××商品房项目等个别"招、拍、挂"项目进行水土保持方案审批,绝大部分"招、拍、挂"项目未按规定编制水土保持方案并报批;在此期间,进行水土保持方案竣工验收的项目××项,竣工验收率明显偏低。

5. 业务资料遗失或归档不完整,导致费基确认依据不足

调查发现,审计期间有××个项目平面布置图遗失;另有××个项目无任何水土保持业务资料存档,致使上述项目水保费费基确认缺乏有效证据,审计组对上述项目的审批和收费职能的履行情况难以查证;另外,该站对以前年度发改部门提供项目备案或核准资料电子版已无法提供,也未形成纸制资料存档、备查。致使除经办人外,其他人员难以掌握和核对应收水保费的项目数量和金额。

(二)河道工程修建维护管理费收缴管理存在薄弱环节

1. 河道工程修建维护管理费征收力度不够

经调查,河道工程修建维护管理费在征收管理方面存在薄弱环节,应征未征和漏征的问题较严重,仅2006年至2008年通过稽查方式补征河道工程修建维护管理费为×××万元。

2. 欠收河道工程修建维护管理费×××万元

经抽查,有××家单位已被区水政监察大队下发《补缴河道工程修建维护管理费事先告知书》,但截止审计结束仍欠缴×××万元。

3. 部分单位未按实际业务量征收河道工程修建维护管理费

经抽查,2006年至2008年,有××家单位未按实际销售收入征收河道工程修建维护管理费。如:2006年收取A有限公司×万元;2007年收取B商业有限公司××万元;2008年A有限公司×万元。由于上述项目均未建立业务档案,审计组对项目的应收金额难以确定。

4. 重要业务资料归档不完整,收入完整性难以确认

2006年至2008年5月期间,有××家已征收河道工程修建维护管理费的单位无任何相关资料存档;其他有存档资料的项目也仅为《补缴河道工程修建维护管理事先告知书》,普遍无业务收入的证明性材料,致使查收金额依据不

足,应收与查收的一致性难以确认。

（三）已收水资源费未按规定足额上缴财政专户

2005年初水资源费账面结余×××万元。2005年至2008年5月期间,该单位累计收取水资源费××××万元,上缴财政专户×××万元。截至2008年5月底,水资源费累计结余×××万元,未及时上缴财政专户。延伸审计至2008年12月底,该单位尚有×××万元的水资源费结余未上缴财政专户。

五、审计建议

针对存在的上述主要问题,审计从F区政府、F区水利局两个层面提出如下建议:

在F区政府层面。一是区水利、发改、国土资源、城建及水利等有关职能部门之间要建立相互联系和相互牵制制度,严格履行职能职责,及时提供项目源,配合相关部门加强对水、土资源管理力度;组织开展对全区水、土资源管理情况的监督检查工作,定期进行专项治理。二是应出台水保费征管方面的规范性文件。明确各职能部门对水保费征管的职责划分,规范水保费征收和减免程序。

在F区水利局层面。一是加强对具有收费、审批职能部门（科室）的管理与监督。理顺局财务部门与收费科室的职责划分,合理调整分工,加大对职能科室的监督力度;建立内部审计制度,定期对职能科室业务进行审计,完善管理,实现多层次的监督。二是认真分析2005年至2008年5月期间区备案或核准项目水土保持设施补偿费征收率低的原因,集中力量对全区已建和在建开发建设项目进行全面清理,落实项目的施工进度,对已开工仍未收费的项目抓紧时间予以补收。对迟迟未开工建设的项目,联合相关部门予以通报。三是加强、规范各类业务档案管理。

六、审计成效

（一）F区审计局向区委区政府上报了《关于F区水利系统水土资源管理及相关规费征收职责履行情况的审计调查专报》,根据专报建议,区委区政府要求相关部门结合本区实际,在全区范围内集中开展水资源管理专项整治行动。围绕此次审计开展情况,撰写《守护青山绿水 服务科学发展 F 区开展资源环境审计结硕果》、《F 区突出审计"六性"规范深化经济责任审计》等相关信息均已在审计署官方网站发表。

（二）F 区水利局高度重视审计结果,并开展自查积极整改问题,建立健全规费征收内控机制,出台了《F 区水利局内部审计制度》等多项内控制度。

（本案例执笔:倪秀娟、袁蕾）

B市社会治安动态监控系统建设和管理使用绩效审计调查

案例简介：该项目是B市审计局首次对采用BLT融资方式建设的政府项目的绩效审计调查项目，重点关注了项目决策、工程概算、工程建设管理、运行使用、售后服务等环节的绩效情况，上报的3篇审计专报均得到了B市政府主要领导的批示。该案例为今后开展采用BOT、BT等融资方式建设项目的绩效审计提供了借鉴。

一、审计项目概述

(一)项目基本情况

B市社会治安动态监控系统简称"天罗工程"，是2007年市政府十件实事之一，由B市公安部门具体负责建设及管理使用。该工程主要包括：ZHL等5处派出所监控平台系统，城区主要出入口、重点路段250个监控摄像头，118家网吧监控系统，78处社会接入点。该工程由××公司中标承建。项目采用BLT融资建设方式，租赁期10年，年租金×××万元，每半年支付一次。2008年7月投入试运行，2009年9月进行了最终验收，正式投入运行，至审计调查时已运行近两年的时间，实际使用效果已显现。

(二)审计目标

围绕B市构建安定、祥和的生产生活环境和进一步增强广大市民的安全感的工作目标，通过本次绩效审计调查，全面掌握B市"天罗工程"项目决策、工程概算、工程建设、管理使用等情况，摸清监控系统的现状，通过对监控系统投入使用情况的调查，分析其目标的实现程度、实际效能，以及需要解决的问题，促进被审计单位规范管理,不断提高财政资金管理水平和使用效益,着重从制度、使用层面发现问题、提出建议,为更好发挥监控系统建设的目标功能提出审计建议,同时为规范 B 市采用 BOT、BT、BLT 等融资方式建设项目提供决策依据。

（三）立项理由

一是从重要性看,首先,已投入使用的"天罗工程"是 B 市整个动态监控系统工程的重要组成部分,市政府成立了以副市长任组长,由公安局、监察局等 8 个部门组成的社会治安动态视频监控系统建设工作领导小组。其次,该项目是"平安建设"的基础性工程,是市政府 2007 年的十件实事之一,是社会治安防控的重要手段,与社会公众切身利益息息相关,辖区民众十分关注,也是一项民心工程。因此,选择视频"天罗工程"开展绩效审计意义重大。

二是从可行性看,该工程建设目标明确,易于对绩效进行定量定性分析和评价。从审计的角度出发,项目目标实现程度、投资经济性、建设管理科学性以及项目运行效果的评价都具有很好的可操作性。

三是从必要性看,该工程是城区社会治安动态监控系统,属 B 市动态监控系统工程的首期,已投入运行近两年的时间,运行效果和问题已初步显现,二期各乡镇的动态监控系统工程正在建设过程中,对该工程进行绩效审计,可为二期工程提出借鉴建议。该工程采用的是 BLT 融资方式建设,B 市政府类似融资方式的建设项目越来越多,通过对该项目的审计可为 B 市政府提供完善融资方式的参考意见。

二、审计评价标准

根据视频监控系统相关的各类施工标准、技术标准及管理标准专业性很强的特点,决定以目标导向为路径来确定"天罗工程"的绩效审计评价指标体系。先后设计确定了数十个指标,在管理标准方面,从建设过程管理及运行管理的角度确定了建设程序、施工规范、数据储存天数、设备工作环境、专人监看率等指标;在经济性方面,确定了概算控制、项目优化资金节约等指标;在效果性方面,确定了发案率、取证次数、发现线索条数、公众安全感比例、破案率等指标。在选择设计上述指标时,力求做到各项指标的有机统一,涵盖了项目的经济性、效率性、效果性,从而为全面准确地评价"天罗工程"建设及运行的绩效提供了可行标准。

三、审计思路与方法

(一)审计思路

首先,根据目标导向设立审计评价标准。其次,进行审计创新的研究性学习,提高专业胜任能力。审计项目实施之前,我们就要求审计组成员对项目的立项背景、建设管理及运转使用情况进行初步了解,在此基础上对业务流程、技术原理、技术参数、相关行业指标、行业规定等进行系统性的研究学习。实施过程中充分加强沟通交流,审计组成员之间的相互学习,审计组与项目建设、施工等单位相互沟通,认真听取专家意见和建议。通过研究性的学习和实践,审计人员基本熟悉和掌握了相关专业知识和审计技巧,从而保证了绩效审计项目的顺利开展。例如,在视频效果问题上,审计组对数字信息采集方式、网络传输介质、组网方式、传输、交换核心设备性能、故障及配置管理选择、数字存储方式等多个效果影响因素等相关专业资料进行了专题研究和学习。

(二)审计方法

一是广泛进行了审计调查。针对项目的具体情况,我们设计了两类调查表,一类是民意调查表,另一类是系统管理使用单位(派出所、街道、社区)调查表。在民意调查时,审计组采用随机抽样的方法,以是否了解视频监控系统及是否增强了安全感为主要内容在辖区居民中进行了调查。在对各系统使用管理单位调查时,就系统运行的技术状态、管理使用情况分别对公安局信息中心、派出所及居民小区作了延伸调查,调查过程中采用了实地查看、发放问卷、座谈交流等方法。通过全面的调查,使我们取得了一般常规审计难以获取的又是绩效审计不可或缺的管理性、技术性和民意性等方面有力的评价资料。

二是深入进行了统计分析。现场审计调查结束后,我们充分运用调查取得的原始材料,开展了大量的统计分析工作,对相关情况进行整理、归集,形成了点位分布表、监控设备启用情况表、设备故障分析表、监控室工作环境情况表和社区民意汇总表等分类汇总表。通过多维的分析,使我们对影响绩效的因素从感性认识阶段上升到理性认识的高度，从而为客观公正地进行绩效评价奠定了坚实的基础。

四、审计的内容和重点

从项目的决策过程情况、建设管理情况、运行管理情况三个方面实施审计，根据各个环节的不同特点对各环节的经济性、效果性和效率性进行评价。

（一）项目决策情况审计的主要内容和重点。在项目概算方面，主要对其经济性进行审计，审查项目是否经过科学论证，特别关注概算编制是否科学合理，设备维护费、更新费、投资回报率的确定是否有合理的依据，是否经济合理。在项目招投标方面，主要从合规性方面进行审计，审查招投标是否符合有关招标法的规定，招投标文件编制是否合理，评标过程是否公开、公平、公正。

（二）项目的建设管理情况审计的主要内容和重点。在项目建设质量管理方面，主要从合规性进行审计，审查项目审计、施工、监理等单位是否履行了项目质量管理，变更追加手续是否齐全、合规。在项目工程完成方面，主要从经济性方面进行审计，审查是否按设计要求进行了施工，室外监控点、网吧、社会接入点、室内配套设备是否全部安装到位。在项目验收方面，主要从合法性、经济性方面进行审计，审查验收程序是否合法，验收的结果是否真实。

（三）项目的运行管理情况，主要对建设形成资产、资源的管理使用的效果进行重点审计。在管理制度建立方面，主要从效率性方面进行审计，审查是否及时建立了资产有效使用的各项制度措施，设计的项目目标是否实现。在系统使用方面，主要从效果性方面进行审计，审查制度的落实执行情况，设备的启用情况，运行情况是否达到预期的目标。在售后服务方面，主要从经济性和效果性方面进行审计，审查是否配备了专业的售后服务人员及时对运行过程中存在的故障进行了维修，是否按租赁合同的约定按时实施维护，是否备齐各种维修备件保证系统的正常运转，租赁费的支付是否正确。

五、审计结果与审计建议

（一）审计发现的主要问题

本次绩效审计调查，从"天罗工程"决策过程、建设过程、运行过程、运营服务过程三个方面揭示了存在的主要问题,分别从不同的角度反映其绩效情况。

1. 决策过程中存在的主要问题

(1)项目未经充分论证。该项目无可行性研究报告,只是参照某开发区同类项目的建设方式,编制的工程概算也未经论证,只对项目的技术方案进行过论证。

(2)未经批准增加采购项目。该项目立项后,B市公安局在上报政府的招标方案中增加了××处社会接入点,之后又在招标文件中增加了该局视频会议系统,使采购预算比招标预算多出×××万元。

(3)"天罗工程"的工程概算缺乏经济性。该项目的概算中,B市确定的维护费、投资回报、光纤租赁三部分的计费标准比参加投标的3家公司的报价都高。经初步测算,这三项费用导致采购预算最低多计×××万元,直接影响最终的中标单位和中标金额。

(4)以采用新技术的名义改变原设计方案,未考虑实用性和效益性。合同约定各派出所视频显示设备中的2台37″长虹牌液晶电视,实际施工中改为50″ 2×2 的××公司自制拼接大屏。从派出所使用情况看,大屏基本不用。相比于合同约定的液晶电视多投入×××万元。

2. 建设过程中存在的主要问题

(1)"天罗工程"未聘请专业监理机构监理。根据市政府分管领导"谁投资、谁委托监理"的批示,B市公安局未聘请专业监理机构进行监理,也未责成××公司聘请专业监理机构。

(2)政府采购合同中的部分项目未完全建成。合同约定社会接入点为××处,B市公安局确定了××处,现已安装运行的只有××处,比合同设计少××处,其中:××处抵顶了派出所更换大屏费用,××处边防所不具备安装条件,有×处已调整用于治安卡口,另有×处尚未规划。

(3)重要的设备清点资料未予保存。系统最终验收前,B市公安局安排人员对地面上的设备与××公司进行了清点,但未保存清点结果。××公司提供的双方最终确认设备清单,不能清晰地反映各个项目的点位分布及各个点位所安装设备的具体数量、品牌、型号等情况。

(4)最终验收的内容不够全面完整。验收小组未对实际工程量进行全面验收,对前端×××家网吧、×××个主要路口监控前端、××处社会接入点的设备安装、运行及功能状况均采取了抽查方式进行验收。

（5）未根据实际完成工程量签订租赁合同。B市公安局在社会接入点等采购项目尚未建成的情况下，仍按政府采购合同确定的××××万元与××公司签订了租赁合同，且未对尚未完成的项目作出必要的约定。

3. 运行过程中存在的问题

（1）前端监控点设备故障率高。具体情况见表1、表2。

表1　前端监控点实时视频抽查情况

共安装前端监控点（个）	运行正常（个）	运行不正常（个）	故障率
246	186	60	24.39%

表2　前端监控摄像机维修情况

共安装数（个）	送修次数（次）	更换数量（个）	送修率	更换率
246	158	53	64.22%	21.54%

（2）部分监控点夜间无图像。审计组随机调取了白天运行正常的148个监控点的晚间录像情况，其中晚间有录像的个数是98个，而无录像的个数是50个。

（3）社会接入点有效利用率低。审计组检查了已接入的47个社会接入点，运行正常的19个，不正常的28个，有效利用率仅占41%。

（4）大部分派出所未按B市公安局的制度规定执行。2010年1月20日，市公安局要求监控中心实行24小时值班。从对5处派出所调查情况看，只有某派出所从2010年8月9日起实行全天24小时专人值班。

4. 运营服务中存在的主要问题

（1）维修服务不及时。"天罗工程"的租赁合同约定，系统出现的一般性故障、次要故障应于48小时内恢复，主要故障、严重性故障（除主要设备需要更换外）应在24小时内恢复，主要设备更换应于20天内恢复。审计发现，网吧监控中心的大屏幕自2010年7月23日因控制器损坏不能使用，至2010年8月29日仍未修好；2010年8月24日，审计组发现某派出所2台视频控制终端都无法使用，其中1台已有1个月的时间无法正常使用；以上均超过了合同约定的故障恢复时间。

（2）未根据岗位人员变动情况及时组织培训学习。本次调查的5处派出所共有17名监控人员，其中只有5名接受过××公司的技术培训，大多数人员不会熟练使用该系统,如某派出所的监控人员不会调取社会接入点的录像资料,××公司未根据岗位人员的变动情况及时组织技术培训,一定程度上影响了系统的使用和作用的发挥。

(3)未按约定建立完整的系统设备配置及维护档案。××公司 B 市项目部虽然建立了维护工程巡检记录、工程维护设备更换记录等 5 项记录,但并未及时登记,记录也不全面、不完整,未按投标文件、租赁合同的约定定期向 B 市公安局提报维修维护记录。

(4)随意更换非专业售后服务人员,影响售后服务质量。投标文件中约定的 4 名专业售后服务人员均未到位,××公司也未与市公安局沟通人员变动情况;现××公司 B 市项目部有 5 名售后服务人员,均不是信息系统等相关专业人员,很大程度上影响了售后服务质量。

(5)设立的备品备件库未到达投标文件规定的标准。投标文件中规定,该项目所需的 33 种备品备件要保持一定的库存量。经审计监盘,2010 年 8 月末实际库存中仅有 10 种保持了一定的库存量,其余 23 种库存均为零。

(二)提出的改进建议

针对市政府、管理使用单位、运营服务单位提出了审计建议:

1. 加强政府融资项目建设管理的审计建议

融资项目是政府投资的一种方式,政府有关职能部门应当加强对 BT、BOT、BLT 等建设项目的管理,不能因融资方式的不同而疏于管理。

(1)制定对融资项目建设管理的操作规程。从项目的设计规划、投资预算、建设程序、建设管理、施工、监理、验收等方面予以规范,不因某一环节的过失影响政府重大投资的绩效。

(2)规范融资项目的合同文本。根据融资项目建设的特点,制定 B 市统一的合同文本,明确约定招标人、中标人以及政府采购部门的责任,监督合同的有效履行。

(3)制定对融资项目预决算的审计办法。工作中应突出三个环节:对项目的施工图预算进行审核,以此作为项目招投标和项目合同谈判的依据;对项目的实施和变更进行跟踪审计,检查各项变更的经济性、规范性;对项目的决算进行审计,以此作为测算投资利息、回报及回购价的重要依据。

2. 完善"天罗工程"运行机制的审计建议

（1）建立"天罗工程"完整的点位分布表及详细的设备配置清单。鉴于目前市公安局没有掌握"天罗工程"各分布点位的准确、全面、清晰的设备配置的现状，需要与××公司重新进行现场确认，同时与政府采购合同的设备需求逐一进行对比，对未安装到位的设备责成××公司安装到位，建立起"天罗工程"完整的点位分布表及详细的设备配置清单，这样既有利于设备的日常维护，又为租赁期满后设备的接收提供可靠的依据。

（2）坚持实事求是和实用性的原则，重新规划调整社会接入点。按照B市的实际情况，找准需求，将尚未安装、安装后无法正常使用的、已安装不能发挥作用的社会接入点，重新规划调整，使社会接入点切实发挥应有的作用。

（3）B市公安局应建立"天罗工程"系统运行管理的各项措施制度。落实好系统维护和监控人员，制定并落实好各种规章制度、台账记录，不断强化业务培训，健全监督运行考核机制，实现运行与维护工作制度化、规范化。

（4）根据审计发现的问题，B市公安局应主动协调××公司逐项进行整改。对比租赁合同，进一步完善各项约束性协议，严格履行合同协议的规定，并将履行合同协议及售后服务质量考评情况定期报有关部门，作为支付租赁费的依据。

3. 加强"天罗工程"运营服务的审计建议

（1）根据"天罗工程"运营管理的特点，B市公安局应建立顺畅有效的售后服务管理长效机制。一是根据租赁合同的相关条款，指定专人负责租赁期内的系统使用、维护、维修、保养等工作；二是加强与××公司的沟通与联系，督促××公司建立健全运营服务的各项管理制度，制定明确的运营服务管理制度与保障措施，并上报B市公安局；三是对××公司的售后服务质量进行考评，为经济有效地履行租赁合同提供可靠的奖惩依据，更好地监督××公司的售后服务工作，保证动态监控系统的高效运行。

（2）加强监控人员的技术培训。系统监控工作人员变动后，应根据××公司投标时的承诺，要求其履行对B市公安局系统管理人员和项目维护人员的全面的技术培训，提高市公安局对监控系统日常维护的能力，及早地熟悉动态监控系统设备的技术原理、性能等，为租赁期满后对系统的维护维修打下坚实的基础。

（3）××公司应建立健全各项记录。规范该项目的设备配置、维修、保养等记录，及时登记，并定期将维修、保养记录上报市公安局，据此对其售后服务质量进行有效考核。

（4）××公司应健全备品备件库。根据投标文件的约定,33 种备品备件到达规定的库存量水平,及时提供维修部件,确保在合同规定的设备故障的恢复时间排除系统故障。

六、审计成效

（一）B 市政府根据审计披露的问题及审计建议,责成有关部门在深入调查研究的基础上,制定出台了《B 市政府性项目投融资管理暂行办法》、《B 市 BOT 项目投融资管理暂行办法》、《B 市 BT 项目投融资管理暂行办法》3 个投融资的管理办法,为 B 市的投融资工作提供了制度保障。

（二）B 市公安局对审计部门提出的问题和建议十分重视,专门召开会议,研究整改措施,并印发了《B 市公安局社会治安动态视频监控系统管理使用暂行办法》的通知,制定了《社会治安监控系统运行管理》、《监控室值班人员岗位职责》等制度,进一步规范对监控系统的管理使用,使其发挥最大的使用绩效。

（三）B 市审计局上报的《"天罗工程"建设管理中存在诸多问题　加强融资项目监管势在必行》等 3 篇审计专报,市政府主要领导均作了重要批示,要求成立由监察局牵头、财政局、审计局、公安局参与的工作小组,就"天罗工程"建设管理过程中存在的问题追究责任,整改完善,研究提出意见。

（本案例执笔:王仁彩）

B 市阳光大厦建设、租售经营及
投资情况绩效审计

　　案例简介:该项目对 B 市阳光大厦的投资、建设、租售经营综合情况开展了绩效审计,审计范围囊括了前期准备、建设、租售和初期运营各个关键阶段。针对项目各阶段暴露出的管理问题,进行了全方位多层次的分析评价,剖析问题症结所在,挖掘体制机制性缺陷。审计机关向 B 市政府提报了 3 篇审计专报,均引起了市主要领导的高度重视,并得到重要批示,B 市政府及有关部门及时出台了相关文件,进一步完善了相关制度,取得了较好的成效。

一、审计项目概述

(一)项目基本情况

　　B 市阳光大厦是 B 市东部新城区一座集行政和商用办公为一体的地标性景观建筑。该大厦总占地面积 9525 平方米,主楼共 26 层,包括裙楼总建筑面积为 42558.75 平方米,其中可租售面积 38472.24 平方米,地下部分 4086.51 平方米。该项目计划总投资 1.2 亿元。工程实行公开招标,合同结算方式为固定总价,变更追加据实调整。

(二)立项理由

　　1. 重要性。阳光大厦是由 B 市政府投资的一座行政办公兼商用综合写字楼,规模大,社会关注度高。

　　2. 可行性。近年来,B 市审计局政府投资审计工作在市委市政府的高度重视下获得跳跃式的发展,机构建立健全,人才结构优化,在审计实践中又积累了丰富的经验,这都为开展大型建设项目绩效审计奠定了坚实的组织基础。

3. 时效性。未来五至十年,B 市将以水城为中心,在周边密集建设现代化都市高层建筑群,进而逐步辐射带动整个东部新城区全面的高起点建设。选择阳光大厦进行投资绩效综合评价,有利于及时总结经验教训,推动 B 市未来类似大型公共建设工程的综合管理水平。

二、审计目标和评价标准

(一)审计目标

1. 审计报送工程结算的真实性,剔除虚报工程量和虚假签证,审核工程取费的合规性,审核工程材料设备价格的合理性。

2. 审计项目资金运用和财务收支活动的真实性、合法性和效益性。

3. 审计分析项目建设和运营管理合法合规性、科学管理性、切实有效性。

4. 把握总体状况、发掘问题,分析主客观原因,提出规范管理、提高效益的切实可行意见。

(二)评价标准

现行消耗量定额、工程量清单计价办法、权威部门发布的各类造价信息、指数;国家和地方工程结算方面的法规、规范性文件;《合同法》、《招投标法》、《政府采购法》、《建筑工程质量管理条例》;经批准的项目建议书、项目可行性研究报告;工程设计、施工、监理、供货等招标投标文件,工程合同;《会计法》、《企业国有资产监督管理暂行条例》。

三、审计内容和重点

(一)工程建设管理方面审计

在该项目审计过程中,我们将建设管理作为审计的重点内容。着重关注如下几个方面问题:

1. 工程是否存在非法转包及借用资质现象;

2. 项目招投标是否符合有关法律法规的规定,招标文件内容是否科学完

备,评标环节管理是否规范,中标标书是否存在影响合同实施重大缺陷;

3. 工程经济签证管理是否到位;

4. 工程技术资料管理是否规范有效。

(二)资产租售、运营管理方面的审计

按照市政府的要求,阳光大厦项目是高起点建设、高标准运营的示范项目,由于建设资金的筹集大部分依靠政府信用贷款,因此科学完备的资产租售营销方式决定了项目总体投资收益水平,也能够缓解政府的还贷压力。而科学规范的运营管理也能促进资产租售计划的顺利实施。审计重点关注了如下几个方面:

1. 项目具体营销方式及收效情况;

2. 项目租售价格的确定,以及优惠政策的审批环节;

3. 房屋销售合同的审核、签订和履行管理情况;

4. 物业管理的服务水平,用户的满意度情况;

5. 用户对建筑使用功能和使用成本的满意度调查。

四、审计步骤和方法

在该项目的审计过程中,审计人员不但充分运用了以往行之有效的传统审计方法,同时还针对绩效审计的特殊性和项目的自身特点,对审计方式方法进行了必要的创新,取得了很好的成效。

(一)审计取证方法

1. 运用各类工程结算审计工具软件,包括广联达绘图算量软件、fly 预算编制软件等现代专业工具软件,极大提高了审计效率,提高了审计结果的准确率,降低了审计人员劳动强度。

2. 运用抽样复核法,对需要核实的大批量现场测量数据,采用随机抽样法进行检查,对于抽样结果偏差较大的部分,提高抽样比例或进行全数检查,确保审定的签证和追加工程量的真实性。

3. 对于各种管理缺陷类问题的取证,采用直接书面取证、社调取证、现场拍照、利用仪器鉴定等多种方法相结合,确保证据的真实有力。

(二)审计评价方法

1. 对比分析法:充分运用项目可行性研究报告、环境评价报告、项目概算、工程消耗量定额、概算指标等进行数据对比分析,进行定量判断。

2. 图表分析法:充分运用图表分析方法,对项目各类资源投入数据情况进行直观评价。如:项目信息化审计中,将建设单位在监控方面的实际投资与高效投资作了比较,使本项投资的绩效一目了然。

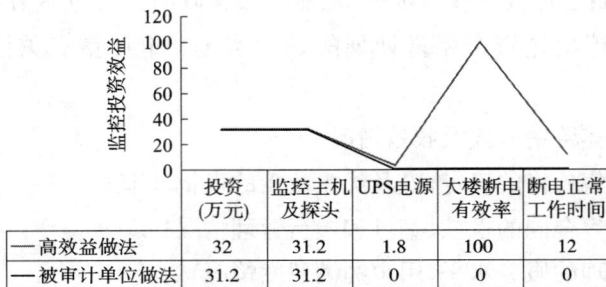

	投资 (万元)	监控主机 及探头	UPS电源	大楼断电 有效率	断电正常 工作时间
—— 高效益做法	32	31.2	1.8	100	12
—— 被审计单位做法	31.2	31.2	0	0	0

图1　信息化工程实际投资与高效益投资对照图

3. 统计分析法:通过调查问卷、电话了解、走访座谈等方式取得第一手资料,然后对资料进行统计分析,得出客观评价结论。如业主对购买房屋的质量、工期、使用功能等方面的满意度调查就是采用了问卷调查方式。

五、审计结果与建议

(一)审计发现的主要问题

1. 影响投资效益方面的问题

为了确保阳光大厦建设管理水平,取得较高的投资综合收益率。该工程的筹建管理机构设置,除建设单位自身的项目班子外,还聘请了专业项目管理公司对项目进行管理和监理,项目管理费估算额×××万元,监理费×××万元。但相对高投入,该项目的总体管理并未取得高收益,仍存在一些问题:

(1)招投标管理方面

①建设单位对该项目空调工程和消防工程原招标范围包含阀门供货,阀门

供货单独重新组织招标,中标结果高出原施工单位报价××万元,本次招标不但没有达到降低投资的目的,反而增加了招标工作的人力、财力投入。

②招标文件部分内容含混不清,中标后与中标单位在合同中调整投标价款×××万元,对未中标的投标单位显失公平。

③装修招标的图纸设计深度不符合要求,且招标的技术要求不够严细,导致报价缺乏可比性。主楼装修招标电子版图纸缺乏大样和细部构造图,招标文件要求投标单位对上述细部自行优化并报价,并且未要求投标人提供优化成果,导致各投标单位报价依据不统一,报价缺乏可比性。

④精装修工程招标过程中,建设单位未提供工程量清单,不符合规范要求。主楼精装修采用工程量清单招标方式,根据《工程量清单计价规范》规定"工程量清单必须作为招标文件的组成部分,其准确性和完整性由招标人负责"。但本工程招标文件要求投标人自行计算工程量清单并报价。导致各投标单位报价清单工程量不同,报价形式各异,且报价基本都不符合《工程量清单计价规范》的要求,结算时由此产生极大争议。

(2)合同管理方面

①多份合同约定的计费基数不正确,审计进行了纠正,避免了潜在损失;招标代理费计费基数为审定投资额,而按规定应为中标额;总包合同总承包服务费计费基数不合理,且与各分包合同的约定不一致。上述问题经审计纠正共核减费用×××万元。

②施工合同约定与招标文件及招标答疑存在多处内容矛盾。总包施工招标采用了清单报价形式,并要求投标单位对工程量清单要复核,对工程量清单误差不调整。确定中标单位后,施工合同又约定工程量清单误差可进行调整,由此上调造价合计××万元;消防项目合同与招标文件不一致。招标答疑中确定图纸工程量与清单给定的工程量不符时,暂按工程量清单计算;后签订合同时未对上述问题的结算进行具体约定,结算过程中引发争议。

(3)材料管理方面

该项目因变更导致部分材料压库闲置,造成浪费。包括桥架、电缆、钢塑管件、空调部件、消防灭火器、LED显示屏、开关、灯具等剩余材料造价约××万元。

2. 工程建设管理方面存在的问题

(1)消防喷淋工程存在非法转包现象。经查实该工程中标单位未经批准擅自将工程转包给无资质的人员施工。

（2）某招标代理单位借用资质从事招标代理工作。

（3）工程招投标管理不规范，部分项目应公开招标而未招标、未经批准擅自采用其他方式招标甚至个别项目存在先委托后招标。

（4）信息化系统方面存在部分设备闲置、个别系统重复投资、中心机房及安防监控系统存在设计功能缺陷等现象。

（5）工程签证管理不到位：个别专业工程签证存在价格及数量不实，变更调减的工程量没有在签证中体现，经审计扣除本部分造价××万元。

（6）工程技术资料管理不到位：装修工程反复出台多套方案，图纸资料管理混乱，以至于建设单位无法提供确切的施工图纸；电缆桥架及部分电气工程竣工图纸与实际不符。

3. 项目租售、运营中存在的问题

（1）阳光大厦租售价格优惠政策的制定无政府及相关部门的书面文件依据。部分售房合同规定：若在 2008 年 2 月 1 日前付清全部购房款，则由财政给予购房者补贴 200 元/平方米。但该项优惠政策无相关书面依据，建设单位就有关租赁、销售情况向财政局、城建局、国土局等八部门进行了汇报，但未形成会议纪要或其他文件。

（2）阳光大厦个别购房合同要件不全，付款方式和付款期限不明确，房款回收没有约束限制。

（3）阳光大厦部分已售房屋未按合同规定收款，市建设单位为减轻所负担的物业费用，大部分未付清房款的客户已提前入驻。

（4）房屋租赁款回收率较低，违背了先付款后使用的原则，个别已入驻的客户至今未签订租赁使用合同。截至 2009 年 11 月末，阳光大厦已出租房屋面积累计×××××平方米，年度租金合同总价×××万元，实际到账款××万元，租赁房款回收率为 5.8%；其中机关事务局及工商银行 B 市支行房屋租赁款一直未缴；当地某服务部门办公室于 2008 年初入驻，至今未签订租赁使用合同。

（5）监理招标的招标代理费，合同约定由中标单位某监理公司负担，但建设单位支付了该项费用××万元。审计认定的投资总额中扣除了该笔费用，同时依据有关规定责令建设单位负责收回。

（二）审计建议

1. 进一步健全合同管理的内部控制机制。一是严格按照《合同法》的有关规定签订商品房买卖合同,确保合同内容完整、有效,避免引发争议;对要件不全的购房合同应签订补充协议,防范房款回收失控。二是根据《招投标法》的有关规定,签订施工合同具体条款一定要与招标文件中要求保持一致。三是建立健全合同管理的内控机制,保证对合同的签订实施有效监督。

2. 进一步规范工程招投标工作。严格依照《招投标法》和 B 市政府相关文件的有关规定,对符合公开招标条件的项目全部实行公开招投标,充分引入市场竞争机制,从源头上提高政府投资效益。同时应对中标单位中标后将项目再行转包以及借用资质从事招标代理工作的行为依据有关规定进行处罚。

3. 切实加强对工程变更的管理。着力避免变更的随意性,尽可能在事前确定变更方案,以减少损失浪费。同时工程管理过程中,应将影响工程造价的所有事项及时做出经济签证,避免施工单位仅注重追加签证的办理而忽视追减签证办理现象的发生。

4. 加强租售房款的回收力度,严格按合同约定及时足额收款。对违反合同约定时间付款和提前入驻的客户,应采取措施尽快回收资金,缩短资金回收期,并按合同约定收取违约金或追究责任。

5. 进一步规范房屋交付使用制度,及时签订租赁使用合同,使已入驻的客户承担相应的义务与风险。因客户原因未按期接收房屋,应按合同约定收取该房屋的物业管理费,以降低负担、转移风险。

6. 加强工程资料管理力度。应进一步强化项目管理单位对项目管理的责任意识,同时强化建设单位专业人员的监督意识,提高项目综合管理水平。

7. 存放在建设单位仓库的电缆、钢塑管件、空调部件、消防灭火器、LED 显示屏等剩余材料造价约××万元,应在以后工程建设中尽快利用以盘活资产。

8. 对于阳光大厦信息化投资中存在的缺陷,建设单位应引起高度重视,组织有关单位逐条进行研究、逐项进行整改,坚决杜绝影响信息化投资安全的任何隐患。

六、审计成效

(一)项目工程造价核减率××%,节约建设资金×××万元。对审计反映的建设管理、招投标管理、合同管理、财务管理、租售运营等方面存在的诸多问题,建设单位进行了积极整改,采纳有关审计建议完善了项目建设管理制度。

（二）B市审计局提报了《阳光大厦建设过程存在诸多问题应引起足够重视》、《阳光大厦投资绩效显著但房屋租售收入管理亟待加强》、《阳光大厦信息化系统投资绩效亟待提高》三篇审计专报，均引起了市主要领导的高度重视，B市市委书记作出重要批示。

（三）针对审计过程发现的招标文件及合同签订等方面的问题，B市政府及有关部门及时出台相关文件，将全市政府投资工程的招标公告、招标文件正式发出及施工合同正式签订之前，均需报送审计机关监督把关。自该文件出台以来，B市审计局共审批各类工程招标公告、招标文件170余份，提出整改意见300余条，有效地杜绝了工程招标的"先天性"缺陷，体现了审计的事前监督职能。

（本案例执笔：徐增珍、郑超）

B 区海泊河流域综合整治工程绩效审计

案例简介:该项目是一个河流综合整治工程的绩效审计项目。审计人员积极践行"三资"绩效审计理念,围绕资金、资产、资源的合规性、经济性、效率性和效果性,对河流综合整治的经济效益、社会效益和环境效益进行了评价,提出了建设性的建议,审计结果得到区委、区政府的肯定,取得良好效果。

一、审计项目概述

(一)项目概况

海泊河流域综合整治工程是 2008 年度市、区两级重点工程之一,是 B 区深入贯彻执行青岛市委、市政府"环湾保护、拥湾发展"战略,着力将海泊河打造成为 B 区的景观河、民生河、经济河而实施的重点民生工程。该工程范围主要为海泊河下游 NJ 路至 WH 路段,全长约 3 公里。项目概算总投资 1.42 亿元。工程施工内容分为七项:污水管道改造、河底清淤等截污工程;泵房土建及海水管道铺设、海水淡化处理土建及设备安装等水源工程;河底及河道侧墙防渗工程;海泊河 NJ 路至 WH 路(一至五标段)景观工程;海泊河 SS 木舟项目、FS 路批发市场沿河商铺钢结构等配套及其他辅助工程;海泊河两岸绿化提升工程。2009 年 12 月,山东省住房和城乡建设厅授予该工程"人居环境范例奖"。

(二)立项理由

近年来,B 区政府投资项目逐年增多,为规范政府投资项目管理,节约财政资金,提高资金使用效益,要求对政府重点投资项目开展绩效审计。根据 A 市审计局提出的"三资"绩效审计意见,自 2010 年起,B 区审计局要求所有政府投资审计项目全部结合"三资"实施绩效审计。

二、审计目标和评价标准

(一)审计目标

1. 以效果性为中心,评价项目的建设效果和投资效益,揭露项目在建设过程中存在的各类违规违纪问题,剖析原因,提出建议,从而促进加强重点建设项目管理,提高投资效益。

2. 通过对海泊河整治工程中政府投入的财政资金的审计,反映财政资金的使用绩效情况,并就使用财政资金过程中的薄弱环节和出现的问题,提出针对性的建议,并立足于今后如何加强对财政资金的管理、如何完善有关政策法规、如何进一步推动海泊河的维护和提升等方面提出宏观方面的建议。

(二)审计评价标准

1. 项目建设的法律法规和标准

《中华人民共和国建筑法》、《中华人民共和国环境保护法》、《中华人民共和国环境影响评价法》、《建设项目竣工环境保护验收管理办法》、国家基本建设程序管理规定、地表水环境质量标准等与项目建设、环境保护相关的法律法规,评价项目的建设管理情况。

2. 项目的总体规划

一是结合 B 区对海泊河整治区域的总体规划以及各功能区域规划,分析评价总体规划及分区规划目标的完成情况。二是结合环保等部门作出的生态建设和环保规划、防洪治涝规划、排污治污规划等专业规划,研究分析各专业规划的完成落实情况、截污与治污的同步实施情况、河道与截污管网的对接情况。

3. 项目的环境可行性研究报告

根据项目立项时所确定的综合整治目标,结合前期跟踪审计和审计调查的实际情况,对海泊河 NJ 路下游流域经过综合治理所取得的效果进行综合评价。综合研究分析项目建成后的实际状况与预定目标的偏差,分析影响投资效益发挥的因素。

三、审计内容

以财政资金的拨付、使用、管理为基础,重点把握从项目实施、资金使用、后续管理等环节着手进行审计,不仅反映出该项目资金本身的经济性、效率性和效果性,还反映出该项目的环境效益和社会效益。主要从以下三个方面进行重点评价:

（一）建设目标完成情况

通过对该工程在决策阶段主体规划设计和环境可行性研究时提出的建设目标完成情况进行对比分析,评价综合整治截污功能、循环净化功能、景观功能、蓄水泄洪功能等河道综合功能提升所取得的社会效益,以及评价对四大功能区域进行业态调整和招商引资后所取得的经济效益。

（二）建设管理情况

1. 审查建设资金来源是否按原渠道落实,资金是否及时到位,有无因资金不足影响工程建设等不合规现象,并具体分析资金不到位的原因及其对项目进度的影响,同时对资金的使用及成本进行审查,主要是资金是否正常使用,支出是否真实合法。

2. 审查项目招投标情况,主要审查项目设计、施工、监理是否实行招投标,招投标程序是否合法、合规,招标文件是否规范;有无计划外项目,有无擅自扩大建设规模和提高建设标准、擅自改变建设内容以及概算外投资等问题。

3. 审查工程物资采购及管理情况,主要是采购是否按设计要求进行,有无盲目采购造成损失浪费的行为,材料物资的验收、保管、维护工作是否有效。

4. 重点审查项目招投标制度、工程合同制度、工程监理制度、决算审计制度的落实情况,评价建设资金的使用效益,项目内部的管理效率。

（三）后期运营管理情况

重点对作为海泊河后期运营管理和维护责任单位的海泊河管理中心进行审查,主要看其是否制定了多项内控制度和详细的设备操作流程,是否严格履行自身的管理职责,能否克服工作范围广、维护难度大、管理经验不足等诸多困难,能否保证海泊河沿线各处设备设施的正常安全运转等后期运营管理。

四、审计步骤与组织实施

(一)审计步骤

1. 进行深入的审前调查,找出影响建设项目效益发挥的关键环节。

2. 制订切实可行的审计实施方案,针对审前调查发现的问题,确定审计的重点、具体审计方法和评价指标、评价。

3. 按照审计实施方案的要求,在审计实施过程中,通过实地查勘、走访调查、与同类建设项目对比、与主管部门批复文件对比、运用福莱一点通软件测算等方法对项目建设过程中和运行后的效益发挥情况进行效益分析。

4. 针对审计发现的问题,分析产生问题的原因,提出有针对性的审计建议。

5. 按照审计结果与被审计单位进行沟通,征求对审计结果的意见和建议,尤其对审计评价所依据的标准是否准确、客观、公正。

6. 出具正式审计报告和审计决定。

7. 对被审计单位进行后续审计,了解审计结果和审计建议是否正确,是否由被审计单位采纳,取得了什么样的效果,并将有关部门和被审计单位的整改和落实审计建议情况及时报告本级政府,以增强审计监督效果。

(二)组织实施

1. 合理搭配专业审计人员,为绩效审计打基础。海泊河流域综合整治工程投资大、项目多、施工工艺复杂,特别是该项目作为 B 区实施的第一条河道综合整治工程,许多新工艺和新做法是在以前审计中从未接触过的,审计过程中面临着审计经验不足和审计难度大的困难。因此如何合理搭配审计力量,对河道整治后产生的效益情况进行客观公正的评价成为此次审计工作的重中之重。我们在审计组成员的组成上按照相关专业优化组合的特点,主要由财务、环保、市政、园林等专业的审计人员组成,其专业知识结构基本满足了本次审计的专业要求,为做好绩效审计打下了坚实的基础。

2. 审计查证与现场实测相结合,做好结算资料审计。我们采用审计查证与现场实测的方法,对该项目的组织管理、竣工资料等情况进行了审计。根据区建管局及施工单位共同提供的招投标文件、工程结算书、施工合同及工程签证等结算资料,全面审查了施工合同及工程经济签证,重点核对了工程量计算是否正确,定额套用是否符合标准,检查了有无严重违反国家基建政策法规的问题。

3. 对比分析河道治理现状与规划目标的偏差及产生的原因,做好绩效审计评价。我们在结算审计结果的基础上,通过实地调查、走访相关部门和询问相关人员等方式,深入到工程现场,了解掌握整个工程项目概况和实际治理情况。结合对建设单位提供的近两年来海泊河流域综合整治工程相关文件、信息和数据进行整理对比的结果,找出了河道治理现状与当初规划目标的偏差,重点从该工程在设计、施工、后期维护等建设管理方面存在的问题上入手,采用目标评价法和比较分析法对目标产生偏差的原因进行了阐述分析,客观、公正地评价了海泊河流域综合整治工程总体绩效。

五、审计评价

(一)海泊河综合整治效果显著,提升了海泊河流域的综合功能,改善了周边居民的生活环境。

通过实施截污治污、污水管网改造工程,使沿河周边的污染源得到了有效控制,排放的污水全部进入污水管网。同时,将淡化海水引入海泊河(NJ 路)上游作为景观用水,使水质得到循环净化。此次整治工程还新建橡胶坝 9 座、维修旧橡胶坝 5 座,运用坝体控制调节蓄水量,从而大大加强了海泊河防洪泄洪能力。通过对沿河两岸 36 栋 10.7 万平方米楼体进行粉刷,做屋顶防水 2 万平方米,解决了居民屋顶漏水、楼面渗水问题近百个。沿河两侧建设的绿化和亮化、景观小品、桥梁广场以及市政配套等工程,使海泊河的整体面貌焕然一新,成为广大居民群众休闲娱乐的好去处。

(二)综合整治效果和效益评价。

1. 由于海泊河 NJ 路上游河道未进行治理,影响了此次下游河道的整治效果。此次改造范围仅为海泊河下游,上游河道由于涉及拆迁安置等问题未做截污处理,雨污混流、淤积脏乱现象仍较为严重,特别是汛期来临时会对下游水质产生影响。

2. 景观用水水源短缺。按照当初的建设目标,海泊河景观蓄水应达到河道最大蓄水量,通过自流循环起到净化作用。但在实际操作过程中,由于淡化海水生产能力不足,以现有设备能力,每天生产淡化海水××万立方米,无法满足整条河道的景观蓄水要求。

3. 部分功能区域未形成预期的产业聚集和区域优势。海泊河两岸四大功能区域的实际效果未能达到规划预期目标,部分区域功能定位不明显,经营业态过于分散。特别是海泊河 SS 木舟餐饮项目由于业态特色不突出、经营和管理不善,除"QL 号"外,其他均处于停业或半停业状态。

4. 后期运营管理及维护所需费用呈逐年增加的趋势,财政负担加重。根据海泊河管理中心提报的资料,设备设施保修期满后,海泊河运营管理费用将全部由财政负担。除了每年×××万元的日常管理经费包干使用外,清淤和设备维修等费用 2009 年支出×××万元,2010 年上半年已支出×××万元,全年费用预计为×××万元,较 2009 年增加了近××%。根据对海泊河 2011 年度的运行管理情况及所需费用进行的测算,2011 年度运行管理费用初步估算将达到×××万元,清淤和设备维修等费用支出将达到×××万元(如下图所示)。

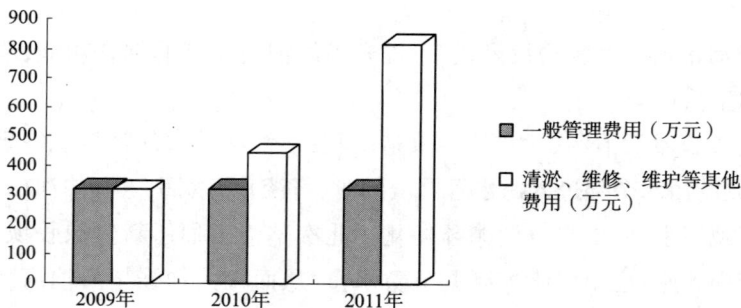

图1　2009～2011 年海泊河后期运营管理和维护费用情况对比图

5. 工程设计方案不成熟,施工过程中拆改投入加大,增加了工程建设成本。虽然受工期紧张、施工环境复杂等客观因素影响,但该项目由于设计不完善,造成施工内容变更频繁,设计变更、返工和反复拆改的情况较多。

六、审计成效

(一)此次海泊河整治工程绩效审计共审减工程价款×××万元,审减率××%,节省了大量财政资金。

　　（二）被审计单位高度重视审计发现的问题,对工程项目进行了资产登记和移交;同时,促使后期管理单位加强了内控制度建设,制定出台了海泊河管理目标责任考核制度,切实保证了管理资金的合理有效使用。B区建管局牵头相关单位认真研究了其他城市河道整治工作的先进经验,对海泊河上游约820米河道实施了综合整治,彻底改变了上游雨污混流、淤积脏乱的现象,海泊河整体水质明显改善。

（本案例执笔:马正祎、王洪）

A 区特色商业街区项目绩效审计

案例简介:该项目是 A 区审计局开展的首个独立型投资绩效审计项目。该项目确定了与特色商业街区项目有关的一系列评价标准,拓展了各种信息来源渠道,创新运用各种审计技术和方法,对特色商业街区项目绩效情况进行评价,注重从制度层面提出有针对性的建议,为其他地区开展特色商业街区绩效审计提供了一定的参考借鉴作用。

一、审计项目概述

(一)项目基本情况

2009 年 A 区将街区整治列为重点工作之一,进行全面的整治改造升级。按照区委区政府确定的集中规划、逐街打造、因地制宜、积聚特色的发展原则,在 A 区东部繁华的 XG 花园区域,打造名为××的特色商业街区,定位为"时尚、青春、活力的时尚休闲主题街区"。该项目由区商贸局组织实施,整个街区整治计划分三期完成,2009 年 7 月份实施一期整治,总投资××××万元,目前已竣工一年,此次对已整治完毕的一期工程进行绩效审计。

(二)审计目标

通过审查投入财政资金的真实性、合法性及效益性,评价项目预期目标的实现程度,从民生角度和实现利税角度,评价该项目完成后的经济效益、社会效益、环境效益,揭示存在的问题,有针对性地提出建设性意见,促进项目载体及主题商圈管理,为政府深入了解投资项目的运作和成果提供可靠的信息,促进提高建设资金效益。

（三）立项理由

1. 社会和民众关注度高。街区整治具有鲜明的公益性和社会性，属"为民办实事项目"、"民心工程"，地方多家报刊等新闻媒体对该街区进行过多方位报道。

2. 预期价值较高。该项目符合 A 区建设现代化国际城市"首善之区"的目标规划，并且受益群体范围广、社会影响力大。通过评价投资效益、社会效益与环境效益，促进区域经济和社会协调稳定发展，更好地为区委区政府决策服务。

3. 比较容易评价。该项目投资额度适中，A 区现有的审计资源能够满足绩效审计要求，并可为后续二、三期项目提供参考。

二、审计评价标准

审计评价主要依据项目建设的法律法规和标准、项目决策阶段的可行性研究报告、商贸局各项内控制度、各利益主体及相关专家评价意见等。在上述评价依据的基础上，对各项指标予以量化，定性评价与定量评价相结合，形成特色商业街区绩效审计评价体系，如下表：

表1　特色商业街区项目绩效审计评价体系

指标编号	内控建立健全性	合规性	经济效益	社会效益	环境效益
1	通用制度	资金到位	营业收入增长率	品牌建设	自然环境
2	项目管理制度	资金管理	房租收入增长率	报道率	治安环境
3	会计制度	资金使用	房屋空置率	人气、商气聚集度	9项任务完成率
4		项目建设程序	利税情况		业主满意度
5					居民满意度

三、审计内容与方法

（一）审计内容

按该项目的前期、建设期、竣工运营期三个阶段来划分，项目前期的审计内容主要有:对项目决策和建设准备等方面进行分析评价,审查项目的立项报告、可行性研究报告、环境影响报告的申请审批程序,以及详细的前期调研履行情况;勘查设计单位资质、报批程序是否符合要求,设计文件是否齐全等。项目建设期的审计内容主要有:审查建设管理制度执行情况、工程进度及质量、各项合同执行情况、投资概算预算执行情况、财务管理及会计核算、建设资金到位和使用管理情况、建设工期及施工管理水平、对环境的影响等。项目竣工运营期的审计内容主要有:审查竣工财务决算报表的编制依据和方法是否符合国家有关基本建设财务管理的规定,验收是否按规定进行,是否按比例预留了质保金;对交付使用的建设项目实际取得的经济社会效益及环境影响进行综合评价,审查项目的经营能力、管理能力和盈利能力,以及项目的社会效益、环境效益等内容。

(二)审计方法

1. 对项目预期目标的实现程度评价,主要采用了审阅资料和图片对比法。

(1)审阅法。审阅建设单位各项内控制度及工程建设各项资料,获取相关信息,评价内控制度情况及建设程序执行情况。

(2)图片对比法。审计组到街区拍摄大量的图片资料,对比 A 局留存的项目实施前街区情况的图片,通过街区整治前后的图片对比,真实地反映该项目完成后给街区带来的变化。

2. 对建设资金使用绩效的评价,主要采用计算机辅助审计技术和手段,通过设置条件和编写语句的形式,检查是否设专项科目核算、资金来源落实及专款拨入情况、是否专款专用等。

3. 对项目投入运营后的绩效评价,主要采用了到权威部门获取数据、走访座谈、问卷调查、计算机辅助审计、向专家咨询等方法。

(1)权威部门获取数据法。为评价街区改造后各行业税收贡献值增减变化情况,从权威部门获取了××街区 2008 年至 2010 年第二季度末的税收情况原始数据,通过对这些数据整理分析,分别作出税收增长变化图及行业税收同比变化表,直观显示增减趋势。

(2)走访座谈法。针对该项目实施在社区、利益主体包含社区居民的情况,审计组深入社区实地走访,通过居委会召集街区改造涉及的社区居民代表 30 名进行座谈。通过座谈,审计人员对该项目预期目标的实现程度有了初步的了解。

（3）问卷调查法。针对该项目收益群体主要为业户,审计组从道路施工、绿化效果、门头改造、新添公益设施、亮化、停车问题、物业保安巡逻、物业环卫、物业消防九个方面进行了满意度调查问卷,在街区物业保安配合下,深入街区挨家店铺发放,共发放问卷 108 份,实际收回 104 份,通过实地听取民声及问卷调查的方式,审查街区建设目标是否实现、物业管理能否赢得业户认同、业户对街区目前存在问题及建议等,为下一步绩效评价积累第一手资料。

（4）计算机辅助审计法。审计组对街区业户按经营范围划分为餐饮、百货、服装、服务四种行业,经过抽样问卷调查,利用计算机按行业抽样统计月营业额自 2008 年以来变化情况。另外将调查问卷结果以 EXCEL 表的形式存储,通过将调查问卷结果统计表导入现场审计实施系统（AO）,运用 SQL 语句编写进行合计分析,得到满意度比例图。

（5）专家咨询法。为提升评价结果的高度,使之更加科学,审计组广开渠道,通过分别向相关领域专家请教咨询,获取了比较权威的信息,用于该项目评价。

四、审计结果与建议

（一）审计结果

审计结果表明,该特色街区项目建设程序比较规范、专项资金管理及使用合规、符合 A 区建设现代化国际城市"首善之区"的目标规划、契合"转方式、调结构"的突破模式,为区域经济的发展带来了活力;改造取得初步成效:街区道路平了,环境好了,公益设施完善了,街区整体形象显著改善,房屋空置率降为零,商户房租和营业收入较以往有了明显提升,治安情况大大好转,改造后房屋空置率、违法案件情况均降为零,商户平均月租上涨 30%,平均营业额增加 10%,平均客流量增加 26%,创立了街区品牌,取得了较好的投资效益、社会效益和环境效益。

1. 经济效益评价。项目改造完毕后,一方面商户营业收入上升,促进了区税收收入增长;另一方面,改造促进街区品质的提升,直接带动商户房租及周边房价上涨,产生了良好经济效益。

（1）税收增长变化分析

通过从权威部门获取的整个街区 2008 年至 2010 年第二季度末的税收情

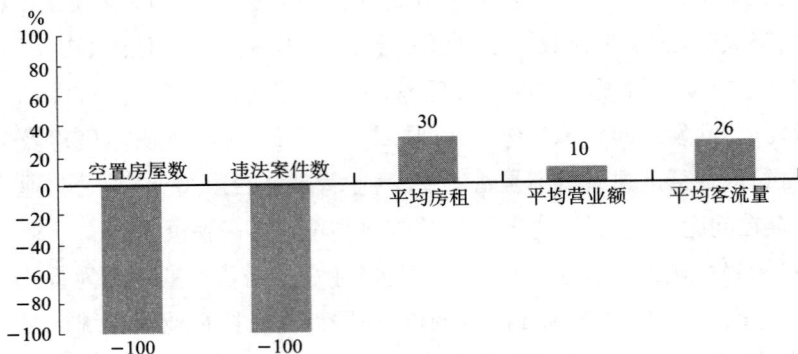

图1 改造后各指标增减变化图

况原始数据,整理分析后,分别做出税收增长变化图及行业税收同比变化表,从图示情况可以看出,税收贡献值最大的为零售业,但受国际经济危机等因素影响,零售业税收情况同比略有下降,餐饮业、服务业、文化娱乐业税收同比增长较大。

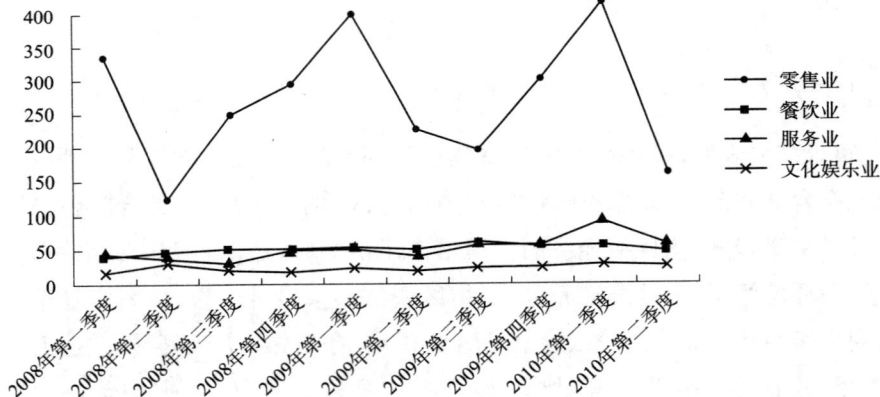

图2 2008年至2010年第二季度末行业税收增长变化图

表2 2009年至2010年行业税收同比增减变化表

日　　期	零售业	餐饮业	服务业	文化娱乐业
	同比(%)	同比(%)	同比(%)	同比(%)
2009年度	12.7	16.58	29.24	0.37
2010年上半年	-7.87	3.21	63.22	35.73

（2）营业额抽样调查分析

审计组对街区业户按经营范围划分为餐饮、百货、服装、服务四种行业，经过抽样问卷调查，按行业抽样统计月营业额自 2008 年以来变化情况，做出营业额增长曲线图。抽样结果显示，抛开奥运影响，餐饮业、服装业与服务业营业额较改造前均呈上升趋势，百货业营业额呈下降趋势。抽样结果与行业税收增长基本吻合。

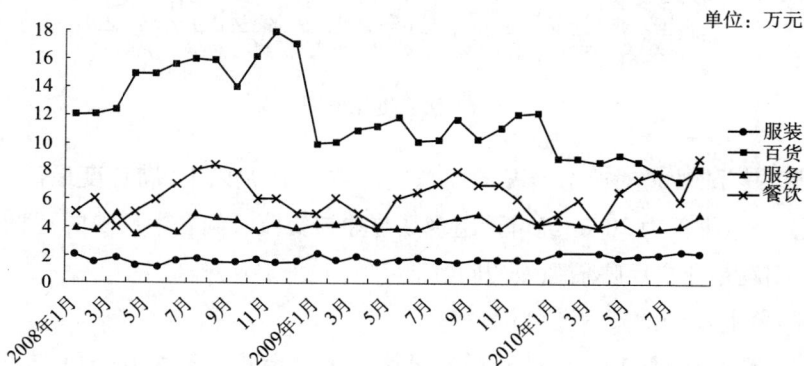

图3 2008～2010年各行业月营业额抽样调查变化趋势

2. 社会效益评价。创建了××品牌，为 A 区又添一张亮丽的名片。街区改造完毕后，《青岛晚报》等多家报刊新闻媒体对其进行了多方位宣传报道，在 A 市营造了休闲、购物、娱乐好去处的氛围，"时尚、青春、活力的时尚休闲主题街区"的定位，吸引更多高端人士、知名商家、旅游观光人群聚集，为推介 A 区、宣传 A 市增加了新的亮点。

3. 环境效益评价。整治后的街区项目从软硬环境两方面均明显改善，促进了街区业态聚集发展，并带动周边环境的总体提升，发挥了良好的环境效益。通过调查问卷、改造前后图片对比、现场察看及到相关执法部门了解情况等方法审计发现：街区自然环境、治安环境较以前有了明显改善。

（1）业户满意度调查分析

根据项目实施情况，审计组从受益群体角度出发，对改造涉及的 108 家商户从道路施工、绿化效果、门头改造、新添公益设施、亮化、停车问题、物业保安巡逻、物业环卫、物业消防九个方面进行了满意度调查问卷，共发放问卷 108 份，收回 104 份，满意度比例如图 4 所示：

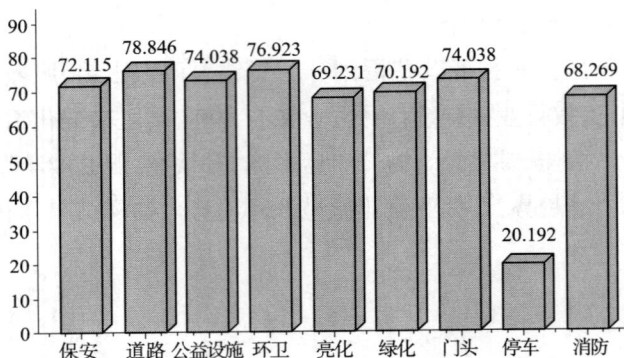

图4 满意度比例图

结果显示,业户对改造情况的满意度基本在70%以上,满意度最低的为停车问题,满意率仅为20%,经审计组现场与业户交流及问卷中反映的意见,街区停车难问题是业户反映最强烈的问题。

(2)物业保安治安情况分析

街区整治项目完成后,商贸局通过招投标确定了一家物业公司,专门负责街区内保安巡逻、环境卫生等工作,物业公司实行24小时不间断巡逻,治安环境有了明显好转,经调查问卷、居民座谈及向相关派出所了解情况,该街区整治前发生的抢包、打架等案件,在物业保安进驻后发生率降为零。

(二)审计发现的主要问题

1. 前期设计中部分项目考虑不周。一是该项目原设计中大部分人行道采用木栈道形式,经使用一年后发现,该做法在人流密集的商业区实用性不足,下雨湿滑不利于人身安全,并且易于污染,维护困难。二是对停车难问题虽制订了分流方案,但最终因需协调的部门过多,方案实现存在一定困难而未实现,致使该问题成为街区改造目标实现过程中最大的瓶颈。

2. 后续维护不到位。街区改造时设置的花坛花箱使用一年后,有的仅剩下箱体,植物、花卉等缺少后期维护与及时补换,影响街区整体改造效果,不利于街区可持续发展。

3. 品牌建设影响力有待进一步加强。街区定位是"时尚、青春、活力的时尚休闲主题街区",建成并已运行一年,但街区目前没有明确的业态定位,街区内商家层次不一、档次不一,与其他商业街区相比未显示出独特的特色,离高端、高品位、休闲娱乐的主题还有一定距离。

（三）审计建议

1. 对一期木栈道、停车难问题拿出解决方案,在二、三期街区建设中加强前期策划论证,通过组织街区建设涉及的各行业专家进行研讨,召开受益群体座谈会等方式,综合各方面的意见,充分策划多方论证,切实提高投资效益。

2. 加强后续跟踪,形成可持续发展态势。街区整治完毕不是结束,而是街区良好发展的开始,应注意保护并利用整治成果,加强后续跟踪服务,及时发现问题及时整改,引导街区走上可持续发展的良好态势。

3. 进一步完善物业管理制度。在街区管理中引入物业概念是首创做法,但要注意不断加强制度建设,使物业服务、奖惩等各方面管理有章可循。

4. 进一步加大品牌建设力度。一是根据街区定位充分考虑招商问题,形成特色产业集群模式,使该街区真正成为高端人群休闲娱乐的好去处;二是根据街区税收贡献值情况,结合区"转方式、调结构"大力发展服务业的有利契机,加大服务业引入力度;三是加大街区推介力度,使品牌的影响深入人心,靠品牌聚集人气,靠人气进一步宣传品牌,切实将××品牌打造成 A 市一张亮丽的名片。

五、审计成效

根据审计发现的问题,审计组撰写了结果报告呈报区政府,区领导作了重要批示。商贸局根据审计建议,完善了《××街区管理暂行办法》、《××物业管理办法》等制度,在第二期整治方案中改用仿木材质的地面砖,避免了木栈道的种种弊端。A 区审计局总结该项目的经验做法,撰写的审计信息被该区《政务信息》采纳。

（本案例执笔:刘芬）

A 市外贸企业集团"三资"绩效审计

案例简介: 该项目是一个企业绩效审计与经济责任审计相结合的项目,审计人员结合企业领导人经济责任审计,以真实性、合法性为基础,以经济性、效率性、效果性为目标,重点围绕企业资金、资产、资源的管理使用配置情况进行审计评价。该项目在企业绩效评价内容、评价标准等方面进行了创新,较好地把握了评价企业绩效与企业领导人经济责任的有机统一,收到了较好的成效。该项目被市审计局评为优秀审计项目。

一、审计项目概述

A 市外贸企业集团系市直国有独资企业,2000 年 2 月组建,注册资本××××万元。经营范围包括国际贸易业务、外经业务、自营和代理进出口贸易、货运保险代理、国际租赁、仓储物流、房地产开发和物业管理等。

截至 2008 年末,该集团拥有下属企业 55 户,其中正常经营企业 32 户,在册职工四千余人。汇总资产××亿元,负债××亿元,净资产×亿元。2006 年至 2008 年累计实现营业收入××亿元,实现利润××××万元。

×××同志自 2000 年 4 月担任集团公司董事长至今,同时兼任集团下属 5 家公司法定代表人。2009 年 9 月,受 A 市市委组织部委托,审计局派出审计组,对该集团董事长×××同志 2006 年至 2008 年履行经济责任情况进行了审计,并同时开展企业绩效审计。

二、审计目标与评价标准

（一）审计目标

以科学发展观为指导，按照"把握总体、揭露隐患、服务发展"的总体思路，以"资金、资产、资源"为主线，检查企业资产负债损益、内部管理、重大经济决策、企业主要负责人遵守财经法规廉洁自律等情况，审查企业经营绩效，揭示企业存在的问题和风险，提出具体可行的审计建议，客观评价法定代表人履行经济责任情况，促进企业可持续发展。

（二）评价标准

按照《A 市审计机关企业绩效审计操作指南（试行）》、《关于明确领导干部任期经济责任内容的意见》和《A 市审计局党政领导干部任期经济责任审计评价操作规程（试行）》等规定要求，结合企业财务绩效和管理绩效对企业领导人任期经济责任进行评价。审计评价按照定量与定性相结合原则，以定量为基础，定性为结果，无法定量、定性的问题，以写实手法，客观描述审计事项的结果，反映领导干部任职期间的工作业绩和问题，确定领导干部应承担的经济责任。企业绩效评价由财务绩效评价和管理绩效评价组成。

财务绩效评价主要反映企业盈利能力状况、资产质量状况、债务风险状况和经营增长状况的指标构成。企业盈利能力状况以净资产收益率、总资产报酬率两个基本指标进行评价，主要反映企业一定经营期间的投入产出水平和盈利质量；企业资产质量状况以总资产周转率、应收账款周转率两个基本指标进行评价，主要反映企业所占用经济资源的利用效率、资产管理水平与资产的安全性；企业债务风险状况以资产负债率、速动比率、现金流动负债比率等指标进行评价，主要反映企业的债务负担水平、偿债能力及其面临的债务风险。企业经营增长状况以营业增长率和资本保值增值率两个基本指标进行评价，主要反映企业经营增长水平、资本增值状况及发展后劲。

（二）管理绩效评价

管理绩效评价主要评价企业在一定经营期间所采取的各项管理措施及其

管理成效,采用定性评价方式进行,主要关注企业的经济效益、经营决策两个方面。经济效益评价主要分析引起企业经济效益变动的原因,揭示各项影响因素,反映在销售、采购、生产等环节中影响企业经济效益的不利因素。经营决策评价主要反映企业在决策管理、决策程序、决策方法、决策执行、决策监督、责任追究等方面采取的措施及实施效果,重点反映企业是否存在重大经营决策失误。

三、审计内容和重点

(一)审计范围

审计组根据审前调查,确定了本次审计的范围:构成该集团盈利或亏损主要来源的控股企业;资产额较大的国有独资企业;资产状况较差的企业;与集团公司存在资产关联的托管企业;拥有土地等资源的控股企业;房地产企业;×××同志兼法定代表人的企业。按照上述范围,本次审计选择了10户企业进行审计,10户企业资产汇总额占集团资产总额81%,收入占集团总收入的86%。

(二)审计重点内容

1. 资产负债损益情况。重点审查企业会计核算是否符合现行会计准则和财务制度要求,会计决算报表是否真实、全面地反映了企业的财务状况和经营成果,揭示由于差错和舞弊造成企业会计信息质量方面的问题,核心是损益的真实性。

2. 资产管理情况。审查分析企业资产的使用和回报情况以及资产结构,查清不良资产总额,重点揭露企业不良资产背后的损失浪费、潜在亏损等重大问题,运用图标对比分析法对其变动情况进行分析。

3. 重大经济事项决策管理情况。主要审查企业对内对外投资、融资担保、大额采购、股权变动等重大经济决策、经营管理事项是否严格执行了内控制度,是否采取了民主、科学的决策程序,是否经过国资部门的审批或备案,重点揭露企业领导人员由于违规决策、决策失误和管理不善造成的重大损失浪费。

4. 企业经营绩效情况。重点关注企业盈利能力、经营增长状况、债务风险、风险控制、发展增长能力、经营决策等。

5. 企业内控管理情况。通过审阅单位内部管理制度文件资料、测试经济业务和核算流程、抽查已实施的规章制度的实际执行效果等对内控制度进行健全性、符合性和有效性的测试，评价企业的内控管理状态及水平，确定对其采信的程度。重点关注企业法人治理机制建立，企业规划与创新管理，投融资管理，财务管理与审计监督等。

6. 检查企业落实有关政策及社会贡献等情况。包括企业贯彻落实相关政策措施情况，企业领导年薪发放和企业职工利益保障情况，维持企业及职工稳定以及慈善捐赠情况；审查企业税收贡献情况；促进增加就业机会情况；在行业发展中的龙头导向性作用发挥情况；对促进和带动相关产业的发展情况等。

7. 检查企业主要负责人廉洁自律情况。重点检查：企业主要负责人是否存在滥用职权、损害国有资产权益的行为；是否存在以权谋私，损害企业利益的行为；是否在经营管理中存在为本人及其亲属谋取利益的行为；是否存在违反规定的职务消费行为等。

四、绩效分析评价

（一）资产运营情况

2006 年至 2008 年，28 户企业汇总报表反映：资产总额分别为 24.61 亿元、22.45 亿元、23.10 亿元；负债总额分别为 20.74 亿元、18.67 亿元、19.42 亿元；净资产分别为 3.87 亿元、3.78 亿元、3.68 亿元。报表反映汇总净资产呈逐年下降趋势。

截至 2008 年末，集团汇总资产负债率 91.70%，高于行业平均值 76.50%；速动比率 68.10%，低于行业平均值 77.80%；表明集团公司偿债能力均较低，债务风险较高。总资产周转率 0.96，低于行业平均值 1.70；流动资产周转率 1.12，低于行业平均值 2.70，不良资产率 24.21%，表明资产质量较差。指标对比情况见图 1。

（二）经营效益情况

2006 年至 2008 年，集团汇总报表反映：营业收入分别为 18.51 亿元、18.47 亿元、19.98 亿元；利润总额分别为 281.8 万元、81 万元、-505.5 万元；净资产

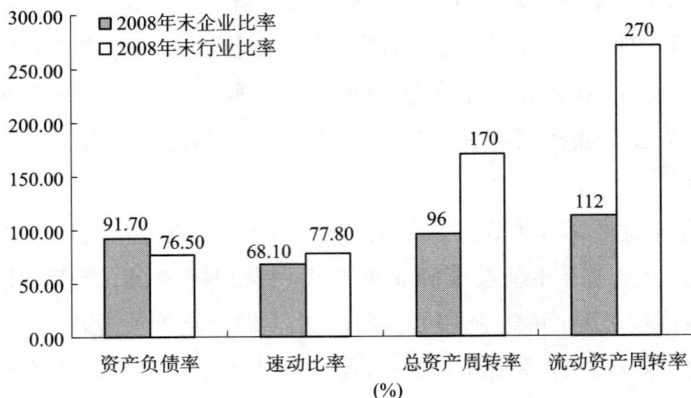

图 1　2008 年指标对比情况

收益率分别为 −1.60%、−2.30%、−4.50%，企业盈利能力呈逐年下降趋势。

（三）重大经济事项决策情况

集团公司建立并完善了投资管理、企业担保等重大经济决策制度，对融资、投资、借款和担保等实行集体研究，决策程序较为完善，制度执行情况总体较好。

1. 对外投资情况。截至 2008 年末，集团本部累计对外投资××家单位，投资成本×××××万元，2006 年至 2007 年账面没有反映投资收益，2008 年投资收益××万元，投资收益率 0.55%，长期股权投资收益率较低。

2. 融资担保情况。集团本部为其××户从事进出口业务的子公司抵押担保××亿元，2006 年至 2008 年上述担保未发生担保纠纷，未造成担保损失。

3. 集团整体改制进展情况。集团整体改制方案已经 A 市国企改革领导小组 2007 年 9 月研究同意，改制方案尚未提交市长办公会研究，集团整体改制工作进展缓慢。

（四）内部管理与控制情况

×××同志任职以来，理顺管理体制，加强制度建设，调整产业结构，控制经营风险，保持了企业持续增长势头。先后建立了财务会计、内部审计、投资担保等一系列内控制度，注重了财务风险管理。同时审计发现，会计综合失真率为 7.7%，反映会计信息基本真实。

（五）社会贡献情况

2006 年至 2008 年,集团公司上缴各项税费合计××亿元,其中:上缴中央税费××亿元,上缴地方税费×××万元。公益捐款××万元。新增就业人员×××人。

五、审计成效

根据审计结果,给市政府上报《××集团整体改制面临的问题及建议》,得到分管副市长肯定性批示,要求市政府国资委要指挥帮助该集团克服困难推进企业改制进程。该集团根据审计建议,在市政府国资委协调下,转让了洛阳路仓库,筹措资金××××万元,清偿了长城资产管理公司债务本息××亿元,取得债务重组收益×亿元,圆满解决了集团历史债务问题;集团根据审计建议,解决了国有股东出资不到位历史遗留问题,明确了各方股东的权益,推进了整体改制进程。"审计助推两家市直国有企业顺利改制"信息报道被《中国审计》杂志刊登。该项目获得市审计局 2010 年度优秀审计项目。

（本案例执笔:冷爱梅）

A 市投资公司资产运营及经营绩效审计调查

案例简介:该项目是一个关于地方融资平台公司经营绩效的专项审计调查。在调查过程中,审计人员充分利用计算机 AO 技术,围绕资金、资产、资源的经济性、效率性和效果性开展审计调查,指出了各投资公司在法人治理结构、盈利能力发展能力、资产运营效率、债务风险等方面存在的问题,提出了操作性强的审计建议,得到了被审计单位的认可。上报市政府的 3 份调查结果报告,全部得到了市长的重要批示,有关部门组成工作组督促整改审计反映的问题,促进被审计单位加强经营管理,防范经营风险。

一、审计调查项目概述

(一)项目概况

2008 年 2 月,A 市政府对原十几家市属投资类公司进行了整合,重新合并组建了三家国有独资投资公司。三家投资公司由市国资委依法履行出资人职责,注册资本分别为××亿元、××亿元、××亿元,作为市政府的投融资平台,负责政府安排的公共基础设施的投融资、建设开发和经营管理等活动。三家公司职能分工各有侧重,一家主要着眼于城市功能的开发,从事城乡重大基础设施建设项目以及与城市功能相关的重大社会公益性项目的投资建设与运营;一家围绕国有企业改革调整,注重发挥国有制造业产业结构调整和资本运作平台功能;一家从事"城市生命线"方面的投资,包括道路、市政管网、供排水、垃圾回收利用等市政公用设施及旧城改造等投资建设。

经过三年经营发展,截至 2010 年末,三家投资公司拥有下属企业×××户,其中控股企业×××户,参股企业××户,企业员工合计×××名,资产总额合计×××亿元,负债总额合计×××亿元,所有者权益合计×××亿元,较2008年组建之初,分别增长了×××%、×××%、×××%。三年实现营业收入合计××亿元,利润总额合计××亿元。签订政府项目融资合同×××亿元,涉及路、桥、地铁、教育、体育、文化等基础建设项目××余项。

2010年9月,A市审计局派出审计组分别对三家投资公司组建以来资产运营与经营绩效情况进行了审计调查。

(二)立项理由

1.《A市审计局关于进一步推进绩效审计工作的意见》要求从2010年开始市局所有审计项目都要开展绩效审计,重点围绕审计监督对象管理和使用公共资金、资产、资源的经济性、效率性、效果性来展开。

2. 三家投资公司组建以来,承接了大量融资平台项目,企业资产负债规模和员工人数也迅速扩大,公司发挥投融资平台功能、经营绩效、债务风险等方面信息成为市领导和有关部门关注的焦点之一。

3. 审前调查中发现各公司经营管理中存在薄弱环节,本次审计调查,可以反映总体,揭示问题,提出建议,取得成效。

二、审计调查目标和评价标准

(一)审计调查目标

坚持科学审计理念,重点围绕资金、资产、资源的经济性、效率性和效果性,审计调查投资公司2008年组建以来五方面情况:一是贯彻市委市政府有关决策情况;二是公司治理及内控制度建立健全情况;三是资产运营及经营绩效情况;四是重大经济决策情况;五是完成年度考核目标及薪酬兑现情况。通过审计调查,反映投资公司组建以来资产运营及经营绩效总体情况,揭示公司在履行平台职能和经营管理中存在的问题、风险,分析问题产生的原因,从完善体制、机制方面提出审计建议,推动投资公司健全完善制度、强化内部管理、防范经营风险、保持健康发展。

(二)评价标准

对审计调查发现的问题,在深入分析原因基础上,分别就问题性质予以分类反映,公司组建以前形成的问题属于历史遗留问题,公司组建后发生的问题属于经营管理问题。按照定性与定量相结合、实事求是客观公正原则,依据下列标准予以审计评价。

1. 法律法规:《公司法》、《会计法》、《招标投标法》、《合同法》、《发票管理办法》、《企业会计准则》、《企业国有资产评估管理暂行办法》、《企业国有产权转让管理暂行办法》等。

2. 国务院和省市政府文件:《国务院关于加强地方政府融资平台公司管理有关问题的通知》(国发〔2010〕19号)、S省政府《关于贯彻国发(2010)19号文件加强政府融资平台公司管理的通知》、《A市政府债务管理暂行办法》等。

3. 2008年A市××届人民政府第××次市长办公会会议纪要。

4. 国务院国资委《企业绩效评价标准值》(2009年至2011年度投资类公司)。本次选定以下定量评价指标:

(1)盈利能力指标:净资产收益率=(归属于母公司所有者的净利润/平均净资产)×100%

(2)资产质量指标:总资产周转率(次)=主营业务收入/平均资产总额

(3)债务风险指标:资产负债率=(负债总额/资产总额)×100%

(4)经营增长指标:营业增长率=(本年主营业务收入增长额/上年主营业务收入)×100%

全国投资类公司绩效评价标准值

指　　标	年度	优秀值	良好值	平均值	较低值	较差值
净资产收益率（%）	2008	9.8	6.8	4.1	−1.0	−5.8
	2009	10.3	7.1	4.2	−1.0	−5.5
	2010	10.1	6.9	4.1	−1.0	−5.6
总资产周转率（次）	2008	1.2	0.7	0.3	0.2	0.1
	2009	1.2	0.7	0.3	0.2	0.1
	2010	1.2	0.7	0.3	0.2	0.1
资产负债率（%）	2008	37.9	50.0	63.5	78.0	88.9
	2009	45.9	55.0	69.0	78.0	88.9
	2010	44.0	53.1	67.1	76.1	87.0
营业增长率（%）	2008	23.5	15.0	3.2	−5.9	−18.1
	2009	22.5	13.6	4.2	−4.9	−17.1
	2010	25.5	16.5	7.2	−2.0	−14.1

三、审计调查内容和重点

审计组根据审前调查情况,确定了本次审计调查的重点内容:

(一)贯彻市委市政府有关决策情况

1. 调查各类投融资项目进展情况

2008 年,A 市××届人民政府第××次市长办公会明确了三家投资公司的职能定位和业务目标。本次调查三家投资公司发挥政府投资主体和市场竞争主体两种职能情况,即政府投融资项目完成情况和自营项目投资绩效情况,分门别类详细调查。审计调查组编制《市直投资公司投融资项目进展情况调查表》,由各公司按照要求详细填列,签字盖章予以确认,审计组作为审计证据并据以分析评价。

2. 调查融资平台功能发挥情况

调查了解各投资公司 2008 年 2 月组建以来,发挥投融资平台功能作用情况;贯彻落实国务院、S 省《关于加强地方政府融资平台公司管理有关问题的通知》情况。摸清截至 2010 年 12 月末平台债务余额及 2011 年至 2015 年需偿还债务规模及风险。各投资公司要按照审计调查组编制的《市直投资公司债务分类调查表》如实填报,审计组据表分析评价。

(二)公司治理及内控制度建立健全情况

主要调查公司法人治理结构现状及存在问题,内部控制制度建立健全和有效性情况,重点关注各项投资决策程序、大额资金调动及审批管理、资产出租管理、债务风险管理和内审监督等内控制度的建立以及实施效果情况,关注公司经营业务、招投标及合同管理、人员薪酬等有无重大失控情况,发现内部管理缺陷和漏洞。审计调查组要分析问题产生原因,从完善内部管理、堵塞管理漏洞方面提出具体审计建议。

(三)资产运营及经营绩效情况

1. 摸清截至 2010 年末资产总量、资产结构、资产质量情况,调查公益性资产所占比重,评估公益性资产对公司盈利能力、运营效率影响程度,调查不良资产状况及消化情况,分析公司资产快速增长的原因,提出优化资产质量、提高资产运营效率的审计建议。

2. 摸清截至 2010 年末的负债总额、负债结构、融资平台债务情况,调查各公司融资渠道,各公司发行企业债券情况,分析各公司负债迅速膨胀的原因,分析偿债能力,评估 2010 年至 2015 年各公司的现金流量及到期债务,揭示公司债务风险,提出防范债务风险的审计建议。

3. 摸清截至 2010 年末的所有者权益总量以及结构情况,关注国有所有者权益和少数股东权益的增减变动情况,调查分析公益性净资产比重,关注市财政注入国有资本情况及国有资本产权登记明确情况,关注企业经营亏损对国有权益的影响,了解资本金到位及账务处理情况,揭示国有权益损失或潜在损失情况。

4. 摸清 2008 年至 2010 年公司总体经营业绩情况,分析公司增长能力,调查公司主营业务和集团下属企业盈亏情况,分析盈亏原因,对比全国同行业标准值进行审计评价。

5. 财务比率分析。分析评价公司四方面能力:

(1)盈利能力指标:净资产收益率(%)

(2)资产质量指标:总资产周转率(次)

(3)债务风险指标:资产负债率(%)

(4)经营增长指标:营业增长率(%)

(四)重大经济决策情况

主要审查各投资公司对外投资、经济担保、出借资金、股权变动等重大经济决策、经营管理事项是否执行内控制度,是否采取了民主、科学的决策程序,是否经过国资部门的审批或备案,关注公司领导人员是否存在决策失误和管理不善造成的重大损失浪费问题。

(五)完成年度考核目标及薪酬兑现情况

审计调查各公司 2008 年至 2010 年完成市政府国资委年度经营业绩考核指标情况,调查公司管理层年薪兑现、公司员工工资发放情况,有无违规多发超发等问题。

四、审计步骤和方法

（一）审计调查步骤

审计组在总体思路上遵循摸清家底→揭示问题→提出建议→促进管理的步骤来进行。资金方面，关注资金流量，特别是融资平台和自营项目贷款偿还情况；资产方面，关注资产所有权、使用权、收益权三者不统一，以及资产闲置、资产出租等情况；资源方面，关注公益性资产的管理运营，陆域、水域资源利用情况。

1. 做好审前调查，编制工作方案。审计调查组利用三周时间深入企业了解情况，编制本次审计调查工作方案并报市审计局业务会研究通过，各调查小组按照方案展开调查。

2. 实施现场调查，获取审计证据。审计调查小组现场调查了60余户下属企业，获取了大量的审计证据，归纳整理并明确了三家投资公司共性问题和个性问题性质。

3. 充分交流沟通，形成审计报告。在与被审计单位充分交流沟通基础上，经市审计局业务会多次研究，统一采用调研报告格式，分别出具审计调查报告，同时向市政府呈报三家公司审计专报，呈报稿与征求意见稿基本一致，以免引起歧义。

4. 关注审计整改，发挥审计作用。调查结束后跟踪企业落实市领导批示和审计建议情况，及时上报市政府企业整改结果。

（二）审计调查方法

1. 充分利用计算机 AO 技术，审查财务收支的真实合规性。

利用计算机 AO 技术，审查了××余户企业的电子会计账簿，发现了会计核算存在的问题，提高了审计工作效率。

2. 设计审计调查表，获取有用分析数据。

设计 4 套审计调查表，包括：市直投资公司投融资项目进展情况调查表、市直投资公司债务分类调查表、市直投资公司运营情况调查表、市直投资公司投资分布调查表。由被审计单位填写并签字盖章，使审计组在较短的时间掌握了大量业务和会计数据,加快了审计进度。

3. 财务资料与业务资料审查相结合。采取审阅、计算、分析性复核等方法,广泛搜集审阅有关法律法规、国家省市文件,各公司业务报告、内部制度汇编、财务分析和报表资料,相互验证,获取证据。

4. 实地观察与面对面访谈,落实审计事项。

五、审计调查结果及建议

(一)融资平台没有发生债务违约情况。截至 2010 年末,三家投资公司发挥政府融资平台作用,已签订融资合同××亿元,涉及建设项目××项,实际已到位资金××亿元,如期建成市内快速路、高架桥、海底隧道、妇幼医院、国际学校、大剧院、体育中心等重大项目××项。到期债务按时支付,未发现债务违约问题。

(二)一家投资公司存在较大经营风险。某投资公司组建三年来资产、负债快速膨胀,分别增长×××%、×××%,资产负债率和资产周转率处于全国同行业较差水平,同时公司内控制度不够健全,相应专业人才不足,管理跟不上,面临较大的偿债风险和经营风险,建议采取措施,完善公司治理结构,建立健全内部控制制度,提高运营能力和盈利能力,增强企业实力,切实防范债务风险。

(三)存在四大共性问题,建议企业采取措施予以整改。一是三家公司盈利能力较弱,都低于全国同行业平均水平,反映企业盈利能力的主要财务指标净资产收益率,2010 年全国投资类公司平均值为 4.2%,三家公司 2010 年度分别为 3.1%、2.04%、0.97%。二是融资渠道单一,截至 2010 年末,三家投资公司合计融资××亿元,其中除一家公司发行企业债券融资××亿元外,其他××亿元全部来源于各大银行贷款。三是历史遗留问题较多,存在不良资产额大、挂账多年的债权债务未清理等问题。四是权属公司亏损面较大,2008 年至2010 年三家投资公司累计亏损企业户数占其合并报表企业的××%。建议公司整合投资板块,突出金融、房地产、服务业盈利板块,处置亏损公司,形成特色主业;拓展融资渠道,发行企业债券;请示主管部门解决历史遗留问题。

(四)公益性资产运营困难。三大投资公司拥有的公益性资产比重较大,2010 年末公益性资产占总资产的比例达到××%。公益性资产的特点是盈利能力较差,运营难度大。建议市政府采取扶持政策,各投资公司要加强经营管理,降低亏损,兼顾公益性和经济性,实现较好的社会效益和经济效益。

六、审计成效

关于本次调查结果的三个审计专报,市长均作了重要批示,要求各投资公司高度重视审计意见,规范各项管理,防范经营风险,保证企业健康运行。市国资委根据市长批示专门成立了工作组,分别进驻各投资公司针对审计发现的问题逐一督促整改,各投资公司也根据市长批示和审计建议,积极采取措施加以解决。本次审计调查充分发挥了审计建设性作用和"免疫系统"功能。

（本案例执笔：刘学清）

后　记

近年来,青岛市审计局按照审计署的要求,进一步加大了对绩效审计工作的探索力度,提出了以公共资金、公共资产、公共资源为主要内容的绩效审计新思路,并在实践中不断丰富和发展,走出了一条"三资"绩效审计新路子。

本书是青岛市审计机关探索和实践"三资"绩效审计工作成果的总结,由韩明升同志拟订编写纲目并总纂定稿,姜毅、徐学波、刘学清、李广磊、朱立鹏、周浩同志对两个区市审计局的经验总结和案例部分作了文字上的审修。本书共分三个部分:第一部分是思路篇,收录了本市审计机关工作人员撰写的"三资"绩效审计的理论文章和两个区市审计局经验总结;第二部分是规范篇,收录了本局和有关区、市审计局"三资"绩效审计的部分规范性文件;第三部分是案例篇,收录了33篇"三资"绩效审计案例,这些案例可分为六大类,即:部门绩效审计、行业(系统)绩效审计、专项资金(基金)绩效审计、资源环境绩效审计、政府投资建设项目绩效审计和企业绩效审计。

审计署孙宝厚总审计师对本书的编撰十分关心,在百忙中抽时间阅读书稿并亲自作序。中国时代经济出版社对本书的出版给予了大力支持。在此表示衷心感谢!

由于编写时间和水平所限,本书难免存在一些缺憾和不足,敬请读者批评指正。

编　者

二〇一一年九月